西安电子科技大学教材建设基金资助项目

大学体育俱乐部系列丛书

大学生健身健美运动

主　编　杨国标

副主编　王永香　白光斌　苏振阳　李柏莹　鲁肖麟

西安电子科技大学出版社

内 容 简 介

本书立足高等体育教学实践,以独特的构思、创新的视角对健身健美锻炼的理论和方法进行了系统全面的阐释。本书涵盖了健身健美的基本知识、锻炼与营养、健身健美竞赛的准备等内容,是一本极具实用性的健身指导用书。

本书可作为普通高等院校体育专业健身课程的教材,亦可作为普通高校大学生健身健美锻炼指导用书。

图书在版编目(CIP)数据

大学生健身健美运动 / 杨国标主编. --西安:西安电子科技大学出版社,2024.3
ISBN 978-7-5606-7127-7

Ⅰ. ①大… Ⅱ. ①杨… Ⅲ. ①健身运动－高等学校－教材②健美运动－高等学校－教材
Ⅳ. ①G883

中国国家版本馆 CIP 数据核字(2023)第 252299 号

策　　划　黄薇谚
责任编辑　黄薇谚　孟秋黎
出版发行　西安电子科技大学出版社(西安市太白南路 2 号)
电　　话　(029)88202421　88201467　　　邮　编　710071
网　　址　www.xduph.com　　　　　　电子邮箱　xdupfxb001@163.com
经　　销　新华书店
印刷单位　陕西精工印务有限公司
版　　次　2024 年 3 月第 1 版　　2024 年 3 月第 1 次印刷
开　　本　787 毫米×1092 毫米　1/16　　印张　12
字　　数　283 千字
定　　价　36.00 元
ISBN 978－7－5606－7127－7 / G
XDUP 7429001-1
如有印装问题可调换

前　言

党的二十大以来，全民族凝心聚气，始终将国家强盛、民族富强、全民健康作为新时代战略部署的出发点和落脚点，高度关注体育事业发展。党对新时代中国特色社会主义体育发展与体育强国思想进行了重要论述，形成了科学、系统、完备的理论指导体系，为新时代高等体育教育指明了方向。随着物质生活的不断丰富，人们对精神生活也有了更高的追求。近些年，减肥、减重、塑形等已经成为社会的热点关注话题，尤其是高校大学生群体，他们正值青春，追求形体美的愿望更加强烈。当下，居家锻炼风靡全球，而形体健身又将居家健身推向了顶峰。如今，形体健身已经成为新时代健身锻炼的主要形式和锻炼目标。

体能是生命活动的基础，好的外形是自信的源泉之一。健身健美运动是通过徒手或运用各种运动器材、器械练习，以调整身体比例、发展肌肉、增强体能、改善形体和陶冶情操为目的的运动项目。通过学习本书，读者不仅能掌握健身健美运动的基础理论和正确的锻炼技术动作与方法，还能独立且有针对性地开展健身、健美训练，从而达到增强力量、提高体能、瘦身减脂、局部塑形的锻炼效果。此外，读者可初步具备根据需求制订个性化锻炼计划的能力，并掌握健身健美竞赛的基本方法，独立备赛，参加健身、健美赛事活动。

本书分为基础篇、锻炼与营养篇、竞赛篇三部分，共 10 章。基础篇的主要内容为健身健美运动概述、健身健美锻炼过程的测量与评价、健身健美锻炼的生理学基础、健身健美课前准备与学习实践。锻炼与营养篇的主要内容为大学生需要的营养素、大学生合理营养与饮食习惯、大学生的健康运动和饮食疗法、形体锻炼的方法及动作要领。竞赛篇主要针对大学生健身健美竞赛的准备工作以及健身健美竞赛的组织与裁判法进行讲解。全书立足大学生体育健身实践，对大学生健身锻炼过程中存在的主要问题进行了系统的讲解，为开启大学生健身健美锻炼的旅程起到了积极的推动作用。

西安电子科技大学杨国标担任本书主编，西安交通大学王永香以及西安电子科技大学白光斌、苏振阳、李柏莹、鲁肖麟担任副主编。此外，西安电子科技大学申自行和杨琬瑛参与了图表的制作和编辑工作并对书稿进行了多次校对。本书配图中的动作由西安电子科技大学健身健美队的同学进行示范。在此对大家的辛勤付出表示衷心的感谢。

在本书的编写过程中，我们吸纳、借鉴、参阅了国内外许多专家、学者的研究成果和出版文献，在此对相关文献的作者表示真挚的感谢！

由于时间紧迫，加之编者水平有限，书中难免存在不足之处，殷切期望各位读者批评指正！

编　者
2024 年 1 月

目　录

第一部分　基础篇

第二部分　锻炼与营养篇

第三部分　竞　赛　篇

第一部分　基础篇

第一章 健身健美运动概述

第一节 健身健美运动阐释和起源

一、健美释义

健与美是形体的完美统一，其中，健是基础，美是升华和结晶。古希腊人早就认识到只有没有疾病并且结实强壮的身体，才是美的体现。与其说健美运动是人体运动创造的最基本之美，不如说它表现的是人的生命之美。所有对健康有害的行为都是不美的，因为这种行为使人的本质和身体受到伤害、扭曲和摧残。例如，古代的束胸与裹脚等陋习；现代的年轻人为了减肥而过度节食或滥用对身体产生不良影响的减肥药物，忽视了科学性、针对性的运动等。一般人所指的健美在内容上包括形体、姿态和精神三个方面。其中，形体是美的基础和保证。

形体美主要指人体外形的美，即身材匀称、比例协调、身体成分比例健康。这也是当代大学生健身健美正确的追求方式。形体美表现在人体骨骼肌肉系统的健美。

姿态美指身体的动作美观，即身体不同部位协调配合而主动表现出来的外部形态的美。这种美具有自然、准确、果断、干净、连贯、协调、和谐的特点，富有弹性和节奏感，给人一种无懈可击的感觉，它反映了人的风度、气质的内外统一。正如艺术家车尔尼雪夫斯基所说："灵敏与优美的姿态是人体端正和均衡发展的重要标志，它们无论在任何地方都受人欢迎和令人喜爱。"人体的姿态美是由内而外散发的，在内部气质的驱动下表现出丰富多彩的外部姿态，在感性美的基础上融合姿态美就会更加添彩。即便是普通的感性美，只要动作大方、刚健有力、充满朝气和活力，也会有一种吸引人的内在芬芳和气质。健美运动中的造型动作、韵律操、体育健身游戏、节奏性的准备活动等就是有韵律、有想象的形体动作艺术。这些练习或竞赛的动作是在节奏和力量的支撑下进行的，如果失去节奏和力量，就会破坏动作的协调性和准确性。节奏能让姿态自由舒展，可以很好地增加运动技术的美感。力量则大部分存在于运动训练或者比赛中，用以强化动作技术方面的美感。姿态美要遵循各种动作技术原理和规格要求，只有准确地掌握技术要领，动作才能美化、规范化。姿态美是审美评价的主要标准。

作为健美的动力，精神美是维持日常锻炼的活化剂。精神动力能直接影响技术的掌握和动作的发挥，进而影响到美的创造力和表现力。毛泽东曾在《体育之研究》一文中阐述了体育"强筋骨""增知识""调情感""强意志"的四大作用，这里的"调情感"和"强意志"就是指人的精神美。高校大学生健身健美的精神美主要表现在大学生体育运动特有的维度和精神风貌，以及那些超越输赢与物质的更高层次的追求上。例如，"参加的过程比取胜更重要""友谊第一、比赛第二""团结、友善、进步、和平、公正、竞争"等原则都是大学生体育运动的精神内涵。传统的高水平、高规格的竞技比赛能带给人们多重美的享受。观众对美的理解不仅以运动员健美的身体和精湛的技艺为关注点，还会被运动员们顽强拼搏的意志和高尚的体育精神所感染。"女排精神""奥林匹克精神"等就是运动员在竞争中凭借自己良好的体力和意志力去拼搏的过程，这些都是体育精神美的集中体现。

二、健身健美运动的起源

身体训练的起源经历了漫长的历史演化进程。早在古希腊时期，国家为了实现统治，将身体锻炼融入具有权力的公民训练之中。后来人们将体育的起源问题主要归结为三个学说。首先是"自然主义学说"。这一学说主导自然进化，将体育的衍生进化归结为自然进化理论，其主要以遗传本能说为代表，与此相应的还有需要论、心理冲动论等从艺术起源领域中移植过来的理论。第二个学说是在自然主义学说的基础上演进的一元论，即"体育起源于生产劳动"。在马克思主义理论中，劳动被置于基础、本源乃至中心地位。马克思在劳动发展史中找到了理解社会史的钥匙，认为劳动是基础和核心，他把劳动称为"社会围绕之旋转的太阳"。在马克思主义观点的背景下，劳动创造了人类，也创造了人类的一切社会活动，其中包括体育活动。第三是多源论学说。这一学说综合了前两个学说的共同点，其主要观点为，体育的起源以生产劳动为基础，物质生产实践对体育活动的产生起到决定作用，同它相比，其他因素都是次要的，处于从属地位。历史文献、人类学和民族学资料及已经发现的原始人类活动的遗迹都证明，以人类的社会劳动为主，包括多种因素在内的体育起源"多源论"是比较符合历史事实的。梳理研究资料可以发现，体育活动的产生并不是直接就到高级的训练阶段，而是要经过一个不断演化的过程，其演变进程主要包含三次质的变化。第一次质的飞跃体现在从大量生产劳动和生活的自然动作中分化、提炼出了一些有助于发展身体技能、对抗和运动能力的动作与练习。第二次质的飞跃体现在出现了为准备成年礼等仪式而进行的系统的身体训练。第三次质的飞跃是祭礼竞技，这在古代奥林匹克运动中能够得到很好的印证。祭礼竞技是古希腊人举行的、以体力角逐为主要竞技形式的综合性民族盛会，该活动既为祭神，又为强身健体以应对城市间的战争。从这一发展过程可看出，多种社会因素在体育起源中起到作用，其中起着决定性作用的是生产劳动，而其他社会因素，如宗教、艺术、战争以及人类生理本能等，则是对身体练习和竞技的规范化、系统化发挥了重要作用。这些因素是体育不断前进的动力源泉。

随着体育活动的不断发展和丰富，健身健美运动有了早期的雏形。与其他体育运动一样，健身运动起源于远古时期的生产活动。人类在生产生活中为了争夺食物等生存物资而与兽类进行搏斗。人类为了能够最终生存下来，只能不断提高自身的搏斗能力，于是早期的健身运动应运而生。时至今日，所谓的健身健美运动是指人体通过主动的身体活动促进自身健康，提高生活品质的一种有目的的体力活动。这种体力活动能够有效提高人体的健康水平，在一定程度上提高了机体的运动机能及人体相关体能水平、各项素质，进而延缓衰老，达到健康、快乐的幸福状态。

早在古希腊时期，运动健将就通过举重物来锻炼身体，从而得到强壮健美的体形。在

19 世纪末期，德国人尤金·山道首创了展示人体美的各种姿态，为现代健美运动的发展奠定了基础，他被公认为是"国际健美运动的创始人"，也被称为"世界上第一位健身健美运动员"。健美运动是在健身运动的基础上，为了增强身体的美感而进行的专门性的锻炼，它是健身运动的更高延伸。健美锻炼能够实现人体的外在美与力量美的统一，激发人内在的气质。

第二节　大学生健身健美锻炼的发展

中国是四大文明古国之一，有着悠久的历史，是古代文明的发源地。20 世纪初期，现代健美运动从欧美传入我国，首先在沿海城市兴起。早在 1917 年，毛泽东所著的《体育之研究》一文中就介绍了健美运动创始人尤金·山道，并将其称为由瘦弱变为健壮的体育家。20 世纪 20 年代，受国外健身健美思想的影响，我国上海、广州等沿海城市最早兴起了健美锻炼活动。上海沪江大学学生赵竹光(1909—1991 年)为了学习和探索健身强体之道，参加美国举办的健身函授课，学习了抗阻训练，将杠铃和哑铃作为发展肌肉力量和塑造健美体形的健身器械。1930 年，"沪江大学健美会"成立，该协会允许学生将健美锻炼记作体育课程成绩，以替代其体育课程。沪江大学健美会是中国第一个健身健美组织，它的成立也是健身健美运动进入学校体育的重要标志。1940 年 5 月，赵竹光和曾维祺一起创办了上海健身学院，传扬健全身体、人格、头脑和灵魂的理念。上海健身学院的创办为我国健身事业培养了一大批人才，为后期我国健身健美运动的开展奠定了师资基础。1942 年，曾维祺在上海成立了"现代体育馆"。1946 年 6 月，由现代体育馆、上海健身学院等联合发起举办的中国第一次市级健美比赛(即"上海男子健美比赛")在上海八仙桥青年会礼堂举行，这次健身健美比赛有 20 余位运动员参加。现代体育馆的学员柳颐庵荣获冠军，并获得"上海先生"称号，这是我国历史上第一位健美冠军。

体育课程是大学教育的重要组成部分，它与智育、德育、美育、劳动教育共同构成高等教育的整体。1980 年，有些专业体育学院和部分高等院校相继开展了早期的健美活动，陆续开设了健美选修课，并编撰健美运动教学讲义、健美锻炼小手册等来指导健美锻炼。随着健美运动的复苏和开展，1986 年，全国体育学院教材委员会成立教材小组，着手组织力量编写健美教材。1988 年，"健美运动"被列为全国高等院校学生必修的体育科目，此后各高校陆续开始设立健美教学课程。第一本健美运动教材在 1991 年审定出版，并作为全国体育学院学生学习健美运动的通用教材。从此，健美专业专修的学生和普通高校健美选修课学生有了较为专业的健美教学用书。这本教材也成为了社会上普及健美运动的参考用书。经过 30 多年的教学训练实践，高校健身健美运动已从早期的小众课程成为大学生热衷选修的热门课程。课程已由先前单一的以抗阻力的重量练习向综合性锻炼课程转变。现在无论是运动器械、训练方法，还是锻炼目的、练习群体等，都发生了巨大的变化。

近 40 年来，高校健身健美运动主要经历了以下三个发展阶段。

第一阶段：1980 年至 1990 年为健身健美运动在高校发展的萌芽阶段。该时期，健美课程在部分高校陆续开设，并以选修课程的形式出现。大家对健美运动了解甚少，多数学生是因好奇心驱使或者盲从才选择健美课。也有一些学生是因为喜欢力量练习，或对于强壮形体的崇尚等开始了健美训练，并取得了很好的强身健体效果。这个时期在高校几乎没有健美竞赛，但有许多健美训练的追随者。

第二阶段：1991年至2005年为快速传播阶段。在该阶段，随着社会经济的不断增长，社会文明的快速发展，健身健美运动已被人们了解并接纳，越来越多的人加入到健身健美运动锻炼中，众多男生坚持健身健美运动，也有少数女生选修健身健美课程，大家普遍认识到健身健美运动在身体锻炼过程中的益处，对健身健美运动有了新认识。许多高校开始积极组织学校健美代表队进行训练，并举行校内健美比赛，这种积极的锻炼氛围不仅带动更多的同学加入其中，也为后期健美运动在高校的传播和发展奠定了基础。

第三阶段：2006年至今为高速发展阶段。在高速发展的新时代，健身健美锻炼理念已经深入人心。健美课程已是高校学生的热门选修课程，性别的差异性在课堂教学中已经不复存在，女学生反而比男学生更注重身体锻炼。选修健美课程是一种风尚，也是一种需求，许多高校学生自觉地参与健身健美锻炼。学生有着较高的健身意识，能够认识到增强体质、促进健康、保持健美体形的实际作用，从而热爱健身健美运动。在场地和器材方面，各高校都加大了对学校健身场地、器械设施的投入。例如，一些综合性大学专门修建了专业健身房(馆)，也有一些商业健身中心涌入大学校园中。学校也积极引导和支持校体育部门和健美社团的成立，并定期举办健身健美训练讲座和竞赛。随着健身场地与器材的完善以及健美竞赛的带动，健身健美运动逐渐得到大学生群体的重视，几乎每一所高校都有健身健美运动的训练群体，不论有无相关专业开设，学生们都会找到场所进行专门的健身锻炼。从中国大学生健身健美锦标赛参赛人数来看，2018年的参赛人数在300人以内，到2020年已增至539人。其中，在众多参赛院校中，大部分院校参赛人数在10人以下。从参赛院校地域分布来看，参赛院校主要集中在我国南部地区，整体情况较为突出的有四川、湖北、广东、浙江等省份，中部、北部地区主要以陕西、北京、天津为主。

随着高校健身健美运动的不断推广，越来越多的大学生群体参与到健身健美运动当中。在中国大学生健美操艺术体操协会健身健美分会的带领下，各高校定期系统地组织专业教师进行业务提升培训，稳步推进我国高校健身健美师资的供给。定期举办各级大学生健身健美锦标赛不仅为大学生搭建了展示自我、成就梦想的大舞台，还为我国大学生健身健美运动的发展起到了广泛的宣传作用。随着新时代体育强国思想的深入，健身健美运动将会同其他球类运动项目一样成为高校体育运动的主要项目之一。

2006年11月，中国大学生第二届健康活力大赛暨首届大学生健身健美锦标赛在武汉举办，设有"健康明星"和"健美明星"等10个项目和组别。本次锦标赛是首届高校健身健美竞赛，大赛的成功举办有力地推动了高校健身健美运动的发展，为健身健美运动的普及和推广奠定了基础。

以下是近年来中国大学生健身健美锦标赛的比赛信息。

2009年至2012年，连续4届中国大学生健身健美锦标赛在广州体育学院举行。

2013年12月，中国大学生健身健美锦标赛在北京大学邱德拔体育馆举行。

2014年11月，中国大学生健身健美锦标赛在成都西南交通大学举行。

2015年12月，中国大学生健身健美锦标赛在江西赣州南康区体育馆举行。

2016年至2017年，连续两届中国大学生健身健美锦标赛在浙江淳安举行。

2018年4月，中国大学生健身健美锦标赛(春季赛)在北京体育大学举行。

2018年12月，中国大学生健身健美锦标赛(秋季赛)在北京师范大学珠海分校举行。

2019 年 7 月，中国大学生健身健美锦标赛(夏季赛)在天津举行。

2019 年 11 月，中国大学生健身健美锦标赛(冬季赛)在北京师范大学珠海分校举行。全国 53 支高校代表队的近 400 名在校大学生运动员分别参加了男子健美、健体、健身、健身模特，女子健身、健身模特、比基尼健身等男女 8 个比赛项目 14 个组别的比赛。赛事设置体育院系组、普通本科组及高职高专组。全体参赛运动员发扬拼搏精神，展现奋发向上的新时代精神风采，为促进青少年全面发展作出了积极贡献。西安电子科技大学代表队由杨国标老师担任教练，他带领 4 名队员参加了 2 个单项的比赛，并取得了男子健体 2 个项目第 2 名、1 个项目第 7 名，男子健美第 4 名的好成绩(参赛照片如图 1.1 所示)。

图 1.1　西安电子科技大学代表队参加 2019 年中国大学生健身健美锦标赛(冬季赛)合影

2020 年 10 月 19 日至 11 月 26 日，中国大学生健身健美锦标赛在线上举办，大赛共分体育院校组、普通院校组和高职高专组，设男子健体、女子比基尼健身、男子健美和女子健身模特 4 个项目。来自全国 95 所大学的 539 名运动员参加了本次比赛，参赛学校、人数和运动员水平均创造了历史之最。其中，体育院校男子健体组参赛人数多达 212 人，由此可见男子健体的形体要求近些年已成为年轻人的主流形体追求。

2021 年，由于客观原因，未举办中国大学生健身健美锦标赛。

2022 年，中国大学生健身健美锦标赛在线上举办。2022 年中国大学生健康活力"云"系列大赛由中国大学生体育协会主办，中国大学生体育协会健美操与艺术体操分会执行，赛事有健身健美、健美操、艺术体操等 8 个项目，共计 319 个单位的 5496 人参加。西安电子科技大学由杨国标老师担任教练，他带领 4 名队员参加了此次比赛，并取得了男子健体第 1 名和第 7 名、女子健身比基尼第 4 名和第 7 名的好成绩，团体总分位列第 2。人工智能学院陈展飞同学获得了男子健体"最佳型男奖"，杨国标老师获优秀教练员奖，部分参赛照片如图 1.2 所示。

图 1.2　男子健体第 1 名获得者　陈展飞

　　2023 年中国大学生健身健美锦标赛于 10 月 23 日至 27 日在海口经济学院举行，此次比赛由中国大学生体育协会主办，中国大学生体育协会健美操与艺术体操分会执行。本次比赛西安电子科技大学派出 6 名运动员与来自全国 69 所高等院校的 397 名大学生运动员进行同台竞技。最终，西安电子科技大学人工智能学院的陈展飞同学获得甲组男子健体冠军；人文学院李玥汝在甲组比基尼 A 组比赛中获得亚军；光电学院杨梦琪、计算机科学与技术学院黄幸之与人文学院张楚妍同学分别在女子健身、女子甲组比基尼、女子健身模特获得季军；物理学院周玺锐在男子健身模特获得第 4 名的好成绩，部分参赛照片如图 1.3、图 1.4 所示。

图 1.3　西安电子科技大学代表队参加 2023 年中国大学生健身健美锦标赛合影

图 1.4   女子健身模特第 3 名获得者张楚妍(右一)

第三节   如何进行健身健美锻炼

一、运动服装与体育装备

1. 服装的舒适性

健身爱好者在购买运动服装时不能只选择好看的款型，服装的材质也是一项很重要的指标。人体在运动过程中机体的体温会随着运动时间和强度的增加而升高，表现为大量出汗。许多商家会给购买者推荐纯棉质服装，这类服装虽然体感舒适吸汗性好，但透气性差，在运动时不能很好地把体表的汗液挥发，这样就会导致潮湿的衣服黏在身体上，在外界温度的影响下，易降低皮肤的温度。特别是在温差较大的时候，穿着棉质服装运动极易受凉感冒。健身锻炼时，运动员应该穿专门的运动服，因为适宜的运动服不仅要起到保暖、透气、保护皮肤的作用，而且不能过紧，关节处应该具有弹性或进行专门设计，以避免因限制特定动作进而受到损伤。因此，运动时要选择舒适、美观、透气性较好的混纺材料服装。

对于青春期发育后的女性，还要考虑购买运动型文胸。运动型文胸是女性锻炼者在做各种运动时保护胸部又不妨碍锻炼的专业文胸。而且运动型文胸有着较好的弹性与承托性，既能固定胸部使其免受震动的影响，又方便机体自然完成屈伸动作。与一般文胸相比，运动型文胸还具有较好的透气性。

运动时还应该穿合适的运动袜，袜子过紧或过松都不利于运动，袜子过松可能导致脚与鞋产生滑动摩擦，容易引发水泡；过紧会影响足部血液循环，易造成运动中的不适。运动时不穿袜子更是不可取的。运动后还要及时更换潮湿的衣服，不然可能会出现汗斑或风湿、关节炎等。

2. 良好的安全性与隐蔽性

健身锻炼包含多种运动形式，比如运动前的热身，热身运动后的拉伸环节，器械锻炼，锻炼后的拉伸和放松等。而在拉伸和器械锻炼的过程中，人体的姿态会发生相对大的变化，尤其是在做俯身前倾、分腿动作等相对开放性的动作时较易出现"走光"的情况，因此在选择运动上衣时，尽量选择高领或收领的运动上衣，而在挑选运动短裤时则尽量选择带有内衬款式的运动短裤，这类服装能够较好地保护个人隐私，以便让锻炼者更加专注于锻炼。

3. 锻炼的便捷性与安全性

在挑选运动服装时，还应注意运动服的便捷性与安全性。健身器材大多由钢铁或者合金制成，如果选择的运动服不合适，就容易发生事故，因此在准备参加锻炼时要注意运动服的便捷性和安全性，避免选择带有系带、蝴蝶结、网格等容易干扰器械正常工作的服装。

4. 运动手套、水杯和运动补给等

核心部分的锻炼阶段主要以大重量器械的刺激为主，选择一款合适的运动手套不仅能够保护手掌及腕关节，还能防止器械滑落。因此在购买运动手套时应该考虑其防护性、柔软度、耐磨等特性；其次，要选择一款容量合适的运动水杯，以满足不同季节运动的需要。在运动补给的选择上，应遵循自身的锻炼目的和身体的实际情况，不应盲目跟从他人，要考虑个体的差异性，尤其是要考量补给的含糖量与相关添加剂。

二、健身健美抗阻锻炼的注意事项

1. 积极的心理准备

形体锻炼是一个漫长且循序渐进的过程，好的形体是以科学饮食为基础再结合长期的系统训练不断塑造而成的，但无论哪种理论与方法都不能达到一夜改善形体、一次性健身的目的。所以当我们开始参与健身健美锻炼前一定要形成长期健身锻炼的认识，养成锻炼身体的习惯，把健身锻炼视为生活中的一部分，像吃饭、睡觉、学习与工作一样经常性参与，循序渐进，才能保持良好的形体，拥有健康的体魄。

2. 配重的合理选择

形体锻炼指利用健身器械进行抗阻力锻炼，通过不断刺激目标肌群，引起肌肉产生适应性变化。不同的锻炼负荷会产生不同的锻炼结果，在适宜负荷的刺激下，肌肉会不断地发生积极的变化，达到锻炼的目的。过轻的负荷不能产生积极的刺激，而过大的负荷也同样达不到好的锻炼效果，长期过度训练甚至会导致机体产生劣变，甚至引起损伤。因此在锻炼的过程中，运动员应该根据锻炼的不同阶段、自身身体素质的变化及时调整负荷水平，使机体在一定负荷下既能对机体产生有效的刺激又不会导致过度训练。

3. 极限重量的保护与安全防护

所有运动项目都存在一定的危险性。随着负荷的增加，健身健美锻炼的危险性也会增加，因此在锻炼过程中运动员要进行积极的安全保护。健身健美锻炼采用的健身器械主要分为有轨器械和自由重量器械。有轨器械在使用前做好充足的热身活动会相对安全；而自由重量器械，尤其是进行杠铃卧推、自由深蹲动作以及哑铃的推举动作等需要格外小心，因为杠铃卧推和深蹲动作是健美锻炼的经典动作，也是锻炼胸部和腿部大肌群的核心技术，随着锻炼的不断深入，该技术要求人们对最大力量训练进行反复突破，而在冲击极限重量时极易发生安全事故。为了确保安全，在进行自由重量锻炼过程中要严格进行保护练习，在练习时通常可结伴帮扶练习，尤其是在接近力竭的最后2～3次重复动作中，协助的同学要时刻根据锻炼同学的力量变化进行外力辅助，避免发生事故。如果独自一人练习应尽量避免极限负荷重量，或可用有轨器械练习替换自由重量器械练习。例如，自由深蹲可替换

成史密斯训练架练习，平卧推举动作也可运用史密斯训练架进行。史密斯训练架通常都配有安全保护，在练习时可根据身高调整保护装置的高度。

三、健身健美锻炼后的恢复

1. 主动拉伸与放松活动

运动后的肌肉拉伸与放松活动能让机体从紧张状态变为静止状态。运动后，人体的心肺系统仍然保持着较高的活动频度，并继续向肌肉组织输送血液，增加氧气供给。如果机体在运动结束后突然停下，会导致回心血量减少，同时在重力作用下还可能引起头晕、眼前发黑甚至晕厥等问题，所以在健身健美锻炼结束后不能立刻停止，必须要做好运动后的肌肉拉伸和放松活动。肌肉放松指对锻炼过程中的肌肉组织的放松，即让身体的运动部位逐渐适应停止状态，同时积极地吸入氧气以满足机体运动后所需，并及时将运动过程中产生的二氧化碳等代谢物排出体外。同时积极地对运动肌群进行有效的拉伸与按摩有利于促进局部血液循环，避免运动后肌肉酸痛。

2. 运动后饮食的科学配比与摄入

科学锻炼与合理饮食是健身健美运动的两大核心。俗话说，健身健美锻炼是"三分靠练，七分靠吃"，可见饮食对健身健美锻炼的重要性，只有在锻炼后进行科学合理的饮食管理才能提高锻炼的效果，达到预期的锻炼目标。那么该如何科学饮食？对于健美锻炼爱好者，最基本的营养饮食应注意以下几点：

(1) 摄入足量的碳水化合物。肌体的锻炼和正常的生理活动都需要能量的消耗，摄入一定量的碳水是生命、生产活动的基础，摄入足量的碳水更是肌肉增长的必备条件。因此在锻炼的前、中、后三个阶段均需补充适量的碳水化合物，为机体提供能量。正常人群每天最基本的碳水摄入量需要达到 $2\sim3$ g / kg 体重。

(2) 蛋白质的摄入。蛋白质是生命的物质基础，也是人体肌肉的基石，因此每天必须确保摄入一定量的蛋白质，以满足机体的需要。对于健身健美锻炼人群来说，每天除了自身新陈代谢的需求，还有额外增加肌肉增长的需要，因此每日的蛋白质摄入量需在普通人群摄入量的基础上额外增加一定的摄入量，以此来保持正氮平衡，促进肌纤维的合成，增加机体肌肉围度。

(3) 其他营养物质的均衡摄入。健美锻炼者在每日摄入足量的蛋白质、较低含量的脂肪、适宜的碳水化合物的基础上，还应摄入一定量的水果、蔬菜以及粗纤维。正常人的体液呈弱碱性，在健身锻炼后，人体内的糖、脂肪、蛋白质被大量分解消耗，进而产生乳酸、磷酸、自由基等酸性物质，易引起机体疲劳，肌肉、关节酸胀，精神疲惫等现象。此时锻炼结束后应食用甘薯、柑橘、苹果等碱性食物以抗酸性，在补充维生素的同时，保持体内酸碱度的平衡，促进恢复，以期尽快消除运动后的产生的疲劳感。在增加蔬菜、水果摄入的同时，还可以补充复合的维生素，以补充运动代谢与流汗带来的营养损失，满足健美锻炼的需要。

(4) 保持适宜的激素水平。人体内的生长激素、胰岛素和睾酮激素对肌肉蛋白的合成至关重要。科学的运动锻炼、合理的饮食与营养补充能够提高人体的激素水平，刺激肌肉的生长，为健身健美锻炼奠定基础。

3. 运动补给的选择与合理使用

随着科技的发展，健身健美锻炼不断科学化，营养补给也逐渐市场化和普遍化。目前，常见的运动营养补剂基本可以分为蛋白质补充类，增肌增重类，减脂瘦身类，促进合成、快速恢复类。

1) 蛋白类

蛋白类补给是需求量最大，使用人数最多的运动补给。通常我们听到的增肌粉、健肌粉、乳清蛋白等均属于蛋白类补给。为了增长肌肉，在运动后科学地补充蛋白质能够达到事半功倍的效果，但长期健身锻炼仍要以食物蛋白为主要获取来源。在选择补给时还应注意蛋白补给的配比，通常蛋白粉、乳清蛋白粉的热量配比相较低，而健肌粉、增重粉的热量配相对较高。因此对于皮脂较高的锻炼者建议使用低热量蛋白补给，而身材较瘦小、想要单纯增重的人群可选用热量含量高的蛋白补给。

2) 运动功能类

为了提高人体机能或者保持好的力量与活力，许多运动补剂厂家研发了如支链氨基酸、肌酸、氮泵、能量棒等来提高人体的力量及耐力水平。肌酸类补剂已被广大研究者证明能增加肌肉中磷酸肌酸的贮存量，有助于提高运动后恢复期磷酸肌酸再合成速率，并缩短运动后恢复期的时间。此外，肌酸不但可以令锻炼者具有强大的爆发力及肌力，同时还可以延缓疲劳。但是非专业运动员应慎用，过量的补剂会增加肾脏的代谢负担，影响身体健康。而面对网络上那些"喝一粒增一斤""每天冲一杯，10天变强壮"等夸大宣传时，一定要谨慎，切勿冲动消费。使用含激素类药物等非健康的方法会给机体的健康埋下巨大隐患，甚至会危及生命。健身健美锻炼是一个长期的过程，需要长期的积累，更要遵循"从量变到质变"过程，只有养成健身锻炼的习惯，长期坚持锻炼，才能达到修塑形体的锻炼目标。

3) 减脂减重类

控制体脂(减脂)一直都是健身房乃至健身健美运动的主要职能。以运动为主，结合饮食控制是控制体重、体脂的有效途径，通过长期的健康饮食、良好的锻炼习惯就能控制体脂，减脂塑形。受网络、广告的影响，越来越多的减肥者把注意力集中到减肥药物上。传统的运动和控制饮食的方法见效慢，广告宣传无限放大减肥药的优势，使得其越来越受到年轻人的青睐。目前，市面上的减脂补剂产品主要包括减脂补剂、燃脂类产品、脂解类产品、脂肪阻断类产品以及不饱和脂肪类营养补剂。这些补剂主要通过提高脂肪运转，促进脂肪溶解，提高基础代谢，控制饥饿感等来调节脂肪代谢。使用药剂减脂、减重，短期内会表现出省力、见效快的表象，但若长期使用减脂药剂则会带来难以预测的副作用，而且当停止使用药剂后体重极易反弹，从而陷入减脂的恶性循环。

4) 促进恢复类

健身健美锻炼过程中，机体会消耗大量的营养物质来为运动提供能量。在运动结束后合理地安排营养补给是消除疲劳、促进机体恢复的重要手段。为了促进机体恢复，提高身体抗氧化能力和免疫力，可在运动后增加高蛋白类饮食或补剂以及运动类饮料的摄入。

4. 运动后的恢复

适量的运动刺激可以提高身体的机能水平。运动锻炼的转化要经历一个恢复过程，恢复过程可分为三个阶段，分别是运动中的恢复阶段、运动后的恢复阶段以及超量恢复阶段。

一个训练周期通常分为四个阶段,包括疲劳期(A)、恢复期(B)、超量恢复期(C)以及衰退期(D),如图 1.5 所示。

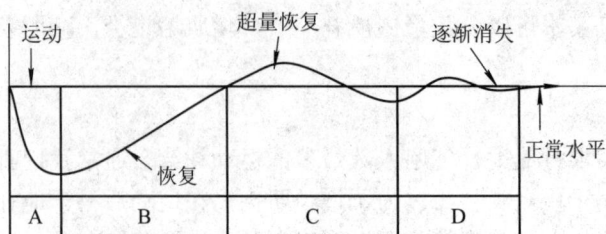

图 1.5   消耗与恢复过程

1) 运动中的恢复阶段

在运动过程中,虽然机体在不断的恢复,但是总体上消耗的量大于恢复。因此,机体的能源物质仍然处于下降状态,各器官的功能均持续降低,最终产生疲劳。

2) 运动后的恢复阶段

随着运动的结束,机体的消耗逐步降低,此时恢复的量大于消耗的量,人体在充足的外部补给下,机体的能源物质及各器官、系统功能逐渐恢复到运动前的水平。

3) 超量恢复阶段

超量恢复通常发生在运动后的 24～72 h,是指机体运动时消耗的能源物质及各器官、系统机能恢复到超过运动前原有机能水平的阶段。由于生理机制的影响,超量恢复只能持续一定的时间,过后又将回到原有的机能水平。

5. 超量恢复期的把控

超量恢复在运动训练过程中有着重要的意义,它是人体体能储备的最佳时期,存在一定的规律性。机体在超量恢复期具有较高的机能水平和承受负荷的能力,能迸发出优异的竞技水平。研究发现,不同的能源物质的超量恢复时间是不同的,因此超量恢复理论是制订竞赛训练计划、健身计划,确定训练强度和负荷量的重要依据。在健身健美锻炼过程中,人体的脂肪、蛋白质及肌糖原等能源物质的代谢时间具有多样性,根据实验论证及调查结果,超量恢复期基本出现在运动结束后的 48～72 h,为了有效提高目标肌群的维度,在锻炼过程中应将二次负荷训练以及竞赛日安排调整在前次训练的 48～60 h 之间,以期达到最佳竞赛与锻炼效果。

根据人体运动后的恢复理论,在锻炼过程中,尤其是在增肌训练、力量训练或其他机能提高类训练过程中,第二次负荷刺激通常被安排在前一次训练后的超量恢复期,因为在此阶段人体能够接受更大负荷的刺激,可再次引起具有更高增益的超量恢复,以此循环来促进人体的机能增长。

思 考 题

(1) 健身健美运动是在什么背景下传入我国的?对我国产生了哪些影响?

(2) 计划进行健身健美锻炼的人群应该如何进行锻炼前的准备?

(3) 超量恢复的过程是怎样产生的?它对运动锻炼有什么意义?

第二章　健身健美锻炼过程的测量与评价

第一节　健身健美锻炼过程的测量与评价的作用

健身健美锻炼过程的测量与评价机制在锻炼实践过程中有着重要作用。全面的身体机能测量与评价包含多种指标和一系列测量手段，以此来帮助锻炼者确定自身的健康状况和体能水平。只有在确定锻炼者自身的健康及体能水平基线后，才能科学地制订有针对性的锻炼计划。健身健美锻炼的最终目标是促进身体发生一系列适应性变化，如增强体质，改善亚健康状态，健美形体和愉悦身心等。众所周知，健身健美锻炼是不断积累，由量变引起质变的过程，通过测量评价能够克服健身健美锻炼过程的盲目性，为科学健身健美锻炼提供参考依据。健身健美锻炼过程的测量与评价的作用主要表现在以下几个方面：

(1) 通过参与锻炼前的体能测量与评价可以定量地了解自身的健康状况、运动能力、机能水平、潜藏疾病以及运动的禁忌证。以便在此基础上有针对性地采取必要的保健措施，避免因盲目锻炼引发的不安全事故。

(2) 通过健身健美锻炼过程中的阶段性身体测量与评价能够有效地分析、论证锻炼效果和锻炼计划是否可行，为科学地确定锻炼内容、锻炼方法、负荷强度以及进阶锻炼计划的制订提供数据支撑和依据。

(3) 动态的激励作用。良好的锻炼效果测量与评价能够有效地激发锻炼者的锻炼热情和锻炼动机，有利于促进锻炼习惯的养成。通过阶段性的测量能及时发现过度训练引起的劣变，以及不科学的训练方法或不能引起机体产生适应性变化的问题，以便锻炼者改进锻炼方法，提高锻炼效率，避免造成运动损伤。

第二节　整体健康评价

随着社会的发展，健康的标准和要求不断发生着变化，不同时期的人们对健康的认识存在着巨大差异。世界卫生组织指出："健康乃是一种在身体上、精神上的完美状态，以及良好的社会适应能力，而不仅仅是没有疾病和衰弱的状态。"这种综合的评价标准明确了一个人只有生理、心理、社会适应性良好和思想道德四方面都健全，才是完全健康的人。其实早在 1934 年，毛泽东在《关心群众生活，注意工作方法》中深刻阐述了这个道理。他指出："一切群众的实际生活问题，都是我们应当注意的问题。要解决群众的穿衣问题、吃饭问题、住房问题、柴米油盐问题、疾病卫生问题、婚姻问题。"毛泽东同志一直把群众的健康作为重中之重。到后来在《长冈乡调查》中，毛泽东调研了当地群众生活，特别是医疗卫生情况，得出一个重要结论，即"发动广大群众的卫生运动，减少疾病以至消灭疾病，是每个乡苏维埃的责任。"他把卫生防疫工作明确为党和政府的职责，这在人民健康锻炼、体育运动发展史上具有重要意义。随着医学与科学技术的进步，我国人民的平均寿命不断增高，这也体现了中国特色社会主义的优越性所在。当前，对健康的评价有多种方法，可从不同的角度对人体进行不同健康评价，具体如下。

一、身体健康的十大标准

世界卫生组织认为，健康是一种身体、精神和交往上的完美状态，而不只是身体无病。定义强调，健康是生理、心理及社会适应三个方面全部良好的一种状况，而不仅仅是没有生病或者体质健壮。身体健康的十大标准如下：

(1) 有充沛的精力，能从容不迫地担负日常生活和繁重的工作，而且不感到过分紧张与疲劳。

(2) 处事乐观，态度积极，乐于承担责任，事无大小，不挑剔。

(3) 善于休息，睡眠好。

(4) 应变能力强，能适应外界环境的各种变化。

(5) 能够抵抗一般性感冒和传染病。

(6) 体重适当，身体匀称，站立时，头、肩、臂的位置协调。

(7) 眼睛明亮，反应敏捷，眼睑不易发炎。

(8) 牙齿清洁，无龋齿，不疼痛；牙龈颜色正常，无出血现象。

(9) 头发有光泽，无头屑。

(10) 肌肉丰满，皮肤富有弹性。

二、心理健康的评价标准

(1) 认识自我，感受安全。主要考察自我意识水平，评价要素包括：① 自我认知，即了解自我，恰当地评价自己，有一定的自尊心和自信心。② 自我接纳，即体验自我存在的价值，接受自己。③ 有安全感，即对人身安全、生活稳定，有基本的安全感。

(2) 自我学习，生活独立。主要考察生活和学习能力，评价要素包括：① 生活能力，即能够独立处理日常生活中大部分的衣食住行活动。② 学习能力，即具有从经验中学习、获得知识与技能的能力。③ 解决问题能力，即能够利用获得的知识、能力或技能解决常见的问题。

(3) 情绪稳定，反应适度。主要考察情绪健康水平，评价要素包括：① 情绪稳定，即能够保持情绪基本稳定。② 情绪控制，即能够调控自己情绪的变化。③ 情绪积极，即情绪状态能够保持以积极情绪为主导。

(4) 人际和谐，接纳他人。主要考察人际关系，评价要素包括：① 人际交往能力，即具有基本的社会交往能力，能够处理和保持基本的人际交往关系。② 人际满足，即能在人际互动中体验到正常的情绪情感，获得安全感。③ 接纳他人，即能够接纳他人及解决交往中的问题。

(5) 适应环境，应对挫折。主要考察环境适应能力，评价要素包括：① 行为符合年龄与环境，即基本能够履行社会所要求的各种角色规定，心理与行为符合所处的环境与年龄特征。② 接受现实，即保持与环境接触，积极主动地去适应现实和改变现实，而不是逃避现实。③ 合理应对，即能够面对现实，正确面对并克服困难、挫折。

三、身材健美的评价标准

健美的形体有着严苛的评价标准，人体体形健美是指健、力、美的有机结合。从自然美的角度来看，主要指比例协调、身体丰满，有生机、有力量；从造型美的角度来看，应该是身形匀称、发育均衡、动作稳定、整体协调。简单地说，就是寓美于健，健美相融，并把体形美同仪表美、行为美、心灵美统一起来。现代人体体形健美应符合以下 10 条标准：

(1) 骨骼发育正常，关节不显粗大突出，身体各部分之间的比例适当且匀称。

(2) 男子肌肉均衡发达，四肢肌肉收紧时，其肌肉轮廓清晰；女子体态丰满而无肥胖臃肿感，男女皮下脂肪适度。

(3) 五官端正，自然分布于面部，并与头部的比例配合协调。女子应眼大眸明，牙洁整齐，鼻子挺直，脖颈修长；男子应面孔轮廓清晰分明，五官和谐，眼睛有神。

(4) 双肩对称，男子的肩部应结实、挺拔、宽厚；女子的肩部应丰满圆润，微呈下削，无耸肩或垂肩之感。

(5) 脊柱背视呈直线，侧视具有正常的生理曲线。肩胛骨无翼状隆起和上翻。

(6) 男子胸廓宽阔厚实，胸肌隆鼓，背视腰以上躯干呈"V"形(肩宽腰窄)，给人以健壮和魁伟感；女子乳房丰满挺拔，有弹性而不下坠。侧视有女性特有的曲线美感。男女都无含胸驼背之态。

(7) 女子腰细有力，微呈圆柱形，腹部扁平，无明显脂肪堆积，具有合适的腰围；男子在处于放松状态时，仍有腹肌线条。

(8) 男子臀部鼓实，稍上翘；女子臀部圆满，不下坠。

(9) 男子上肢粗壮，双腿矫健；女子下肢修长，线条柔和。男女小腿长而腓肠肌位置较高并稍突出，足弓高，两腿并拢时正视和侧视均无屈曲感。

(10) 整体身形无粗笨、虚胖、瘦弱、纤细、歪斜、畸形、重心不稳、比例失调等形态异常现象。

综合以上 10 条标准可知，女子应突出丰满圆润、曲线美的特征；男子应显示体格魁梧、肌肉壮实的健美。

不同的人对于人体的形体指标存在较大差异。人体的骨骼、肌肉、脂肪、皮肤、五官长得是否符合人体体型健美的条件，这与先天遗传因素有很大关系，但后天人工塑造和施加的影响在很大程度上能发展先天的优点，克服和弥补先天的不足，使之接近和达到人体体形健美的条件。

四、亚健康自我评价表(自我测试量表)

成年人的亚健康标准可通过亚健康自我评价表进行测量，青少年也可将该表作为参考，具体标准如下所示。

(1) 早上起床时，有持续的头发丝掉落。(5 分)

(2) 感到情绪有些抑郁，会对着窗外发呆。(3 分)

(3) 昨天想好的某件事，今天怎么也记不起来了，而且近期经常出现这种情况。(10 分)

(4) 害怕走进办公室，觉得工作令人厌倦。(5 分)

(5) 不想面对同事和上司，有自闭症的表现。(5 分)

(6) 工作效率下降，上司已表达了对你的不满。(5 分)

(7) 工作一小时后，身体就感到倦怠，胸闷气短。(10 分)

(8) 工作情绪始终无法高涨。最令自己不解的是：无名的火气很大，但又没有精力发作。(5 分)

(9) 排除天气因素，一日三餐，进餐甚少，即使是自己非常喜欢的菜，近来也经常觉得味如嚼蜡。(5 分)

(10) 盼望早早地逃离办公室，为的是能够回家，躺在床上休息片刻。(5 分)

(11) 对城市的污染、噪声非常敏感，比常人更渴望清幽、宁静的山水。(5 分)

(12) 不再像以前那样热衷于朋友聚会，有种强打精神、勉强应酬的感觉。(2 分)

(13) 晚上经常睡不着觉，即使睡着了，又老是在做梦的状态中，睡眠质量很糟糕。(10 分)

(14) 体重有明显的下降趋势，早上起来，发现眼眶深陷，下巴突出。(10 分)

(15) 感觉免疫力在下降，春秋流感一来，自己首当其冲。(5 分)

(16) 性能力下降，妻子(或丈夫)对你表达了性要求，但你却经常感到疲惫不堪，没有什么欲望。(10 分)

通过以上测评，可以了解自己的健康状态。如果你总分超过 30 分，就表明健康已敲响警钟；如果总分超过 50，就需要好好反思你的生活状态，加强锻炼和营养搭配；如果总分超过 80 分，就需要去医院找医生。

五、抑郁测试

抑郁症的诊断和测试目前主要采用 SCL-90 症状自评量表进行，该量表属于问卷式的症状自评量表，是目前最著名的心理健康测试量表之一，被广泛应用于精神和心理障碍疾病门诊检查。作为精神科医生的辅助诊断量表，该量表共包含 90 个项目，包含感觉、个人情感、思维、意识情况、生活习惯、人际关系、饮食和睡眠等精神病症状学内容，其中含有的 10 个因子分别反映 10 个方面的心理症状情况。临床诊断会根据得分的不同进行判定。

第三节　外部形态指标的测量与评价

一、人体形态指标及结构分类

人体的外部身体形态指人体外部与内部的形状特征。反映外部形态特征的指标主要有高度(身高、坐高、足弓高)、长度(腿长、臂长、手长、头长、颈长、足长)、围度(胸围、臂围、腿围、腰围、臀围、颈围等)、宽度(肩宽、髋宽)以及充实度(体重、皮脂厚度)等。评价人体内部形态的指标有心脏纵横径、肌肉的形状、横断面积等。

身体形态学指标派生出了一些复合指标来评价身体生长发育情况。例如，通过身体质量指数 BMI(Body Mass Index)公式对人体的胖瘦进行评价。身体质量指数 BMI = 体重(kg)/身高的平方(m^2)。1 个身高 1.8 m、体重 82 kg 的人，其 BMI = $82/1.8^2$ = 25.30，通过公式计算可得到自身的 BMI 数值。

二、健身健美锻炼测量指标与方法

1. 体重

体重是人体生长发育最直观、最基本的指标。测量体重前，被测量者不得进行剧烈的体育活动或体力劳动；测量时，受测者需穿轻便的短裤或背心(后期体重监控可重复使用)，双足平稳地站在秤台中央，肢体放松，双上肢自然下垂，测量的误差通常控制在±0.1 kg 以内。值得注意的是，运动方式和生活习惯与体重有直接联系。例如，重体力工作者虽然身形比脑力工作者小一些，但他实际测量的体重值有可能大于脑力工作者，这是因为相对密度不同引起的，重体力工作者由于长年累月的重体力劳动促使其躯体的肌肉含量、骨密度发生适应性变化，因此其躯体的相对体积密度大于脑力工作者。

2. 身高

身高是人体纵向的整体长度，主要取决于人体的纵向生长，身高指标受遗传因素的影响较大，反映了人体骨骼生长发育的主要形体情况。将身高指标同体重、宽度、密度以及围度等指标进行综合评定能够反映出人体的体型特征和匀称度。测量身高通常采用电子设备或机械身高测量仪(如图 2.1 所示)进行测试。在进行正式测试前需要对测量仪器进行矫正，误差应控制在 0.1 cm 以内，然后再检查底板与立柱是否垂直，测试仪的连接处是否坚固、紧致，有无晃动，仪器的零部件有无缺失。身高测量仪应靠墙摆放，刻度侧应正对光源放置，测试完毕后应立即将水平压板轻轻推向原来的高度。在正式测量时，测试者需赤脚，背靠测量仪，身体直立站在身高测量仪的底板上，正对顶杆(板)，头部正直两眼平视前方，耳屏上缘与眼眶下缘最低点呈水平，上肢自然下垂，两腿伸直，脚跟并拢，足尖分开约 60°，胸椎、骶骨、足跟位置与立柱保持紧贴，做到"三点靠立柱，两点呈水平"的测量姿势要求。受测者站好后，可按下测试按钮或将水平压板沿立柱向下滑动至

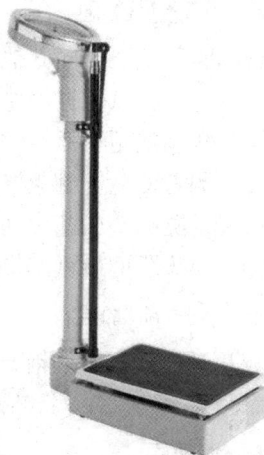

图 2.1 身高体重测量仪

受测者头顶，等显示屏或语音读出身高数值后，测试人员应记录所测试数值。测试人员读数时两眼要和压板等高。身高记录以"厘米"为单位，精确到小数点后一位。

三、围度

围度是身体各部位的周长，主要受脂肪、肌肉的影响。围度指标是健身健美锻炼过程中最常用的指标之一，也是健身健美竞赛中评判的重要指标。同时围度测量也可以作为改变身体成分的反馈来源，其目的是评估身体围度的变化。身体围度主要包括胸围、腰围、臀围、臂围、腿围、颈围等。

1. 胸围

测量胸围时，测量者需要正对受测者。首先，将软尺上缘置于背部一侧的肩胛骨下角

下缘，然后经腋窝转向胸前过双乳头正上方，经腋窝转向背部另一侧的肩胛骨下角下缘，回至起点，绕胸一周，此时，软尺上的数值即为胸围。需要注意的是，受测者要自然站立，不可吸气挺胸、弯腰或深吸气。测量时，要注意软尺松紧度要适度，同时让软尺保持在同一水平面上。软尺经过腋窝时，上肢应稍打开，但不能举到水平程度，随即轻轻地自然下垂。在安静状态下呼气结束后，未开始吸气时读数。

测量时，测试人员应站在被测者的背面，应注意软尺的位置是否正确、是否平直，受测者的身体姿势是否符合要求等。

2. 腰围

腰围是测量腰部的最窄位置，该位置处在胸腔的下侧肋骨的最低点与髋骨上侧缘。在呼气之末、吸气未开始时用软尺进行测量。如果被测者的腰部没有明显最窄的位置，可直接测量肚脐的位置。

3. 臀围

臀围通常测量的是臀部最凸的位置，它反映髋部骨骼和臀部肌肉的发育情况。测量时，受测者的两腿并拢直立，两臂自然下垂，软尺水平放在前面的耻骨联合和背后臀大肌最凸处。

4. 大臂(上臂)围

臂围的测量要求同其他部位围度测量一样。为了能科学地反映身体的锻炼效果或者身体发育状况，测试数据尽量保持一致性，即进行测量时，如初始状态选取的是肌肉紧张状态或松弛状态的话在后期对照测试时也取相同状态，以尽量降低干扰。测量紧张状态时，首先让受测者测量一侧手臂侧平举，掌心朝上，并握拳尽力收紧肱二头肌；其次测试者将软尺放置于肱二头肌凸出的最高点进行测量。测量松弛状态是在手臂自然下垂状态，测量同一侧肱二头肌的最粗部位(凸出最高点)。

5. 小臂(前臂)围

测量时，被测者的前臂自然放松下垂，掌心朝前，手放松自然张开(呈自然状态)或尽力握拳(呈收缩状态)；将软尺放在小臂(前臂)最粗的部位进行小臂围度测量。

6. 大腿围

结合体脂含量测定下肢围度能够较好地反映下肢肌肉的发展情况。测量时，被测者应直立，双脚打开与肩同宽，脚尖朝前，保持重心在两脚之间，双腿平均分担体重。受测者背朝测量者站立，测量者将软尺放置于臀线横纹处大腿的最粗部位，水平环绕一周的周长即为大腿围度。

7. 小腿围

为了测量的准确性，测量小腿时被测者要保持直立，双脚打开与肩同宽，脚尖朝前，双腿平均分担体重。测量者将软尺放置在小腿最粗的部位，水平测量一周的周长即为小腿围。

第四节　人体负荷能力的测量与评价

身体素质主要包括人体的力量素质、耐力素质、柔韧素质、灵敏素质以及较为重要的速度素质。由于运动项目的差异性，因此不同的运动项目对运动素质的需要有着鲜明的专项特征。例如，在一定的运动基础上，马拉松运动的核心运动素质是耐力素质，而投掷项目则更多地依靠力量素质。不同的运动素质水平对健身健美运动锻炼的初始训练负荷的选择有重要影响。为了促进机体代谢，达到超量补偿，适宜的训练负荷是健身健美锻炼首要解决的问题。

一、力量素质

力量素质是健身健美运动最重要的锻炼指标，力量素质尤其是绝对力量的大小能够直接反映机体的肌肉发达程度。健身健美锻炼过程与机体的力量素质呈正相关关系，随着锻炼的积累，力量素质也会产生积极的变化，对健身健美锻炼进行阶段性力量素质测试能够建立初始力量能力基线。同时，定量的力量素质测试也能为后期锻炼计划的制定、训练负荷的安排提供参考。

力量素质的测试根据不同的部位，结合健身健美项目特征可以分为上肢力量、下肢力量、腰背部力量、胸部力量、肩部力量等。健身健美锻炼过程中，对力量通常采用 RM 来进行描述，RM 是"Repetition Maximum"的英文缩写，即"最大重复次数"。例如，在进行肢肱二头肌肌力测试时，选取的重量测试者只能成功完成一次，那么该重量则称作弯举练习负荷的 1 RM，若某一重量可以完成十次则称作 10R M。健身健美锻炼主要采用 8～12 RM 的重量进行增肌训练，在进行最大力量锻炼时通常采用 1～5 RM 的重量。

1. 上肢抗阻能力测试

上肢力量的测试主要采用抗阻能力测试和引体向上动作来进行指标测试。

上肢抗阻能力测试主要测量大臂肱二头肌的肌力，而肱二头肌肌力的测量可采用哑铃的弯举或其他抗阻力弯举动作(如图 2.2 所示)。对于青少年亦可采用俯卧撑或仰卧撑进行评测。

图 2.2　上肢抗阻能力测试

采用引体向上动作也可以评定上肢力量。引体向上属于典型的复合动作(如图 2.3 所示)，应用范围较广，通过改变握法经常被用来锻炼背阔肌、肱二头肌等。引体向上也是教育部针对大学生身体素质测试选取的主要动作之一，许多省市也把引体向上动作作为中考体育测试的项目。引体向上能够较好地反映人体的上肢力量，因此通过引体向上动作可以评价人体的上肢力量。

图 2.3   引体向上动作测试

2．背部力量测试

背部力量的测试主要通过坐姿划船动作、俯身划船动作和高滑轮拉背等动作来进行测试。
个体背部肌力的大小可通过俯身划船动作来进行测试，动作如图 2.4 所示。

图 2.4   俯身划船动作测试

个体背部肌力的大小也可通过高滑轮拉背动作来进行测试，动作如图 2.5 所示。

图 2.5   高滑轮拉背动作测试

3．肩部力量测试

肩部力量的测试主要通过侧平举动作、俯身飞鸟动作等来进行抗阻能力测试。个体肩部肌力的大小可通过侧平举来进行力量测试，动作如图2.6所示。

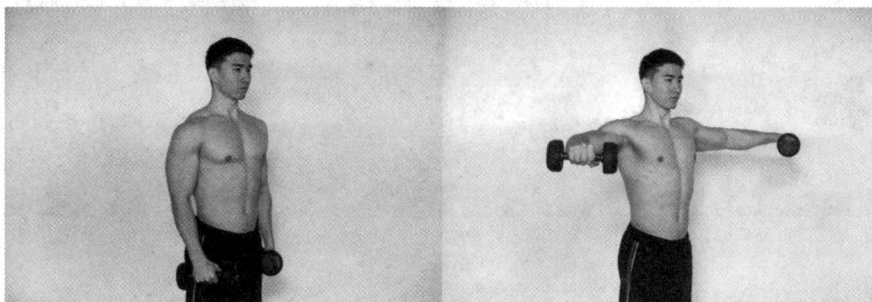

图2.6　侧平举动作测试

个体肩部肌力的大小可通过前平举来进行力量测试，动作如图2.7所示。

图2.7　前平举动作测试

个体肩部肌力的大小可通过俯身飞鸟动作来进行力量测试，动作如图2.8所示。

图2.8　俯身飞鸟动作测试

4．胸部力量测试

胸部力量的测试主要通过平卧推举动作、哑铃推举动作等来进行力量测试。

个体胸部肌力的大小可通过平卧推举动作来进行力量测试，动作如图 2.9 所示。

图 2.9　平卧推举动作测试

个体胸部肌力的大小可通过蝴蝶机夹胸动作来进行力量测试，动作如图 2.10 所示。

图 2.10　蝴蝶机夹胸动作测试

5. 背侧肌力测试

下背部力量的测试主要通过硬拉等动作来进行抗阻能力测试；个体下背部及后侧动力链肌力的大小可通过屈腿硬拉动作来进行测试，动作如图 2.11 所示。

图 2.11　屈腿硬拉动作测试

6. 下肢肌力测试

下肢力量的测试主要通过自由深蹲、史密斯深蹲等动作进行抗阻能力测试。

个体下肢肌力的大小可通过自由深蹲动作来进行测试，动作如图 2.12 所示。

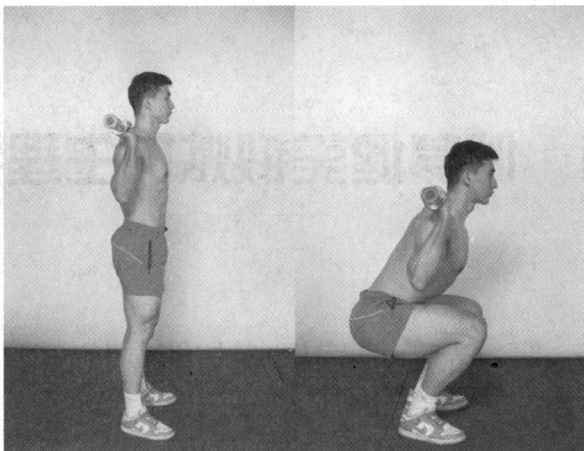

图 2.12　自由深蹲动作测试

个体下肢肌力的大小可通过倒蹬机来进行测试，动作如图 2.13 所示。

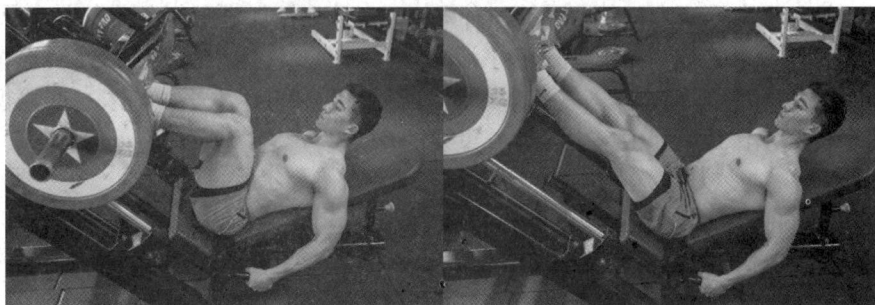

图 2.13　倒蹬机动作测试

采用以上锻炼动作进行抗阻力测试能够定量地了解锻炼者的基本运动能力。在锻炼中，可以依照本测试有针对性地制定后期的锻炼负荷，并在日常锻炼过程中根据人体运动机能能力的增长不断调整锻炼负荷，让训练负荷和训练量不断逼近自身极限，形成负债，促进超量恢复的产生。

思 考 题

(1) 身体健康的十大标准是什么？
(2) 在健身健美锻炼过程中，身体的测量与评价有什么作用？
(3) 如何通过前期测量确定锻炼的负荷强度？

第三章 健身健美锻炼的生理学基础

第一节 健身锻炼与能量代谢

一、健身锻炼

健身活动指一切以强身健体为目的体力活动。随着人类社会物质文明和精神文明的进步与发展，健身活动已成为一种有目的、有组织、有计划地促进身心全面发展，增强体质，健美体型，延缓衰老，提高生活质量的生活方式。其首要目标不在于获得比赛冠军，也不是为了实现个人利益，而在于提高生活质量，增强体质和健康水平，追求身心愉悦，延年益寿，对于提高工作效率和生产力等有着重要的意义。

二、健身锻炼的类型

1. 按健身锻炼的目的分类

将健身锻炼的内容按目的进行分类，有助于锻炼者有针对性地选择和运用健身锻炼的方式。其分类大体如下：

1) 健身锻炼

运动健身指锻炼身体各器官、系统的机能，促进身体的发展，从而提高身体的基础运动功能，达到减缓身体老化的目的。健身锻炼可以按照自己的个性和兴趣选择多种方式进行，其中包括多种体育活动，如走、跑、跳、投、举、拉、抬、骑等，还可利用阳光、空气和水等自然条件来进行体育锻炼。

2) 形体健美

健美是以促进身体健康、增强人体美感为目的的一项体育活动，它是对健身锻炼的升华，需要参与人员具备更加专业的训练知识。当然，健美属于广义的健身锻炼的范畴，健美锻炼的针对性较强。例如，为了发展肌肉体积，可采用举重和器械练习；为了养成优美的体形，增加身体的协调感和韵律感，可采用艺术体操、健身操、健美操和体育舞蹈及轻器械练习等。

健美运动可分为以下两种。

(1) 竞技健美。

竞技健美包括肌肉竞赛(也称健美竞赛)和健身竞赛(即"健身先生""健身小姐"竞赛、

男女形体竞赛、女子比基尼竞赛等)。

(2) 大众健美。

大众健美包括徒手练习，如自抗力锻炼、健身操、健美操和有氧练习以及器械练习(主要包括轻器械练习和重器械练习等)。

3) 康复健身

康复健身又称康复体育或医疗体育，指疾病患者为了治愈某些疾病或恢复身体机能而进行的健身锻炼。康复健身的内容应根据疾病性质采用适宜的锻炼方法，一般采用动作轻缓、负荷较小的散步、慢跑、太极拳、气功、按摩、保健操等。为提高康复效果，康复健身常与药物治疗相结合，在医生的指导下，按运动处方要求进行定量锻炼。

4) 体形修塑

体形修塑又称矫正畸形或矫正体育，它是目前健身房最受欢迎的健身与健美项目。体形修塑指为了弥补身体某些缺陷，克服功能障碍或使身体更趋完美而进行的健身锻炼，如整体修塑、局部修塑等(主要是针对身体局部过胖或过瘦和不良体形体态的修塑)。练习内容应根据身体的特殊情况进行专门设计，例如，轻度驼背可做脊柱弯曲矫正操，"鸡胸""后缩肩"可用俯卧撑进行矫正等。

5) 休闲健身

休闲健身亦称闲暇体育、余暇体育、休闲体育、娱乐体育，它是人们为了丰富生活、调节情绪、谋求身心满足、善度余暇而进行的体育健身娱乐活动。休闲健身以消遣、娱乐、放松为目的，内容选择上以个人爱好为前提，如各种竞技项目、游戏、球类活动、郊游野营、钓鱼、艺术欣赏、影视欣赏等。

此外，还有残疾人健身、防卫健身(即为防范各种自然和人为危害，提高人的应变能力和机体适应能力而进行的身体锻炼)等也是重要的健身锻炼项目。

2. 按运动时的能量代谢特点分类

按运动时的能量代谢特点，可分为有氧运动、缺氧运动、混合运动三类。

(1) 有氧运动，如步行、慢跑、自行车、网球、排球、高尔夫球、远足、健身操和健美操等。

(2) 缺氧运动，如短距离全力跑、举重、拔河、跳跃项目、投掷、肌力锻炼、潜泳等。

(3) 混合运动，如足球、橄榄球、手球、篮球、冰球、间歇锻炼等。在健身锻炼实践中，两种运动项目混合存在的锻炼项目也有不少，由于锻炼方法不同，所以混合运动可称为有氧运动锻炼或缺氧运动锻炼。例如，长跑、轻松慢跑是有氧运动锻炼，而竞赛时的全力跑即为缺氧运动锻炼。不同的体力水平(尤其是有氧运动)其锻炼类型也不一样，例如，以同样的速度跑，以 200 m/min 的速度跑步，体力强的人为有氧运动锻炼，而体力差的人则成为缺氧运动锻炼。

三、能量营养素及其基本功能

1. 人体主要三大能量营养素

人体主要的三大供能营养素为碳水化合物、蛋白质及脂质(脂肪)。其中，碳水化合物是食物中最主要的也是最基本的供能物质，每克碳水化合物大约含热量 16 kJ。在人们的一般饮食结构中，碳水化合物约占总供能的 46%～58%，碳水化合物中还包含那些可用于供能的可消化食物类型(如淀粉和糖)以及那些纤维等不能消化的食物类型。日常生活中，含有碳水化合物的食物为米饭、面条、面包、各种根茎类蔬菜(如土豆、红薯)、粉条等。

每克蛋白质提供的热量是 16 kJ。蛋白质，它进入机体后会被消化成氨基酸，可用于人体组织细胞的生长发育和修复。鸡蛋、肉、鱼、奶和大豆含有高质量的蛋白质，谷物、蔬菜、种子和坚果含有植物蛋白。成年人每天每公斤体重只需要 0.8 g 蛋白质，因此一个 80 kg 的人每天需要 64 g 的蛋白质。

最后，脂肪是能量的另一种重要来源，每克脂肪所含的热量(约 36 kJ)是碳水化合物热量的两倍多。室温下，脂肪有液态的(如植物油)，也有固态的(如动物油)。液态的植物油含不饱和脂肪酸较多。

2. 三大供能营养素的基本功能

1) 碳水化合物的功能

碳水化合物有多种不同的种类，大致分为简单碳水化合物、复杂碳水化合物以及其他。按照消化类型来分，可分为可消化碳水化合物与膳食纤维。其中，可消化碳水化合物的主要功能是为机体提供能量燃料，并参与机体蛋白质的合成，同时提供营养物质与促进机体对水的吸收。虽然膳食纤维不可被人体吸收，但也有其重要作用，它可以帮助消化以及控制胆固醇和脂肪的囤积。

2) 蛋白质的功能

蛋白质具有以下功能。

(1) 蛋白质提供能量生成反应所需的碳源。某些氨基酸可以转化成葡萄糖，代谢后提供 ATP(即三磷酸腺苷，是生物体内最直接的能量来源)，而其他的氨基酸可以作为脂肪存储起来，随后进行代谢并提供 ATP。

(2) 在控制血液与机体组织的液体容积与渗透压方面，蛋白质是很重要的化合物，它是维持水平衡的重要调控因素。

(3) 蛋白质是两性化合物，能够在酸性与碱性环境中起缓冲作用，以维持最优化的血液 pH 值。

(4) 蛋白质是抗体的主要成分，对于维持健康至关重要。

(5) 蛋白质能生成酶，酶参与消化和生成其他所需化学终产物的细胞进程。

(6) 蛋白质是器官、肌肉和骨骼的极其重要的组成成分。

(7) 蛋白质是血液中"精明的"物质搬运工，能将物质准确运送到受体的位置。例如，铁蛋白是运送铁的蛋白质。

(8) 蛋白质能够合成控制机体功能的特定激素(如胰岛素)和神经递质。

3) 脂质(脂肪)的功能

一定数量的脂肪(占摄入总体热量的 20%～35%)是确保机体摄入充足的能量与营养素所必需的。脂溶性维生素 A、D、E、K 必须借助脂肪才能供给机体。特定的机体功能所需要的、而自身又无法合成的必需脂肪酸也是必须摄入的。在进食过程中，膳食脂肪也能给予我们饱腹感，并产生重要的生理信号——该停止进食了。膳食脂肪比碳水化合物的胃排空时间长，这有助于我们产生饱腹感。当然，脂肪还能使食物的味道更鲜美。

3．三大营养物质的代谢

三大营养物质主要用于维持人体生命的营养物质(包括糖类、脂肪、蛋白质、水、无机盐和维生素等)。人体在进行健身健美锻炼过程中主要有两种代谢形式，一种是消耗大于摄入的负向代谢形式；另一种为消耗小于摄入的正向代谢形式。在负向代谢形式下，机体表现得越来越消瘦，因此能量的负向代谢的运动形式也是人体用于减脂、减重的运动模式。而在正向代谢形式下，机体表现得越来越强壮(肥胖)，因此正向代谢形式是人体用于健美、增重的运动模式。

1) 糖的代谢

糖类又被称作碳水，它是人体最基本的供能物质。人体内储存着大量的糖类物质，它主要来源于日常的饮食。人体所需 70%的能量是由食物中的糖类所提供的，食物通过消化、分解、吸收后被分为四部分，一部分合成肝糖原；另一部分进入血液被运输到不同的肌肉组织合成肌糖原储存在体内；还有一部分分布在血液中保持着一定的血糖浓度；剩余部分被人体直接氧化分解以维持机体的新陈代谢。研究表明，人体的肌糖原含量约为 300～400 g，肝糖原含量约为 70～100 g。人体内的糖类物质以血糖为中心，主要以肝糖原和肌糖原的形式储存，血糖、肝糖原、肌糖原三者之间可以相互转化，进而形成一个动态的平衡状态，如图 3.1 所示。值得注意的是，在运动过程中，肌糖原是机体进行高强度无氧运动的重要能源，也在大强度的有氧运动过程中起主要作用。而在健身健美运动项目中，糖原的储备水平有助于大运动量的训练，对于参与健身健美项目的人来讲，无论是在有氧减脂训练过程中还是在无氧力量训练过程中均要保持糖类的摄入，当人体过度控制糖类摄入，会导致血糖水平持续降低，并对机体产生较大的损害，严重的低血糖病则会引起死亡。

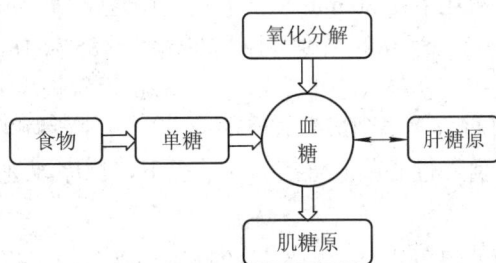

图 3.1　糖类代谢动态转化示意图

由于人体饮食摄入总量的限制，所以体内糖的总量相对有限，在长时间、高强度的运动中，糖类成为制约运动能力的主要因素，当体内的血糖浓度低于 3.3 mmol/L，肌糖原浓度低于 3.3 mmol/L 时，人体极易产生疲劳。为了提高训练强度、训练效果或者竞赛水平，运动员会在运动前、运动中以及运动后专门地进行糖类补充。在运动前、比赛前进行糖类补充也有助于机体在长时间运动过程中保持一定的血糖水平和肌糖原水平。研究表明，在运动前 2～4 h 进行糖的补充，能够有效增加肌糖原和肝糖原的储存量。由于从糖类的补充到利用具有一定的时间间隔，因此运动前 5 min 或者运动开始时是补糖的较好时机。应该注意的是，运动前 1 h 最好不要补糖，因为胰岛素的调节作用反而会使血糖水平降低。对于健身健美运动员而言，在赛前的刷脂阶段会安排长时间的有氧运动，此时可以在运动过程中补充少量糖原。

2) 脂肪的代谢

脂肪对人体有着重要的作用，人体的脂肪含量相对较大，脂肪所占人体体重的比例也是评价肥胖的指标之一。一般认为男性脂肪约占体重的 15%～20%，女性脂肪约占体重的 20%～25% 为最佳比例。人体的脂肪为生命活动提供充沛的能量，但是男性脂肪比例高于 20%、女性高于 30% 则被定义为肥胖。而肥胖的危害性较大并会给机体带来额外的负担。脂肪主要通过食物获得，人体摄入的糖和蛋白质达到一定量后都可转变成脂肪储存于皮下。由此可见，体脂的比例可以通过饮食进行控制，通过运动进行调节。但是有研究表明，人体内脂肪积聚的趋势和储存的位置具有一定的遗传效应，这就可以解释生活中那些梨形身材、苹果形身材、香蕉形身材以及沙漏形身材的先天成因了。

人体过多的脂肪积聚是因为摄入了过量的热量，这些超过人体需要的热量就会以脂肪的形式储存在皮下或者内脏器官中。脂肪的储存能量几乎没有限度，因此为了保持健康的形体，一定要保持摄入和消耗之间的平衡。研究表明，人体减脂过程中，无论是单纯运动或是单纯节食都不如运动和控制饮食相结合的减脂方法的效果好。运动减脂过程中体脂率会降低，但是体重有可能会增加，因此要根据自己的锻炼目标选择合适的运动项目。如果是想减脂，建议选择需要机体的大肌肉群参与的有氧运动，如跑步、游泳、骑自行车、健身操等。健身健美锻炼虽然会降低身体的体脂比例，但也会增加瘦体重也就是肌肉的含量，所以好多人在进行健身健美锻炼后，体重反而增加了。出现这种情况不必担心，在体脂降低的前提下，体重增长是一种好的现象，这也证明锻炼有了较好的效果。目前，大部分学者认为普通健身锻炼减重应该控制在每周减重 0.45 kg 以内，而每周减重 0.9 kg 是减重的上限，专门减脂的人群在锻炼过程中还应注意运动的持续时间，糖类通常能够维持约 25～35 min 的供能过程，脂肪消耗率在 30 min 以上的运动中逐渐增加，因此减脂过程需将运动时间控制在 30～60 min 为宜。运动的强度可控制在 50%～85% 的最大摄氧量，用心率来进行评价则可以将运动强度控制在最大心率的 60%～70%。近年被大家所青睐的 HIIT(高强间歇锻炼)法，在短时间内可将心率提到最大心率的 90%，这种高强度的锻炼方法需要有一定的锻炼基础，应在没有任何慢性心脑血管疾病的前提下，循序渐进地进行。

3) 蛋白质的代谢

蛋白质是肌肉和细胞的组成成分，是人体的物质基础。由于蛋白质含有氮元素，所以区别于其他营养物质，蛋白质在不同状态下表现为蛋白质的平衡、蛋白质的正平衡、蛋白质的负平衡三种状态。

对于正常人蛋白质的收支平衡状态被称作蛋白质的平衡；而在运动锻炼的超量恢复期，如处于少年、儿童、孕妇或者病人阶段，其人体对蛋白质的需求大于正常水平，在保证蛋白质的摄入量的前提下，人体的合成代谢大于消耗，这种状态为蛋白质的正平衡；而在患病、饥饿、营养不良或大运动量锻炼期间，人体的蛋白质消耗大于合成，这种状态为蛋白质的负平衡。研究发现，如果人体缺乏蛋白质会导致严重消瘦、营养不良、乏力、记忆力减退、反应迟钝、头晕、贫血，更严重者会危及生命。与其他能源物质相比，蛋白质供能的比例最小，无论人体是在运动状态还是在安静状态，蛋白质都不是能量的主要来源，只有人体的糖类和脂类被大量消耗后，蛋白质才会分解参与供能，可以看出蛋白质是人体最后参与供能的物质。

蛋白质是人体肌肉组织的主要成分，它对于健身健美锻炼至关重要，要增肌必须要保证充足的蛋白质摄入才能保证锻炼后的肌肉生长。对于以力量、耐力为主导的运动项目，蛋白质的补充是非常重要的。成年人对蛋白质的最低需求量约为 30～45 g，或者每天每千克体重 0.8 g。运动员对蛋白质的需求量会根据运动量的变化而变化，通常每千克体重 1.2～2 g，但是不应超过 2 g。有研究认为，健美锻炼者在增肌期每天摄入的蛋白质量可控制在每千克体重 1.5～2.5 g。

4) 水、无机盐的代谢

水是人体重要的组成物质，其占机体所需物质的比重最大，是生命活动必需的营养物质。婴儿体内的含水量为 75%～80%，随着年龄的增加，体内的含水量会降低。成年人体内水分占体重的 60%。水在人体主要分布在体液和人体的组织、器官里，骨骼和脂肪组织中含水量最低，约占体重的 12%～15%。在人体里，一部分水与无机盐、蛋白质和糖类等物质结合，构成人体的组织器官；另一部分水以液态游离状态存在，如血液、淋巴液等。游离水占比相对较少，而结合水是水在人体存在的主要形式。

水作为生命活动的必需物质，在人体内始终保持着一种动态的平衡状态。人体一方面通过摄入补充水，另一方面通过排泄将水和代谢产物一起排出体外。

人体获取水主要有三个途径：首先是每天的饮水；其次是从食物中获取的水；最后是机体在进行有氧代谢过程中生成的水。饮用水是人体摄入水的最大来源，其次是食物，而代谢产生的水所占的比例最小。水的消耗也有三个途径，其中占主要的是人体产生的尿液，其次是呼吸与人体表面的挥发，虽然排便也会代谢掉一部分水，但它占的比例最小。血管是水在体内传送的唯一通道，人体喝的水会通过消化道进入血液，多余的水通过血液运送达全身，最终以尿液的形式把多余的水分排出体外。

第二节　健身锻炼的基本准则

一、练前活动及练后活动

在每一次运动的开始阶段，运动员可以降低运动的强度，并适当增加一些拉伸运动，以此来激活目标训练肌群机能。在做完准备活动后，可以平稳地由安静状态逐渐进入到高能量消耗状态，并进行高强度的运动。在每次运动的最后阶段，可逐渐降低运动的强度，使身体慢慢恢复到平静状态，以减少在突然停止运动后引发的轻度头疼的风险。在当日训练计划完成后的整理运动中，还可以像准备活动一样进行一些拉伸运动。如果运动的时间必须缩短的话，那么保持热身和整理活动的时间不变，可酌情减少锻炼课程或计划中间主体部分的时间。

二、锻炼的时间及频率

为了增进心血管功能和降低体重，锻炼次数建议从每周 3～4 次，逐渐增加到每天 1 次。如果每周运动锻炼少于 3～4 次，为了达到对心血管的锻炼效果，就要加大运动锻炼的强度。但是，锻炼强度的增加也会增加发生损伤的可能性。此外，当每周运动锻炼少于 3 次时，难以达到降低体重的目的。对于平常不太爱参加运动锻炼的人，刚开始锻炼时，每周超过 4 次，其损伤的可能性会增大，隔天锻炼的策略会比较适宜，并且可以制定合理的健身锻炼时间表。

为了达到锻炼的心血管系统效果和改变体型、体态的目标，确立和制订健身锻炼方案和计划时，要保证健身者每次运动锻炼时能够消耗 836～1254 kJ 的热量。运动锻炼的总的热量消耗是由运动的时间和强度决定的。一般来说，以适中的强度运动时，消耗 836～1254 kJ 的热量需用 30～40 min 的时间(包括热身和整理活动)。如果是运动强度较小的锻炼项目，如果要消耗 836～1254 kJ 的热量，运动锻炼的时间就应延长。

三、锻炼的强度

运动锻炼的强度是指运动时施加在心肺系统的"负荷"。针对不同的人，锻炼的最低运动强度是不一样的。平常很少参加运动锻炼的人(其最大心肺功能的 50%)会比那些较为健康的人(其最大心肺功能的 85%)的运动强度要低。判断运动强度的基本方法是看锻炼时的心率是多少。因为在运动锻炼中，心率会随着运动强度的增加而升高，我们可以采用计算靶心率(THR，Target Hear Rate)范围的方法来判断的强度。靶心率范围是指为了达到锻炼效果所需的最大心率和最小心率。达到最大心率的强度是人体在运动时达到极限心率的锻炼强度(平时运动不要达到最大心率，具有一定的危险性)。而最小心率的强度保证运动锻炼在一定时间后能够达到锻炼的目的。对于普通的健身者来说，靶心率的范围是最大心率的 70%～85%。不同年龄人群最大心率计算公式为

$$最大心率 = 200 - 年龄(岁)$$

健身者在运动锻炼的可以用电子设备测定心率。此外，健身者还可以用手指端按住腕部的桡动脉测量脉搏，这样也可以计算心率。心率是在运动后即刻测定的，根据这个数值可以很好地估计运动锻炼时的心率。例如，根据运动后 5 s 内的腕部或颈部在 10 s 内的脉搏可计算出心率。由于运动后心率变化很快，所以要尽快测定，以保证更加准确地计算运动锻炼时的心率。10 s 的心跳乘以 6 可以计算出一分钟的心跳次数。

四、锻炼强度的推进

健身锻炼强度要由小到大逐步推进，切勿操之过急，否则易引发健康安全事故。健身者应当在将要加大运动锻炼的强度之前，首先应先增加训练量，对于健身健美锻炼则需要适应一定的有氧强度和力量能力提升，力量能力(量)的提升可不断增加现有负荷量的重复次数，当有氧能力和最大重复次数增加到一定数量，即适应一定的训练量之后，则可缓慢提高锻炼强度。使自身的锻炼进入一个新的阶段，不断实现运动能力的提升。

在健身运动锻炼的开始阶段，应选用那些运动锻炼强度容易控制，可以消耗适当的热量，产生损伤的可能性小的运动锻炼方式，如行走、慢跑、骑自行车、游泳等易上手且基础的项目。当健身者的机体适应后再过渡到逐渐增大锻炼强度的不同锻炼方式。以选择采用走、跑这种锻炼方式为例，建议先从普通行走到快走，再过渡到跑步。这种健身锻炼的规律是由低强度到中强度再到高强度，从控制因素多的项目到控制因素少的项目，从损伤可能性小的项目到其他相对难度大的锻炼项目。

第三节　人体的骨骼肌系统与工作原理

一、人体肌肉的类型

人体的重量大部分都是来自肌肉，男子的肌肉组织占整个身体体积的 42%～47%，女子的肌肉组织占整个身体的 30%～35%。从事健美运动项目的运动员的肌肉组织可占整个身体体积的 55%～65%。

人体的肌肉可分为平滑肌、心肌和骨骼肌三种类型。平滑肌主要构成内脏器官(如胃肠、血管、膀胱等)，又称内脏肌。平滑肌因不受人的意识支配，自行律动收缩，且收缩缓慢，具有很大的伸展力，故又称为不随意肌。心肌主要构成了心脏，为心脏所特有。心脏的肌肉也属于不随意肌，但它的"自动节律性"程度和收缩的力量与胃、肠等不随意肌的蠕动相比，要更加强烈而又明显，所以解剖生理学称它为"心肌"，以便与其他不随意肌相区别。骨骼肌主要分布于躯干和四肢，通常附着在骨头上，受人的意识支配而产生随意活动(如走、跑、跳、投、推、拉等动作)，故称为随意肌。人们常说的肌肉，比如胸大肌、背阔肌、腹直肌、股四头肌等，就是指随意肌。

二、人体肌肉的形态

人体肌肉的形态多种多样，其长短、粗细、大小各异，以肌肉的外形轮廓分类可分为长肌、短肌、扩肌和轮匝肌四种。肌肉形态的构成取决于其功能特点，具体分析如下。

(1) 长肌呈长梭状，由肌腹和肌腱两部分构成。肌腹多位于肌肉的中央部位，使肌肉产生收缩力。长肌内部纤维的排列多与肌肉的长轴平行，收缩时肌肉显著缩短，并能引起大幅度的运动。肌腱无收缩力，但能抵抗很大的伸张力，多位于四肢肌肉两端并附着于骨头上。

(2) 短肌比较短小，多位于躯干部位(各锥骨间)，分布于深层，具有明显的节段性。它收缩时运动幅度不大，但收缩力较大，且能持久。

(3) 阔肌扁而薄，多位于躯干部位(胸、腹壁处)，有大量纤维且分布面积大，可以整体或部分收缩，从而能完成多种多样的动作，并对内脏有支持和保护的作用。

(4) 轮匝肌多呈环状，由环形纤维构成，位于裂孔周围，收缩时可关闭裂孔。

人体各部位肌肉群的形态都与其功能相适应。例如，为了完成支撑和物理空间位移，下肢肌肉群比较发达结实，粗壮有力；为了适应复杂的劳动和运动的要求，上肢肌肉群相对地较细小灵活；为了适应人体直立行走和稳定平衡的需要，背肌、臀肌、大腿前部肌群和小腿后部群肌既发达又有力。

三、人体肌纤维的类型

根据骨骼肌纤维的收缩与抗疲劳特征分类，可将人体肌纤维分为慢收缩肌纤维、快收缩肌纤维两种类型。

(1) 慢收缩肌纤维简称慢肌纤维，其收缩速度慢，产生的力量小，但有很强的抗疲劳性。慢肌纤维中肌红蛋白含量高，毛细血管多，呈红色，故又称红肌纤维。慢肌纤维有氧氧化产生能量(ATP)的能力强，所以慢肌纤维适合于长时间有氧运动，如走或慢跑等。因其具有抗疲劳性，在以静力性工作(维持固定姿势的紧张工作状态)为主的肌肉中，慢肌纤维占主导地位。

(2) 快收缩肌纤维简称快肌纤维，其收缩速度快，产生的力量大，但容易疲劳。快肌纤维呈白色，又称白肌纤维。其有氧代谢能力低，无氧酵解(无氧酵解指肌纤维可以在无氧条件下短时间内快速产生大量能量)产生 ATP 的能力强。快肌纤维这种代谢特征和收缩能力对跳、急跑、举重等以速度和爆发力为主的运动极为重要，因为这些运动的某一时刻需要快速地供应能量，这也只有通过无氧代谢才能完成这种能量的供给。

不同人的快、慢型肌纤维的比例是有差别的。尽管有研究表明，耐力练习可以导致部分肌纤维产生某些适应性转变，但肌纤维的数目和百分比主要是由遗传因素决定的。

四、人体肌肉的基本工作原理

人体完成各种动作主要是肌肉收缩作用于骨骼的结果，也就是说，运动是以骨骼为杠杆，关节为支点，肌肉收缩产生动力并在神经系统的调节下形成的。在健身健美运动训练过程中，一个动作的完成实际上是与此动作相关的肌肉进行收缩和放松的结果。由此可见，肌肉组织的基本工作原理是肌肉组织受神经系统支配，将人体化学能转变为机械能，使肌肉纤维收缩与放松，以保证机体的各种运动。

在正常情况下，肌肉收缩是由神经冲动引起的，脊髓中运动神经元发出的神经纤维支配全身肌肉，运动神经纤维与肌纤维相结合的点称为神经-肌肉接头。每一根肌纤维都接受来自脊髓中运动神经元的支配。从功能上看，一个运动神经元连同它的全部神经末梢所支配的肌纤维是一个肌肉活动的基本功能单位，故称为运动单位。

肌肉的收缩是由运动神经以冲动的形式传来的刺激引起的，即冲动经神经肌肉接头传递至肌纤维内部，引起细丝和粗丝的相互滑动，产生肌肉收缩。理论上讲，去掉肌肉的神经纤维，肌肉则不能产生收缩，但实际上肌肉偶尔也会出现不自主的持续性收缩，这种情况称为痉挛。

肌肉在接受刺激后，产生兴奋并发生外形上和张力上的变化，叫作肌肉收缩。收缩时，肌肉长度缩短，横断面积增大。当肌肉较长时间处于持续的缩短状态时，这种状态被叫作强直收缩。肌肉收缩牵动骨骼，引起关节转动，实现人体在空间的位移运动是由肌肉附着在骨上的位置决定的，例如，做单腿屈伸动作时，当大腿后侧的股二头肌接受大脑的指令进行工作时，股二头肌收缩变短，形成较大的隆起，从而完成将小腿拉向身体的动作。

关节周围的肌肉可以单独收缩，也可以联合收缩，人体各种各样的活动就是肌肉以各种方式联合收缩的结果。例如，做引体向上动作时，就是背部的全部肌群、上肢的肱二头肌、肩部的三角肌和躯干的前锯肌群同时联合收缩来完成动作的。所以说，肌肉收缩是人体运动的动力来源。

肌肉放松对健身健美锻炼会产生巨大影响。在健身健美运动训练过程中，善于放松那些不直接参加完成动作的肌肉，不仅能节省体内的能量消耗，减轻有机体的生理负荷量，而且可以保持动作的准确、协调和有力。例如，上臂前侧的肱肌和肱二头肌在收缩屈肘时，后侧的肱三头肌群则要同时充分放松伸长；大腿后侧的股二头肌群收缩屈膝时，前面的股四头肌群也要充分放松拉长。只有在这种条件下，上臂的肱二头肌、肱肌和大腿的股二头肌的收缩力量才能最大。另外，善于放松肌肉，还能避免运动损伤。尤其是在健美运动训练后进行肌肉放松与恢复练习，不仅可以促进肌肉能量的恢复，还有利于减轻或解除机体的疲劳。

五、人体肌肉的工作分配与协作

人体中的每一根肌纤维收缩都能产生一定的力量。人体全身包含骨骼肌 600 余块，肌肉所含的肌纤维约为三亿条，如果这些肌纤维的作用方向一致，会发挥惊人的力量。然而人体肌肉的纤维方向和分布(在解剖学上称为配布)是不一致的，但都从不同的方向和角度作用于骨骼，使人体产生各种各样的活动，并准确地完成各种各样的动作。

肌肉都以相互拮抗的原则分布在人体关节运动轴的相对侧。一个运动轴就有一对互相拮抗的肌群分布在其两侧，而且是只能有一对。也就是说，关节的任何一个运动轴总有作用相反的两组肌肉，即有屈肌，必然有伸肌；有内收肌，必然有外展肌；有旋内肌，必然有旋外肌。因此，肌肉的配布与关节运动轴有关。关节面的形状决定了关节运动轴的数目，也决定了肌肉的分布方式。

任何一个简单的动作，除了要有完成这个动作的肌肉，还需要其他肌肉的协调配合。例如，双手持哑铃做躬身侧平举动作，就需要有许多肌群参与工作：脊柱的伸肌群使躯干维持伸直的动作；髋关节的伸肌能躯干在髋关节处保持 90° 的姿势，不让躯干落下；膝关节的伸肌群使大腿在膝关节处维持伸直状态；肘关节的伸肌群使前臂在肘关节处保持伸直的姿势等。只有在上述肌肉工作的条件下，肩关节的伸肌群(背阔肌、大圆肌等)和肩带的后缩肌群(斜方肌、菱形肌等)才能收缩发力完成手臂水平伸动作；同时，肩关节的屈肌群和肩带的前伸肌群还要协调放松。

不同部位的肌肉在不同的动作中所起的作用也不同。根据在动作中的作用，可将肌群分为原动肌、协同肌、对抗肌和固定肌四种。

(1) 原动肌是指在关节运动中主要完成动作的肌肉群，例如，杠铃反握臂弯举动作中的肱肌和肱二头肌就是原动肌。

(2) 协同肌是指与原动肌处于关节轴的同一侧帮助完成动作的肌肉群。例如，在杠铃反握臂弯举动作中，肱肌和肱二头肌负责收缩用力，肱桡肌和旋前圆肌则是协同完成弯举动作的肌肉群。只有原动肌和协同肌密切合作，才能达到并保证更强有力的肌肉收缩和动作的协调准确。

(3) 对抗肌是指与原动肌的机能作用完全相反的肌群，两者分别处于关节运动轴的两侧。例如，在杠铃反握臂弯举动作中，肘关节的伸肌(肱肌和肱三头肌)是对抗肌。当原动肌收缩时，对抗肌就自然放松和拉长，并以本身的拉长来延缓和抑制运动，使动作均衡而稳定，从反面协助原动肌完成动作。

(4) 固定肌是指关节运动时，固定环节的另一端，为原动肌的工作建立稳固的支持条件的肌肉。例如，在杠铃反握臂弯举动作中，臂弯举起时，肩关节肌是固定肌，它们固定上臂，为弯举动作建立了稳固的支点。

肌肉的协作关系是十分复杂的，但是肌肉的对抗和协同关系不是不变的，而是随着条件的改变而互相转化的。例如，在杠铃反握臂弯举动作中，当屈肘时，肱二头肌是原动肌，肱三头肌是对抗肌；当伸肘时，肱三头肌则变成原动肌，而肱二头肌变为对抗肌。再比如，当手腕向内收时，位于前臂前面内侧的屈腕肌和位于前臂后面内侧的伸腕肌因共同完成手腕内收动作而成了协同肌；这时位于前臂前面外侧的屈腕肌和位于前臂后面外侧的伸腕肌就成了完成手腕内收肌群的对抗肌。因此，在上述两个动作中，各自的两组肌群相互对立和协调，便可准确地完成动作。

在健美训练过程中，了解肌肉的配布规律，明确肌肉工作中的协作和对抗的关系，对理解和掌握健美训练的动作，有目的地全面发展肌肉群具有积极的指导作用。

第四节　增肌锻炼与形体管理

在快节奏的生活中，工作、学习的压力使很多人的体重过轻。而多数人并不知道体重过低会给人体带来许多危害。如果发现自己的体重太低，就该进行增重了。与肥胖者不同，体重过轻者通常身体较瘦弱，体内的脂肪和蛋白质比例都较低。有研究表明，无论体重过轻还是过重，脂肪的含量过低还是过高，都将对寿命产生影响。因此并不是体重越轻、身体越瘦就越好，而是应该保持正常的体重和一定的脂肪含量。对于多数人来说，通过运动可以调整自身健康，以保持合理的体重和体脂百分比例。运动除了可以减脂、减肥，还可以通过调整健身锻炼的负荷形式和训练方法促进人体增重、增肌。运动锻炼增肌的原理就是通过不断地进行抗阻锻炼，刺激人体不同的生理系统和骨骼肌系统，结合充足的营养搭配供给，提高人体的各个机能能力的适应性。力量的增强是以发达肌肉为前提的，因此在运动能力提升的同时也能达到增肌和增重的锻炼目标。

一、体重过轻的原因及危害

1. 体重过轻产生的原因

造成人体体重过轻，脂肪、肌肉总量过低通常有三个主要原因。

(1) 由个体身体固有的疾病导致的，比如消化系统疾病、甲亢、厌食症、糖尿病、失眠及人体主要脏器的慢性炎症及损伤等，我们称其为病理性体重过轻或病理学瘦弱。

(2) 由于饮食与营养结构的失衡引起的，即长期的能量处于负平衡状态，机体每天从食物中摄取的总的能量少于人体每天消耗的总热量。因此每天都要依靠自身的组织分解提供能量，以维持身体正常的新陈代谢。

(3) 由于运动习惯引起的。由于马拉松运动爱好者有每天长跑的运动习惯，消耗了大量的能量是运动过度的表现，所以他们都比较消瘦。

除以上的三种主要原因以外，体重过轻也受其他因素的影响，如生活习惯不规律、生活压力大等也会影响人体体重变化。

2. 体重过轻对人体健康的危害

三大营养物质对人体有着不同的作用，蛋白质是组成人体一切细胞、组织的重要成分，机体所有重要的组成部分都需要有蛋白质的参与。而脂肪是机体主要的能源物质之一，也参与构成人体的组织，具有保暖等功能。

(1) 肌肉总量过低会导致体重过轻，甚至带来许多危害。

肌肉在人体生命活动中有着重要的作用，肌肉含量的降低会导致身体许多功能受阻、效率降低。首先，作为人体动力的来源，肌肉是保障一切活动的动力基础。在生活中，搬运重物、运动锻炼甚至在面对灾难等一些突发事件时，肌肉组织都是维持人体正常功能的基础，它能在关键时刻为人体提供力量，确保机体在需要力量的时候产生动力以完成相应的工作。其次，肌肉的收缩能产生热量，以维持人体的正常体温。当人体的肌肉含量变少时，会表现出畏寒怕冷的症状，而且其抵抗力相对较差，在冬季容易感冒、生病。第三，人们通常把肌肉当作人体的第二心脏，因为其能够协助心脏正常工作，如人体的肌肉量少则心脏负担就大，而心脏负担过大会引发一些心血管疾病，甚至危及生命。第四，骨骼肌是肌糖原储存的主要场所，充足的肌糖原储备能够减轻肝脏负担，降低肝糖原的合成。人体肌肉量变少，其肌糖原储备就变少，当机体在剧烈运动时，肝脏的负担会高于正常人，甚至影响其解毒功能；第五，由于肌肉量少，其对骨骼和关节的固定作用相对较差，通常瘦弱的人、肥胖而肌肉比例较小者易患骨质疏松症，生活中极易因摔跤、磕碰而发生骨折现象。最后，一定的肌肉量是男性第二性征的隐性体现，适度发达的肌肉能够呈现健美、阳光的外表，更好地被社会认可，提升人际关系和社会交往。

(2) 体重过轻的人的各项机能水平通常比正常人的低下，最终引起人体的心脏泵血、呼吸机能、肝肾功能、消化吸收功能、神经控制系统功能以及新陈代谢等多方面的机能下降，从而导致人体免疫力低下，对病菌的抵抗力比正常体重的人低。因此，体重过轻、过于瘦弱的人更容易患病，更容易出现健康问题。

(3) 外部形象是人在社会交往中信息交换的第一位，体重过轻的人会给人一种低于正常健康水平的刻板印象，进而影响其工作和学习。由于社会个体道德水平和社会文明发展得不完善，生活中会有一些人以貌取人，所以过于瘦小的人在社会中很容易受到他人的歧视，从而备感困扰和压力，而长时间的心理压力会造成严重的生理疾病和心理疾病。所以，瘦小的人患病概率要比正常人高得多，而且恢复的时间也相对较长。

(4) 体重过轻或身体过于瘦小的人通常寿命比正常人短。权威杂志《柳叶刀》对此进行了证实，他们在研究中指出，过度肥胖的人比理想体重的人寿命更短，男女寿命分别缩短 4.2 年和 3.5 年；体态过瘦则影响更大，男女寿命至多分别可缩短 4.3 年和 4.5 年。25 岁以后代谢减缓，微胖的人寿命更长。

(5) 通常体重过轻或身体过于瘦小的人的身体脂肪总量较少，而男性身体脂肪过低可能会引起脱发、畏寒、记忆力下降以及脂溶性维生素缺乏症等问题。严重时，还会患肾病、糖尿病或者变形关节炎等。

二、科学健身的好处与方法

1. 科学健身锻炼对人体的好处

科学合理的健身锻炼对人体有多方面的积极作用，具体如下：

(1) 科学的健身锻炼能够有效提高肌肉活力。强有力的收缩和舒张过程能够促进人体局部和全身的血液循环。在运动时，人体的心脏泵血功能增强，心率加快，呼吸加深，呼吸频率加快，人体的摄氧量提高。另外，进行胸部肌群和腹部肌群负荷锻炼不仅能够促进全身的血液循环，还可以促进胃肠的蠕动以及胃肠的血液供应，从而提高人体的消化能力和吸收能力，为后期营养物质的吸收和利用奠定基础。

(2) 科学的健身锻炼可以促进人体胃肠消化液的分泌，以促进食物消化，激发锻炼者食欲。因此运动后锻炼者比平时摄入更多的食物，从而增加了营养物质和热量摄入值，形成能力的正平衡。

(3) 科学的健身锻炼不光能提高神经系统的协调控制能力，使人体能够更好地适应不同环境的要求，还能改善自身神经系统的不协调和不完善之处，从而提高身体组织器官的生理功能和机能水平，促进食物吸收、利用的最大化和能量节省的最大节。

(4) 在一定范围内，大负荷刺激能够提高人体激素水平，即所谓的促酮效应。在运动健身中采用大负荷的力量练习可以刺激人体雄性激素水平的提升，而雄性激素又是人体合成类激素，因此雄性激素的提高可以促进肌肉等组织的增长，从而增加人体肌肉量。

(5) 周期性地给肌肉进行适度的负荷刺激，在营养充足的补充下能够促进肌纤维横断面积的增大，促使人体肌肉等组织适应性地增长。同时，肌肉中的亲水胶体，如糖原、蛋白质等也会适度增加，以增加人体体重。

(6) 科学的健身锻炼能够缓解人体的不良思绪，加速新陈代谢，提高睡眠质量，促进身体积极地休息和恢复。

2. 适宜负荷刺激与超量补偿

要想通过锻炼不断强壮体格、发达肌肉，在锻炼过程中就要遵循超量恢复原则，即给予锻炼的目标肌群施加抗阻刺激，以促进肌肉的生长与发育。人体会不断适应来自外界的负荷刺激，适应后，机体的应激反应就会减少，当长期适应一定负荷后机体就不能产生适应性变化，这就是人体的适应性规律。所以，要想变得强壮，就需要不断加大锻炼的负荷，不断地给肌肉增加的负荷刺激(这个负荷要不断地超过原来的负荷)。但是超量负荷的刺激也要把握适当原则，强度应控制在人体能够承受的最大范围之内，以免受伤或过度训练。

周期性超量负荷训练能给人体带来超量恢复，即超量负荷的肌肉锻炼会引起肌肉疲劳，通过主动地恢复和营养补给，人体的机能会逐渐增强，产生比原来水平更高的飞跃，使骨骼肌更快地生长。需要注意的是，负荷强度的大小与骨骼肌的适应性变化有密切的关系。人体产生的适应性在生物化学和微结构上仅产生较小的变化，属于低强度刺激。健身锻炼的强度过大，超出人体的负荷能力会使人体产生损伤和不良反应。因此，只有在人体正常负荷承受范围内，采用大运动量超负荷的刺激，激发人体产生适应性变化，才能提高健身锻炼的效果。

想要提高健美训练的训练水平要遵循超量恢复原则。在负荷过程中，体内能量物质被大量消耗，能量物质的分解代谢加强会使异化作用占优势；在训练后的休息过程中，体内能量得到调整和补充，重新合成能量物质的合成代谢能力加强，即同化作用占优势，这样不仅能恢复到原有水平，还可以超过原有水平，这就是超量恢复原则。恢复过程是有机体的一种保护措施，可预防肌体状态恶化。在正常的大运动和高强度训练后，一般需 2～3 天后即可产生超量恢复过程，如此时不再进行下一次训练，超量恢复状态又会倒回到原有水平。若连续多次训练后，人的肌体始终不能恢复到原有水平，机体就会产生过度疲劳。原则上，下一次训练应安排在超量恢复过程的最高点进行，这样前一次训练后的恢复所达到的水平便可成为下一次训练的起始水平，下一次训练就会产生更高的超量恢复，训练水平也能逐步得到提高。

训练过程也不是一昧地加大最大负荷刺激，在训练过程中要考虑锻炼者的体质、参与锻炼的年限、运动水平进行合理安排、调整等。同时也要适时地根据锻炼计划及各阶段的锻炼目标，在保障负荷强度的同时考虑以下因素。

(1) 负荷应根据锻炼者的现实情况，考虑其可接受性进行适度的负荷刺激，以促使机体产生适应性变化。

(2) 健身锻炼负荷的安排需按照锻炼机会循序渐进地进行，要有延续性，在积累量的基础上不断提高锻炼强度，确保人体生物学适应过程的顺利进行。

(3) 训练的内容要将有氧运动和无氧运动，或上下肢运动、左右运动、前部后部运动的比例合理统筹，要具体体现各阶段、不同周期、不同训练周、日的训练计划，而且能充分地进行训练课的落实和实施。

(4) 精准地把握超量恢复期，在敏感期施加超负荷刺激，促进机体积极适应，不断逼近锻炼目标。

三、运动增肌的方法

1. 健身锻炼增肌的原则

1) 有效负荷原则

为了更好地实现增肌效果，让人体能够通过运动锻炼达到增加体重、增强体能的目的，在安排锻炼时应该尽量采用中等强度以上的锻炼负荷，配重通常控制在锻炼者的 8~12 RM，同时采用少次数的方法进行锻炼。这样安排既可以高效地刺激目标肌群，又不会过多消耗身体的能量，以此来积极促进肌肉组织的生长。

2) 机能节约原则

运动健身增肌的目的是通过运动锻炼的方式来锻炼肌肉、发达肌肉，而不是过度地消耗肌肉组织。因此，在安排健身锻炼时，训练课应该集中精力在最短的时间内消耗最少的体能来刺激目标肌群，以此来避免过多体力消耗，尽可能降低消耗，达到能量的正平衡。

3) 热量、营养的正平衡原则

在增肌锻炼过程中，除了在锻炼过程要尽量减少过多的体能消耗，在运动结束后的饮食与能量补充方面还要注意以下几方面的问题：

(1) 要确保蛋白质的充足摄入。蛋白质是肌肉组织的主要成分，更是身体生长的物质基础，缺乏蛋白质则不能保证身体进行正常的新陈代谢和肌肉的修补与增长。

(2) 碳水化合物是人体日常活动的能量来源。在健身锻炼中，要保证每天食物热量的摄入总量大于消耗的量。在增肌锻炼过程中，人体每天要摄入以维持新陈代谢的热量，同时也需要摄入用于锻炼过程中损失的热量。如果总的热量摄入不够，机体就不能很好地产生适应。需要注意的是，在摄入热量时应尽量选择多糖类、米、面等食材，不要过量食用油脂类食品，因为人体增重锻炼需要增加的是瘦体重，而不能积累多余的脂肪。

2. 运动增肌的锻炼原理与方法

运动增肌过程是动态、复杂的生理过程，它需要锻炼者长期的坚持。在本书的前面章节已经对运动锻炼的原理、方法进行了细致的阐述。不同的个体在制定锻炼计划时要根据自身的实际情况和增肌锻炼的原理和方法，制定符合自身的个性化锻炼方案，长期进行即能实现锻炼增肌的目标。

3. 运动增肌的注意事项

通过学习以上章节，我们对以健身锻炼的方式来增加肌肉和体重的原理及方法有了一定的了解，但是在实际锻炼过程中还要注意以下问题，否则会起到负面作用。

1) 避免过量运动锻炼

对于健身锻炼的初学者来讲，很多体型较瘦的人想要增肌，在刚刚开始增肌训练时便错误地认为健身锻炼量越大肌肉增长得越快。因此，他们在每次锻炼时都不遵循锻炼计划，一味地增加锻炼量，最终，锻炼结果却事与愿违。在额外进行大量锻炼时，由于过多地消耗了机体能量，导致了能量的入不敷出，要么体重不长，要么体重减轻。所以，在进行健身锻炼时要根据自己的实际情况，制定科学合理的健身计划，并依照计划坚持锻炼，而不是锻炼量越大效果越好。

2) 忽略体脂的增长

与肌肉增长相比，脂肪在人体内堆积速度更快。据研究表明，在不锻炼的情况下，脂肪的增长速度并不会减慢，而在完全不运动时甚至更容易在人体内堆积。有些体重较轻者为增加体重，锻炼结束后不加选择地过量摄入高热量食品，结果导致发生肥胖，最后体重是增加了，但增加的多为脂肪组织。这也是脂肪比肌肉长得快的原因。这种盲目的健身锻炼使他向着另一个极端发展，是不可取的。正确地增加体重应以骨骼肌的增长为锻炼目标，而不应该让机体积聚过量的脂肪。

3) 过量蛋白质摄入的危害性

蛋白质是增肌的营养关键，要提高肌肉量就要摄入足量的蛋白质和适量的碳水化合物。对于想要增加体重的人来说，根据不同的年龄和锻炼阶段，其每天蛋白质的摄入量应控制在 $1.2\sim2.5$ g/kg。婴幼儿、青少年以及处于健美竞赛前的健身者可适当增肌蛋白摄入量，而其他人群保持正常的摄入量即可。长期摄入过多的蛋白质会对人体产生较大的危害，摄入过量的蛋白质不仅不会带来额外的肌肉增长，相反还会给肝肾带来巨大的负担，甚至破坏体内环境，形成蛋白代谢类疾病，比如痛风、继发性的高蛋白血症、肾炎或肾病综合征等。

4) 减少必要的能量消耗

一部分锻炼者在参与健身锻炼后能够严格按照计划进行锻炼，但是其体重的增加幅度还是比较慢，甚至没有变化，这主要是受锻炼者的工作习惯和作息习惯的影响，除参与锻炼外仍然有许多额外的热量消耗，如重体力工作、游泳、爬山以及逛商场等，这些能量的大量消耗增加了身体的能量代谢，形成能量的负平衡，影响到增肌的锻炼效果。

5) 不良嗜好与作息不规律

增肌锻炼需要长期规律的作息习惯，一些人想要增肌，生活上却作息不规律，如晚上熬夜，白天精神状态差、赖床、睡懒觉。这种不规律的作息不仅会错过白天正常的饭点，也会使人体的心率提高，造成额外的体能消耗。所以，在增肌锻炼期间，锻炼者需要保持良好的生活规律，戒掉不良嗜好，养成健康生活习惯。

6) 注意个人健康预防疾病

即使是最轻的感冒对健身锻炼也会产生重要的影响。人体在生病过程中体能的消耗较正常大，而且在患病期间也不能参与健身锻炼。而体重过轻的人通常免疫力相对较差，若长期生病则会阻碍增肌锻炼计划的进程。因此，增肌人群平时需注意个人卫生和健康保健，尽量避免生病，以确保身体健康。

7) 具有系统性的循序渐进

人体的增肌过程是一个漫长而循序渐进的过程，并非偶尔有激情参与健身就能增强体质、发达肌肉和强健体魄。那些练练停停的锻炼基本是无效的，人的生理惰性是与生俱来的，为了偷懒而寻找各种各样的理由不锻炼，这种习惯会使刚增长起来的肌肉又萎缩回原来的状态水平。所以，要想使身体强壮起来就要坚持长期规律的锻炼，以达到良好的锻炼效果。

思　考　题

(1) 增肌锻炼的注意事项是什么？

(2) 科学的健身锻炼对人体有哪些益处？

(3) 增肌锻炼的原则是什么？

第四章 健身健美课前准备与学习实践

第一节 健身健美课前准备和要求

课前准备是体育课教学的主要环节之一，由于项目的特殊性，健身健美锻炼对练习者有着更高的要求。首先，由于健身健美课程的运动强度较大，所以要有吃苦耐劳的意志品质。其次，由于器械健身会涉及全身的各个关节，运动幅度较大，因此健身健美课程必须准备适宜的锻炼服装，以免影响锻炼动作的完成，导致安全事故的发生。最后，健身健美课程是进行形体修塑的课程，不同的学生有着不同的健身需求，因此可以提前准备适当的运动补给，常见的运动补给包括蛋白粉、糖分或安全的运动功能饮料等。

一、生理的有效激活

运动前机体的生理激活对运动表现有着积极的促进作用。无论是专业运动员还是锻炼人群都应该在运动前进行积极、主动的身体激活。人体在进入运动的过程中，不是一开始就能表现出最佳运动状态的，进入运动状态需要一个逐步适应的过程，这个过程就是人体运动前的有效激活，它主要包括生理和心理两个方面。

1. 生理机能的有效激活

人体存在物理惰性和生理惰性，物理惰性是指人体从静止到运动，或者由低速运动到高度运动需要克服的惯性；生理惰性是指人体心肺系统、肌肉系统的机能能力逐步提高的特征。在健身过程中，健身者主要克服的是生理惰性，生理惰性是由于反射弧对运动过程的支配和控制引起的，运动过程越精细、越复杂，其反射时间越长。另外，造成生理惰性的是内脏器官不能即刻匹配高强度运动时的生理需要。而内脏器官协调配合肌肉系统的运动也需要一定的热身活动才能逐步完成，并不是即时性的。《运动生理学》(2012)中写道："在不进行生理激活的情况下进行 1500 m 跑，肌肉系统 20~30 s 就能够发挥出最大工作能力，而呼吸和循环系统则需要长达 2~3 min 才能达到最高水平。"

健身健美运动的生理激活主要是运动前的专项热身活动，目的是通过简单的小器械或者健身操等有氧运动使目标锻炼肌群、韧带和关节都得到充分的拉伸，以进入最佳状态。同时运动使人体的温度迅速提高，全身的血流速度加快，肌肉黏滞性降低，以避免高强度的力量训练引发的损伤。另外，在身体被有效激活的状态下，机体有着较好的空间直觉、力量感、本体感等。

运动前进行激活时应该先根据气温情况选择激活步骤，天气较凉时通常会选择慢跑或快节奏的有氧操等让身体微微出汗后，再进行关节操和专门性肌肉牵拉练习。

2. 选择最佳锻炼时机

锻炼时机的选择在健身健美锻炼过程中有着重要的作用。人体的恢复过程分为三个阶段，分别是：运动中的恢复，此时消耗大于恢复；运动后的恢复，此时恢复大于消耗；最后是超量恢复阶段，在此阶段人体的恢复会超过原有水平。健身健美锻炼通常安排在超量恢复阶段，机体在此阶段能够表现出比原有状态更高的水平，从而可以不断刷新个人的单次 RM 值（个人最大力量），不断提高最大力量，增大肌肉体积及身体围度。

在进行锻炼时机选择时还应注意以下两点。

1) 课前饮食的时间间隔

建议在进食半个小时后再进行运动锻炼。由于运动时人体的血液会流向四肢，若饭后即刻运动，血液既要流向胃部保证消化所需，又要流向四肢，如此会顾此失彼，让身体内部环境发生紊乱，最后导致运动机能的下降和胃消耗能力下降，不利于身体健康。另外，饭后胃部会被撑大，胃壁变薄，大幅运动会让胃在腹腔中失衡，容易引起胃痛、胃下垂、胃溃疡等疾病。运动前吃得过饮饱产生严重的后果，那么，运动前不吃东西可以吗？根据科学锻炼原理，运动前要少量吃一些易消化的碳水类食物，为身体提供所需的能量，防止运动中血糖过低。剧烈运动时，身体会在短时间内消耗大量的储备糖原(人体最重要的供能物质)，如果身体中的糖类得不到及时补充，人会感觉浑身乏力、头晕、心慌等，血糖指数会降低。若不及时补充糖分，除产生上述低血糖症状外，还可能会引起抽搐、昏迷，严重者将危及生命。

2) 训练的合理间隔

进行大强度训练后，人体在恢复期会产生延迟性肌肉酸痛，该过程通常会持续 24～72 h 甚至更长时间。由于肌肉酸痛，机体不能进行大强度锻炼，那么在此期间，健身健美锻炼的大负荷训练就不能保持，因此，在健身健美锻炼前要根据自身锻炼情况合理安排锻炼时间，及时调整训练内容，以减小对下次锻炼的影响。

二、积极的心理准备

健身锻炼是一个长期的过程。如果想通过健身来改变形体，打造完美身材，或是通过锻炼增长肌肉，减掉身上多余的脂肪，都需要对健身有充分的认识和考虑，否则会直接影响后期的运动持续性。对于大部分人来说，迈出健身锻炼的第一步是比较容易的，但非常容易在健身锻炼中出现问题。而当遇到问题，自己又没有办法解决时，就很容易放弃健身锻炼。例如，不少人会一时兴起购买运动装备、办理健身卡，热度过后可能再也不会去锻炼了。因此，客观地认识健身健美锻炼是一种生活态度，只有在积极认识的基础上才能更好地养成锻炼的习惯。

积极的心理准备应注意以下两点：

1. 客观的自我认识与评价

不同的个体在身体素质和心理能力方面会存在巨大差异，大家在健身健美锻炼前一定要对自身进行客观的个人状态认识，对个性心理、情绪、身体状况和心肺功能等进行全面的自我评价，并结合健身健美课程的教学大纲及进度衡量自我状态，积极主动地融入健身健美课堂学习过程中，这样才能发挥自身的主体作用。依靠被动的填鸭式教学，以此来实现自己的健身梦，这种认识存在很大误区。不同于以听和讨论为主的理论课程，健身健美课程属于实践课，它需要学生积极地参与，不断地实践，从而不断优化锻炼方式和方法，最终实现健身的目的。另外，健身健美锻炼也需要艰苦不懈的意志品质。因此健康健美的外形不仅要承受足够的艰辛与痛苦，还要经历大汗淋漓，真正地享受健身健美锻炼的过程。

2. 对自身运动能力的评价

形体锻炼在锻炼过程中必须要给机体施加一定的阻力，通过抗阻锻炼来刺激目标肌群，促进骨骼肌增长的同时减少脂肪。男性如果想要增长肌肉的围度就必须让目标肌群不断地进行超负荷锻炼，这种超负荷锻炼事实上是不断地冲破自己最大力量的过程。因此健身健美课程需要学生有一定负荷强度的承载能力，在课前有着充分的锻炼准备和心理预期，避免在学习过程中因为苦和累而放弃锻炼。从运动的开始就培养吃苦耐劳，敢于创新，突破自我，不断追求更高、更远、更强的体育精神。

三、其他健身锻炼相关的准备

1. 大学生运动服装的选择

青春期的女性还应考虑穿戴运动型文胸。运动型文胸是女性锻炼者在做各种运动时保护胸部又不妨碍动作的专业文胸。运动型文胸有着较好的弹性、透气性和承托性，既能固定胸部免受震动影响，又便于机体自然完成屈伸动作。

运动时还应穿合适的运动袜，选择过紧或过松的袜子都不利于运动，过松的袜子可能导致脚与鞋产生滑动摩擦，脚部极易引发水泡；过紧的袜子则会影响足部血液循环，在运动中造成不适感；运动时不穿袜子更是不可取的。运动后还要及时更换潮湿的衣服，否则可能会出现汗斑、风湿、关节炎等症状。

1) 良好的安全性与隐蔽性

健身锻炼包含多种运动形式，例如热身运动中的拉伸、器械锻炼、锻炼后的拉伸和放松等。在拉伸和器械锻炼过程中，人体姿态会发生较大变化，尤其是在做俯身前倾、分腿动作等相对开放的动作时较易"走光"，因此在选择运动外衣时，应尽量选择高领或收领的运动上衣，而在挑选运动短裤时则尽量选择带有内衬的款式，这种服装能较好地保护个人隐私，让锻炼者更加专注地运动。

2) 锻炼的便捷性与安全性

健身器材大多由钢铁或者合金制成，例如跑步机是由外力的牵引带动皮带旋转的，如果运动服不合适则很容易发生事故。因此，在准备参加锻炼时要注意运动服装的便捷性和安全性，避免穿有系带、蝴蝶结、网格等容易发生挂、拉、卡运动器械的服装。

2. 运动手套、水杯和运动补给的准备

健身健美锻炼在进入核心部分锻炼阶段后主要以大重量刺激为主，在这一阶段选择一款合适的运动手套至关重要，运动手套不仅起到保护手掌的作用，还有助于增加手掌与器械的摩擦力，防止器械滑落，保护健身者的腕关节。在购买运动手套时应考虑其防护度和柔软性、耐磨度等。

运动时，还要选择一款容量大小合适的运动水杯，以满足不同季节的需要。在运动补给的选择上应遵循自身的锻炼目的和身体实际情况为主，要考虑个体差异性，不应盲目地跟从他人，尤其是对补给中含糖量与相关添加剂的考量。

3. 制订科学合理且具有可操作性的锻炼计划

锻炼计划对健身健美锻炼有着重要的作用和意义。首先，锻炼计划能够客观地记录锻炼者的初始状态和每次训练的内容，为后面训练的深入提供原始数据积累。其次，科学的锻炼计划能够有效地提高锻炼的效果，促进锻炼目标的实现。第三，锻炼计划能够防止锻炼的盲目性。锻炼机会能够系统地指导个体进行健身锻炼，许多人在锻炼时没有制订符合自己的锻炼计划，而是盲目跟随练习，从而忽略了个体之间的差异性，尤其是当性别、体脂率等差异较大时将会适得其反。锻炼计划是指导运动锻炼的主要依据，因此根据自身锻炼需求，制订符合个体的锻炼计划去循序渐进地开展锻炼才能一步步实现目标。最后，在制定锻炼计划时一定要实事求是，不能好高骛远，应脚踏实地，持之以恒地坚持锻炼，随着量的积累最终实现质的飞跃。

第二节　健身健美课堂学习与要求

课堂教学是健身健美课程的关键环节，通过课堂学习，教师能够把健身健美的理论、方法及锻炼原则、注意事项等知识传授给学生。在健身健美课堂上，学生不仅能将教师教授的锻炼方法、原理应用于锻炼实践中，还能通过实践练习，在反复的实践过程中不断自我提高，实现运动锻炼动作的自动化、精细化，为课后自主锻炼奠定基础。

一、健身健美课堂教学的原则

健身健美课堂教学有以下原则。

1. 安全第一原则

大学校园的安全问题已经成为社会、学校、家庭关注的焦点，更是教育过程的重中之重。学校作为教育机构，要时刻保护学生在学校活动中的人身安全和健康，防止意外事件的发生，学生安全永远是学校工作的第一位。健身健美课程因为上课的客观需要，教学地点通常在健身房或者力量锻炼中心，教学器材以力量器械为主，如果不注意锻炼的科学性，则很容易发生安全事故。因此，健身健美课程的第一节课程内容通常以安全教育为主，广大学生首先要了解体育健身器材的使用规范。

2. 适宜负荷原则

健身者应该根据自身的实际情况以及肌肉增长、脂肪减少的规律，选择适宜的锻炼负荷，以期达到最佳的锻炼效果。健身健美锻炼是在健身的基础上以增肌和减脂为主要锻炼目标的运动。负荷不够会使锻炼效果变差，过度负荷则极易引起人体的劣变形甚至引发运动损伤，只有适宜的负荷才能让人体产生适应性变化。健身健美课程的教学目标之一就是指导学生管理好自己的形体，而减脂是形体管理的重中之重，减脂锻炼主要是以有氧锻炼为主。如果在减脂过程中不注意运动负荷的控制，那么减脂锻炼可能就会事倍功半，甚至于短时间的有氧练习可能激发锻炼者的食欲，最终导致越减越肥。

运动减脂过程是在一定的负荷下，持续 20 min 以上的有氧运动才能实现减脂的目标。增肌锻炼则必须以一定的负荷强度对目标肌群进行刺激，才能引起骨骼肌的适应，在充足营养的补给下，肌肉围度会不断增长，最终通过锻炼发达肌肉，让锻炼者变得越来越强壮。适宜的锻炼负荷是健身健美锻炼的基础，只有选择适宜的负荷进行有效的刺激才能实现锻炼目标。

3. 正确呼吸原则

体育运动对呼吸过程有着差异性的要求，而呼吸对运动过程也会产生较大的影响。例如，跑步、游泳、举重、体操等项目在特定的运动环节有着不同的呼吸方式。呼吸是人体实现气体交换的过程，即人体从外界获取新鲜氧气，排出二氧化碳的过程。健身健美锻炼主要包括有氧锻炼和无氧锻炼，有氧锻炼是在氧气供应充足下进行的长时间、持续性的健身运动，该过程没有特殊的呼吸要求，基本上以腹式呼吸为主，呼吸频率因人而异，目的是最大限度地为机体提供氧气。器械锻炼主要以无氧运动为主，属于混合氧运动，在使用运动器材进行锻炼时人体呼吸的方法包括三种方式，具体如下：

(1) 动作前做一次吸气，然后屏住呼吸以此来爆发式地完成锻炼动作。

(2) 在动作过程中完成呼吸，即在发力时呼气，在还原时吸气。

(3) 完成动作后做一次呼吸，然后开始第二次动作。此外，还应注意，呼吸遵循的原则是不能长时间憋气，以免因腹压过大损害身体。

4. 锻炼部位的先大后小原则

在形体锻炼中，通常将核心肌群锻炼放在锻炼的前半程，而小肌群、腹部和有氧锻炼安排在训练的后半程，这遵循了先大后小原则，即先集中精力锻炼主要部位，在主要部位锻炼的过程中也会对小肌群产生一定的刺激，在大肌群疲劳后对小肌群进行分化锻炼。例如，在上训练课时，可以先安排胸部肌群胸大肌、背部肌群、背阔肌、斜角肌的锻炼，在此基础上再进行手臂肱二头肌、肱三头肌的锻炼。其原理是由于小肌群更容易产生疲劳，如果先针对小肌群进行锻炼，在小肌群锻炼动作完成后小肌群已经产生疲劳，在此情况下不仅不能协调大肌群进行大负荷刺激，还会影响大肌群的锻炼效果。另外，小肌群通常指的是小臂、大臂、小腿等部位附着的小肌群，这些肌肉主要为大肌群锻炼提供支撑协同的作用，如果小肌群产生疲劳，那么大肌群的锻炼很容易因支撑力量不够而在移动器械等过程中发生安全事故。所以健身健美课堂锻炼要遵循先大肌群锻炼再小肌群锻炼的原则，确保安全高效地完成课堂教学和训练。

5. 系统性锻炼原则

系统锻炼原则要求学生在健身健美课程的学习过程中要持续、循序渐进地、由简至深地积累健身健美锻炼理论和锻炼方法。系统性学习和锻炼原则是实现锻炼目标的关键，人体是一个整体，锻炼知识是靠每一节课的不断积累，每一个部位锻炼动作的掌握过程来获得的，无论是学习知识还是锻炼形体都不是一朝一夕就能实现的。

二、健身健美锻炼方法

完整训练法是一种综合性的体育训练方法，它包括从技术动作或战术配合的开始到结束部分的全面练习。这种方法有助于运动员完整地掌握技术动作，同时保持动作之间以及与其他组成部分的内在联系。对于单一动作的训练，需要注重动作环节之间的紧密联系，并逐步提高训练的负荷强度，以达到高质量的完整练习。而在多元动作训练中，除完成单个动作外，还应注意多个动作之间的串联和衔接，以获得最大的锻炼收益。健身健美教学过程是教师的教和学生的学、练的双向活动过程，通过教会实现课后的长练，这种由教师给学生传授的、有目的进行的锻炼方式和方法的总和就是健身健美锻炼方法。健身健美锻炼方法有许多，教学过程中采用的锻炼方法具体如下：

1. 完整动作锻炼法

完整训练法是一种综合性的体育训练方法，它包括从技术动作或战术配合的开始到结束部分的全面练习。这种方法有助于运动员完整地掌握技术动作，同时保持动作之间以及与其他组成部分的内在联系。对于单一动作的训练，需要注重动作环节之间的紧密联系，并逐步提高训练的负荷强度，以达到高质量的完整练习。而在多元动作训练中，除完成单个动作外，还应注意多个动作之间的串联和衔接，以获得最大的锻炼收益。

2. 分解动作锻炼法

分解锻炼法是指在健身健美锻炼过程中将复杂的动作划分为相对独立的运动环节，以降低动作的学习难度的方法。分解动作锻炼方法主要是用于比较复杂且难度较大的锻炼动作。但是在运用分解锻炼法时需要注意锻炼动作的结合特点和有机联系，通过对动作进行分解掌握后再整体练习，以达到动作学习的融会贯通。

3. 重复锻炼法

重复锻炼法是指多次重复同一锻炼动作或动作环节的锻炼方法。在技术动作锻炼时，对同一锻炼动作进行多组数重复以加深对目标肌群的刺激，从而引起机体产生适应性变化。在锻炼动作开始学习的过程中也会经常用到该方法，即将新学习的锻炼动作重复练习来强化运动条件反射的形成。

4. 间歇锻炼法

间歇锻炼法是指锻炼时，将多次间歇时间作严格规定，当机体处于不完全恢复状态时进行反复练习的锻炼方法。间歇锻炼法能够对锻炼者的心肺系统产生较大的刺激，使心肺功能明显增强。不同的间歇锻炼法可以提升糖酵解供能系统、磷酸盐供能系统以及有氧供能系统或提高三者混合供能能力。

5. 持续锻炼法

持续锻炼法是指强度较低，负荷时间较长，无间歇连续地进行锻炼的锻炼方法。例如，在健身健美锻炼后半程进行长时间的慢跑采用的就是持续锻炼法。

6. 变换锻炼法

变换锻炼法是指在健身健美锻炼过程中，不断变换运动负荷强度、动作内容、锻炼形式等，以此来提高健身者参与锻炼的积极性和趣味性，提高锻炼效果的方法。

7. 比赛学习法

比赛学习法是指通过组织课堂竞赛，以赛促练、以赛促学的学习方法。比赛学习法要求教师给学生模拟近似或者相对严格的比赛条件，并按照比赛规则组织学生进行全体或分组比赛。

三、锻炼过程中的自我监督与管理

1. 合理安排锻炼内容和强度

适宜的运动量是达到理想锻炼效果的核心。如果不考虑锻炼者的运动基础和力量情况，一律采取统一的锻炼负荷，那么就易造成两种结果：运动量过小，则达不到锻炼的效果；运动量过大，则会锻炼过度，引发过度疲劳，甚至造成运动损伤。适宜的运动量要以锻炼者的具体情况为前提，结合不同的锻炼动作，再根据锻炼负荷选择锻炼的组数、次数、间歇时间和配重，在个体能够承受的最大范围内，尽可能地接近运动潜能极限，以期产生较好的运动适应性。

锻炼结束后应进行适当的休息，以消除运动中产生的疲劳，促进人体机能的恢复。如果运动后机体长时间不能恢复状态，出现食欲不振、身体疲乏、机能下降，产生头晕、恶心等生理反应时，应该及时调整锻炼的强度，以免过度训练损害身体。在实际健身锻炼过程中，运动量的安排应结合总的训练计划，将运动负荷交叉地安排在不同训练日中，使身体在不断地刺激和恢复之间周期性循环，既保障了锻炼的刺激强度，又促进身体的积极恢复。

2. 合理补给科学监督健身健美锻炼过程

人体的物质代谢是一个动态的过程，随着时间的变化，机体在活动中不断地消耗能源物质和水，因此就需要适时地补充各种营养物质和水。在健身健美课程的学习以及锻炼过程中，人体会产生更大的消耗，因此在课程过程中要结合个人运动健身的目标适时地补充水分和能源物质。

在大运动量后，人体内的水和盐会大量流失，流失严重时甚至产生肌肉痉挛。因此在锻炼过程中可以适当补充淡盐水或供能饮料，以补充在运动过程中体液的流失。此外，运动过程中的补水应该少量多次地进行，一次性饮水过多会使体内的血量增加，从而增加心脏的负担，并且水进入人体后需经过肾脏代谢才能排出体外，所以摄入过多的水分会增加肾脏的代谢负担。当大量水分留在胃部时，锻炼时极易引起胃痛等身体不适的症状。

第三节　健身健美课后的调节与恢复

健身健美课后的调节与恢复是健身锻炼的重要环节之一，所谓三分练七分养即是强调运动锻炼后调节和恢复过程的重要性。课后的恢复主要采取积极主动的放松活动、理疗和充足的运动营养补给等来缓解锻炼者骨骼肌的紧张和疲劳，以使拥有积极轻松的心理开展学习和工作，保持自然、健康的生活状态。

一、健身健美课后积极调节与恢复的作用

1. 提高训练增益

健身健美锻炼结束后，锻炼肌群及协助肌群都处于紧张状态，积极的放松活动能促进肌肉的微循环，并将代谢产物及时排出体外，加速肌纤维微结构的修复，为下次健身锻炼

奠定基础。

2. 促进人体新陈代谢

由于人体锻炼过程中的锻炼强度通常较高，所以身体会产生大量代谢产物与一定量的氧债。通过休息、补充体液、积极的呼吸可将身体多余的二氧化碳、乳酸等代谢产物不断地分解和排出，同时补充氧气，促进人体的新陈代谢。

3. 消除疲劳，降低伤病风险

运动后的放松活动不仅可以有效缓解身体与心理的疲惫感，还可以缓解骨骼肌在长期锻炼过程中积累的疲劳和劳损。锻炼结束后，参与运动的血大部分仍然留在锻炼的肌肉组织中，因此回心血量急剧减少容易造成大脑供血不足，引起注意力不集中、头晕目眩、嗜睡等现象。

二、健身健美锻炼后的恢复方法和手段

1. 整理活动

整理活动是在运动健身结束后的放松活动或者较为轻松的身体练习，目的是消除疲劳，促进机体的恢复。在运动结束后主动地做一些伸展或者牵拉运动，能够减轻锻炼肌群产生的延迟性酸痛和肌肉僵硬，加速运动肌群机能的恢复。尤其是在结束剧烈运动后，进行3～5 min 的放松活动能够促进血液循环，加速体内运动中乳酸的分解和利用。

2. 积极性休息

积极性休息是指在运动中为了缓解疲劳进行的各种变换动作或者降低运动强度的练习，以此来获得休息。在进行右侧手臂锻炼后，继续锻炼左侧手臂要比只让右臂安静地休息恢复得更快、更完全。由此可见，在健身锻炼中采用变换训练内容，调整锻炼强度的积极性休息，对于消除疲劳和加速恢复都有着积极的作用。

3. 睡眠

睡眠是恢复人体机能的重要方法。人体在睡眠中会大大减少与外界的主动联系，身心都处于完全放松的状态，所以机体的能量消耗较少，机体的代谢形式以合成代谢为主。因此良好、充足的睡眠是恢复机体的重要手段之一。

4. 营养手段

人体在运动时消耗的物质需要从食物中不断获取，不断补充。因此在结束运动锻炼后，合理安排饮食中三大营养物质的配比，及时为机体补充营养是消除疲劳，促进恢复，提高运动能力的重要保障。对于想增肌的男性而言，锻炼后要及时补充碳水和蛋白质等营养物质，以促进机体的合成代谢，增加肌肉围度。而那些体脂率过高的人在运动锻炼结束后可以适度补充碳水，控制脂类的摄入量，增加蛋白质、水果、蔬菜、豆制品食物的摄入，以此来降低体脂率。

5. 心理恢复

运动锻炼后会伴随心理疲惫的产生，锻炼者会主观感受到乏力、厌倦、注意力减退、兴趣降低等不良心理状态。在此时可采用心理恢复手段来促进疲劳的消除和机体的快速恢

复。通常采用意念训练法、肌肉放松法、音乐放松疗法、心理调整训练法和人文关怀法等。

　　除上述谈到的几种恢复方法外，人们通常在锻炼后还会采用按摩、热水浴、理疗以及热敷等方法促进机体机能的恢复。

思 考 题

(1) 如何做好健身健美课前的准备？

(2) 结合自己的锻炼目标，思考在锻炼过程中应注意哪些问题？

(3) 形体锻炼该如何进行积极的身体恢复？

第二部分 锻炼与营养篇

第五章　大学生需要的营养素

第一节　三大能源物质

一、碳水化合物

碳水化合物也称为糖。提起糖，人们首先想到的是白糖和葡萄糖，这些糖给人的印象是"爱吃甜食"的一种坏的饮食习惯，容易使人生病。事实并非如此。糖是由碳、氢、氧三种元素组成的一大类化合物的总称，即糖类物质。由于其结构中的氢、氧之比(H:O)大部分与水(H:O)相同，故被称为碳水化合物。

碳水化合物在身体里究竟起到什么样的作用？每单位的碳水化合物能产生多少热量？高纤维和低纤维的糖类物质有什么不同？饮食过程中该注意些什么？针对这些问题，下面将进行详细的介绍。

1. 碳水化合物的分类

根据世界粮食组织(FAO)和世界卫生组织(WHO)的最新报告，综合化学、生理学和营养学的考虑，碳水化合物根据其所含葡萄糖分子数量的不同，可分为三大类，如表 5-1 所示。

表 5-1　碳水化合物的分类

分子结构	形　式	主　要　来　源
糖(1～2分子)	单糖	葡萄糖、半乳糖、果糖等
	双糖	蔗糖、乳糖、麦芽糖等
	糖醇	山梨醇、甘露糖醇等
寡糖(3～9分子)	异麦芽低聚寡糖	麦芽糊精等
	其他寡糖	水苏糖、低聚果糖、低聚木糖等
多糖(≥10分子)	淀粉	直链淀粉、支链淀粉、变性淀粉等
	非淀粉多糖	纤维素、半纤维素、果胶、亲水胶质物等

2. 糖的来源

膳食中糖的主要来源是谷类和根茎类食品，例如，各种谷类食品(大米、小米、面粉、玉米等)、干豆类食品(黄豆、蚕豆等)、硬果类食品(栗子、花生等)和根茎类食品(土豆、红薯等)含糖比较丰富；其次糖还可来自各种纯糖(红糖、白糖、蜜糖、麦芽糖等)。蔬菜、水果中除含少量单糖外，纤维素和果胶是其主要来源。

3. 糖类的主要生理功能

1) 供给能量

人的一切生命活动都离不开能量，而碳水化合物是三大产能营养素中最主要、最经济的来源。人体摄入的碳水化合物在体内经消化后转化为葡萄糖，为机体提供能量。被人体消化后，它主要以葡萄糖的形式被吸收，葡萄糖能迅速氧化，给机体供能。每克葡萄糖完全氧化后可释放约 16 kJ 能量，即使在缺氧的条件下也能通过酵解作用为机体供能。葡萄糖不但是肌肉活动时最有效的燃料，还是心肌收缩时的应急能源，脑组织和红细胞也要靠血液中葡萄糖补充能量。

如果人们从食物中摄取的糖类物质不足，机体则会动用蛋白质来满足机体活动所需的能量，这将影响新蛋白质的合成和机体组织的更新。当糖类物质严重摄入不足时，机体甚至会动用肌肉、肝脏、肾脏等机体中的蛋白质，从而对人体造成严重危害。

2) 构成机体成分和参与细胞多种活动

碳水化合物是构成机体组织的重要物质，每个细胞里都有碳水化合物，其含量约占 2%～10%。由糖参与构成的糖蛋白、黏蛋白、膜糖蛋白、糖脂和核酸等参与构成细胞核、细胞膜、细胞间质和结缔组织、神经鞘等，某些糖类还是构成一些具有重要生理功能的物质，如抗体、酶、血型物质和激素的组成成分。总之，糖蛋白和脂糖蛋白的研究进展必将揭示更多细节上的细胞营养过程和生命的奥秘。

3) 调节脂肪酸代谢

脂肪代谢过程中必须有碳水化合物的参与才能完全氧化，即脂肪在体内的分解代谢需要葡萄糖的协同作用。三羧酸循环是糖、脂肪、糖白质分解代谢中彻底氧化释放能量的一个共同途径。若缺乏糖，脂肪的分解不能经三羧酸循环而完全氧化，因而形成丙酮、β-羟丁酸和乙酰乙酸(即所谓的酮体)。当酮体在血液中达到一定浓度时即发生酮病，引起酸中毒。体内糖代谢正常进行，将会减少酮体的生成。所以，碳水化合物具有抗生酮作用，可以保证脂肪代谢的顺利进行。

4) 节省蛋白质

当蛋白质与糖一起被摄入时，氮在体内的储存量比单独摄入蛋白质时要多，主要因为糖的氧化增加了腺嘌呤核苷三磷酸(ATP)的形成，这有利于蛋白质的合成。当能量不足时，增加糖的供给量不仅能降低氨基酸在血液中的含量，还能减少对其他组织的供应和尿素氮的排出，保留的氮被重新利用。这种糖节省蛋白质消耗的特异作用称为糖对蛋白质的保护作用。

5) 保肝解毒作用

当肝糖原储备较充足时，肝脏对某些化学毒物(如四氯化碳、乙醇、砷等)有较强的解毒能力，对各种细菌毒素的抵抗力增强。

6) 维持脑细胞的正常功能

大脑工作时所需能量的唯一直接来源即是葡萄糖，这是其他营养素无法替代的。葡萄糖是维持大脑正常功能的必需营养素。当血糖浓度下降时，脑组织会因缺乏能源而使脑细胞功能受损，造成功能障碍，并出现头晕、心悸、出冷汗等症状，甚至昏迷。所以，葡萄糖被营养学称为"首要燃料"，可被机体组织直接利用，尤其是大脑神经系统。

7) 增加饱腹感

摄取富含碳水化合物的物质容易增加胃和腹部的充盈感，特别是缓慢吸收和耐消化的糖类物质(如膳食纤维等)，充盈感的时间更长。

4．运动过程中糖的补充

由于在长时间耐力运动或比赛中要消耗大量的肌糖原和肝糖原，所以在运动前和运动后补充适量的糖可以防止低血糖的发生，使血糖维持在较高水平上，推迟疲劳的产生，以保持良好的耐力和最后冲刺的能力。下面介绍补糖的类型、数量和补糖的方法。

1) 补糖的类型

补充淀粉或葡萄糖有利于肌糖原的合成，补充果糖有利于肝糖原的合成。

2) 补糖的方法

(1) 运动前补糖。在赛前补充糖时，每千克体重约补充 1 g 糖为宜，一次补糖的总量应控制在 60 g 之内，每千克体重的补糖量不超过 2 g。在大运动量前的数日内，增加膳食中糖类至总能量的 60%～70%；在赛前 1～4 h，每千克体重的补糖量为 1～5 g(宜采用液态糖)；不宜在赛前 30～90 min 内吃糖，以免血糖下降；在赛前 15 min 或赛前 2 h 补糖，血糖升高快，补糖效果较佳，有利于提高运动员运动能力。

(2) 运动中补糖。每隔 30～60 min 补充含糖饮料或容易吸收的含糖食物，每千克体重的补糖量一般不大于 6 g，多数采取饮用含糖饮料的方法，少量多次地补充也可补充易消化的含糖食物。

(3) 运动后补糖。运动后补糖时间越早越好，理想的是在运动后即刻或 2 h 内以及每隔 1～2 h 连续补糖。运动后 6 h 以内，肌肉中糖原合成酶活性高，可使肌糖原的恢复达到最大，补糖效果最佳。

(4) 健身健美项目的补糖方法。当以增加力量及肌肉质量为目的时，每日糖摄量入应占总能量的 43%～46%；以减少脂肪质量为目的时，每日糖摄入应占总能量的 41%以内。

5．糖营养与健康

很多人都认为，吃糖对人体有害无益，但不少学者就这一问题分别从食品营养与卫生学、人体生物学、基础及临床医学、运动生理学等不同学科，对食糖与健康的关系进行了科学的论证，作出了"适量吃糖，有利于人体健康"这一论断，其理由如下：糖是人体最经济、最安全的能源物质，糖是人体重要的结构物质，其生理功能具有不可替代性；糖是经绿色植物光合作用合成的有机物；糖在人体内的代谢过程中，经过"燃烧"释放能量，供人体运动及生长需要，人的脑组织仅依靠葡萄糖供能，这是其他任何能量无法替代的；糖还参与人体多种重要的生命活动，它与体内的其他物质结合构成酶、抗体、激素等，对调节人体的生理功能具有十分重要的意义。

如果碳水化合物长期摄入不足会导致机体产生全身无力、疲乏、血糖含量、产生头晕、心悸、脑功能障碍等症状，并导致体重减轻、生长发育迟缓等问题，严重者会因低血糖昏迷。如果碳水化合物摄入过量，过多的糖类物质就会转化成脂肪储存于体内，使人过于肥胖从而导致各类疾病，如高血脂、糖尿病等，还容易造成龋齿、精神障碍甚至癌症等疾病。

升糖指数的概念仅适用于高糖类食物，高脂类和高蛋白类食物不会大幅度地升高血糖，或对血糖没有影响。如果你在吃完一顿高蛋白的饭后吃一些葡萄(升糖指数是 45)作为饭后甜点，葡萄中的果糖会较慢地进入你的身体系统中，因而同样较慢地升高你的血糖。为了不使体内的血糖升高太多，在饮食中应选择升糖指数值较低的食物，并合理摄入混合膳食，以避免血糖数值大起大落。常见食物的血糖生成指数具体如表 5-2 所示。

表 5-2 常见食物的血糖生成指数(Glycemic Index，GI)平均值

食物	GI	食物	GI
麦芽糖	110	面条	50
葡萄糖	100	燕麦	49
烤土豆	98	葡萄	45
胡萝卜	92	柑橘	40
蜂蜜	87	苹果	39
玉米片	80	西红柿	38
全麦面包	72	鸡豆	36
白米饭	72	青豆	36
白面包	69	酸奶	36
碎麦片	67	全牛奶	34
糙米	66	梨	34
葡萄干	64	脱脂牛奶	32
甜菜	64	云豆	29
香蕉	62	荚豆	29
玉米	59	柚子	26
绿豌豆	51	李子	25
土豆片	51	黄瓜	23
甜土豆	51	花生	13

二、脂类

1. 脂类的概念和分类

脂类包括中性脂肪和类脂质。脂肪仅指中性脂肪，是甘油和三分子脂肪酸组成的酯。脂肪在常温下有固态脂肪和液态脂肪两种状态，动物脂肪为固态，称为脂，植物脂肪为液态，称为油，植物脂肪的营养价值高于动物脂肪。通常说的膳食脂类主要包括甘油三酯、磷脂和胆固醇。

磷脂主要有卵磷脂和脑磷脂，它们是神经细胞的"营养因子"，卵磷脂和脑磷脂被称为"脑黄金"，在坚果中含量丰富。

胆固醇酯是人体内的一类脂类化合物。关于胆固醇的利弊争论颇多，如胆固醇可引起心脑血管疾病，危害人体健康。但胆固醇也有其重要的生理功能，如胆固醇可转化为雄性激素、雌性激素、维生素D、胆汁酸、胆盐等生理活性物质。

2. 脂类的生理作用

脂类具有以下生理作用。

(1) 脂肪是组成人体组织细胞的重要组成成分。细胞膜具有由磷脂、糖脂和胆固醇组成的类脂层，脑和外周神经组织都含有鞘磷脂。磷脂对动物的生长发育非常重要，固醇是体内合成固醇类激素的重要物质，中性脂肪构成机体的储备脂肪。

(2) 促进脂溶性维生素的吸收。维生素 A、D、E、K 都溶于脂肪，称为脂溶性维生素。脂肪中往往含有一定数量的脂溶性维生素，膳食中含有一定数量的脂肪可以促进脂溶性维生素的吸收。

(3) 能量供给。每克脂肪在体内完全氧化可供给 36 kJ 的能量。一般膳食中所含的总能量约有 17%～30%来自脂肪。脂肪富含能量，可缩小食物的体积，减轻胃肠负担。脂肪在胃中停留时间较长，因此富含脂肪的食物具有较高的饱腹感。

(4) 食物中的脂肪可向人体供应必需的脂肪酸。人体缺乏必需的脂肪酸(主要是亚油酸)将引起皮肤病、生育异常和代谢紊乱，甚至危及生命。

3．运动对血脂、脂蛋白含量的调节

运动是改善体内的脂肪代谢，降低血脂含量，减轻体重和减少体脂的一种有效措施。运动还可增加血液中高密度脂蛋白的含量，高密度脂蛋白能加速血液中胆固醇的运输与排出，对于防止动脉硬化起着重要作用。运动时，机体的能量消耗增加，骨骼肌、心肌摄取游离脂肪酸增多，从而进入肝脏的脂肪酸减少，使体内甘油三酯合成降低。运动能提高脂蛋白脂肪酶活性，清除甘油三酯的功能加强，因而使血脂含量下降。体育锻炼对血脂含量的影响如表 5-3 所示。

表 5-3   体育锻炼对血脂含量的影响

血脂成分	锻炼前(mg%)	锻炼后(mg%)	平均下降(%)
甘油三酯	223.3 ± 94.2	108.8 ± 65.6	42.5
总胆固醇	244.7 ± 19.8	220.0 ± 39.1	23.8

4．膳食中脂肪供给量与健康

膳食中脂肪供给量易受饮食习惯、季节和气候的影响，变动范围较大，其不似蛋白质供给量明确，主要原因是脂肪在体内供给的能量亦可由糖类物质来供给。

一般认为每日膳食中有 50 g 脂肪即能满足每日能量需要，即脂肪供给量应占每日需要能量的 17%～20%左右，在健身健美专项运动员的膳食供给中，脂肪则应占 33%左右。摄入过多的脂肪对机体不利，因此，应该适当控制膳食中的脂肪含量，特别是动物性脂肪的含量，应尽量选择熔点低、消化吸收率高和含脂溶性维生素与必需脂肪酸较多的脂肪。一般情况下，植物性油脂比动物性油脂好。

如果过多摄入脂肪(指超过人体消耗所需的量时)，则易增加脂肪细胞数量或增大脂肪细胞体积，引起肥胖问题。而肥胖是高血压、糖尿病以及癌症等"现代文明疾病"的重要危险因素。而摄入过多富含饱和脂肪酸的油脂，会增加血液中的胆固醇和中性脂肪，不仅会引发动脉硬化，还可能会引发衰老、过敏、心脏病、癌症等疾病。

如果脂肪摄入不足，对人也会造成一定的危害。脂肪摄入不足容易引发脑出血、身体供能不足、血管和细胞膜衰弱、神经组织障碍，甚至还会对生殖产生影响，导致妊娠不易维持。体内脂肪过少还会影响人体的内分泌，造成女性月经紊乱(一般认为，为维持女性正

常的月经、受孕、哺乳等功能，体内脂肪含量应保持在体重的 22%以上)。若必需脂肪酸摄入不足，皮肤中的水分将会大量流失，从而产生皮肤干燥、脱皮、粗糙等症状。

5. 反式脂肪酸

反式脂肪酸，亦称氢化植物油、人造黄油、人造奶油等，属于脂类物质，它主要以两种形式影响人体健康。

1) 扰乱食品的功能

若脂肪酸的结构发生改变，其性质也会跟着变化，含多不饱和脂肪酸的红花油、玉米油、棉籽油可以降低人体血液中的胆固醇水平，但是当它们被氢化为反式脂肪酸后，作用却恰恰相反。

2) 改变身体正常代谢途径

(1) 反式脂肪酸增加冠心病的风险。反式脂肪酸能升高 LDL-c(即低密度脂蛋白胆固醇)，其水平升高可增加患冠心病的风险；降低 HDL-c(即高密度脂蛋白胆固醇)，其水平降低可增加患冠心病的风险。

(2) 反式脂肪酸对生长发育有抑制作用。反式脂肪酸能干扰必需脂肪酸的代谢，抑制必需脂肪酸的功能，使机体对必需脂肪酸的需要量增加。

(3) 反式脂肪酸能结合机体组织的脂类物质。当反式脂肪酸与脑脂质结合时，将会对大脑发育和神经系统发育产生不利影响。

(4) 反式脂肪酸易导致心脑血管疾病的发生。反式脂肪酸对血小板聚集的抑制作用低于顺式脂肪酸，会增加机体血栓的形成，提高栓塞性心脑血管疾病发生率。

3) 含有反式脂肪酸的植物

反式脂肪酸在自然食品中含量很少，人们平时食用的含有反式脂肪酸的食品基本上来自含有氢化植物油的食品。最常见的是油炸速食(炸薯条、炸鸡块、洋葱圈等快餐食品)、咖啡伴侣、人造奶油等。反式脂肪酸的名称不一，一般都在商品包装上标注为"氢化植物油""植物起酥油""人造黄油""人造奶油""植物奶油""麦淇淋""起酥油"或"植脂末"等，其中都可能含有反式脂肪酸。常见食物中反式脂肪酸占总脂肪酸的比例表如表 5-4 所示。

表 5-4　常见食物中反式脂肪酸占总脂肪酸的比例

食品名称	反式脂肪酸/%	来源
牛奶和奶酪	4.9	天然
黄油	5.9	天然
汉堡	2.65	来源于氢化油脂
氢化油和脂肪	35.5	来源于人工氢化油
饼干和蛋糕	16.5	来源于氢化油脂
土豆片和法式炸土豆片	4.5	主要来源于加氢
开胃馅饼	3.5	主要来源于加氢

4) 防止反式脂肪酸的危害

目前，反式脂肪酸没有列在现行的食品营养标签中，但可以从食品的组成中看出是否含反式脂肪酸。例如，如果一种食品标示使用氢化或部分氢化油，那么这种产品就含反式脂肪酸。当看到人造黄油时，通常这种人造黄油含有少量的反式脂肪酸。最后，记住多吃水果、蔬菜和全谷物，这些食物中含少量或不含反式脂肪酸。为了身体的健康，饮食要远离反式脂肪酸。

6. 胆固醇

固醇类分为动物性固醇和植物性固醇。动物性固醇主要是胆固醇及其与脂肪酸结合的胆固醇脂类。植物性固醇中的豆固醇和 β-谷固醇等主要存在于豆类和谷类中。胆固醇(cholesterol，CHOL)既是细胞各种膜相结构及神经髓鞘的重要组成成分，又是体内合成类固醇激素及胆汁酸、维生素 D 的主要原料。胆固醇主要在肝脏和小肠内合成，合成的数量取决于食物中的含量和人体的需要量，其在动物机体中具有重要的生理功能。动物体可以不需从外界摄取，以乙酸为原料由肝脏等器官合成自身所需的胆固醇。有研究指出，机体从外界摄入大量的胆固醇会导致其在血液中的含量明显升高，而这正是引发脑血栓、冠状动脉硬化等心血管疾病的重要因素之一，为安全起见，应尽可能减少胆固醇的摄入。美国食物经济协会有报道称，每日摄食胆固醇的量应在 300 mg 以下，这样即可减少因血浆中胆固醇含量过高而造成的危害。鸡蛋是深受人们欢迎的食品，营养丰富且价格便宜。然而，鸡蛋高含量的胆固醇(200～300 mg/枚)给长期摄食者的健康带来威胁，更是让保健意识强的人们心有不安。

美国心脏病学会建议每天只吃 300 mg 的食物胆固醇。一个鸡蛋就含有大约 215 mg 胆固醇。在 1994 年的一项调查中，24 个成年人连续 6 个月每天在饮食中添加两个鸡蛋，结果他们的总胆固醇水平增加了 4%，但是其中有重要作用的 HDL 的水平增加了 10%。

常见食物中胆固醇的含量如表 5-5 所示。

表 5-5　常见食物中胆固醇的含量　　　　　单位：mg/100 g

食物	胆固醇含量	食物	胆固醇含量	食物	胆固醇含量
火腿肠	57	猪肝	288	酸奶	15
腊肠	88	猪脑	2571	豆奶粉	90
香肠	59	猪肉(肥瘦)	80	鹌鹑蛋	515
火腿	98	猪舌头	158	鸡蛋	585
方腿	45	猪小排	146	鸭蛋(咸)	1576
酱驴肉	116	猪耳朵	92	鳊鱼	94
腊肉(培根)	58	鸡	106	鲳鱼	77
牛肉(瘦)	58	鸡翅	356	鳝鱼	126
牛肉(肥)	133	鸡肝	162	带鱼	76
牛肉松	169	鸡腿	198	墨鱼	226
午餐肉	56	炸鸡	112	鲜贝	116
羊肝	349	鸭	91	基围虾	181
羊脑	2004	烤鸭	153	河蟹	267
羊肉(瘦)	60	鸭肫	9	甲鱼	101
羊肉(肥)	148	牛乳	71		
羊肉串(电烤)	109	牛乳粉(全脂)	104		
		牛乳粉(脱脂)	28		

从表 5-5 可以看出，鸡蛋中的胆固醇含量较高，大量食用可引起高脂血症、动脉粥样硬化、冠心病等疾病，但蛋黄中还含有大量的卵磷脂，对心血管疾病具有治疗作用，因此，吃鸡蛋要适量。据研究，每人每天吃 1～2 个鸡蛋，对血清胆固醇水平既无明显影响，又可发挥鸡蛋其他营养成分的作用。我们要根据自身实际情况，辩证地看待鸡蛋中的胆固醇，合理食用鸡蛋。临床研究证明，长期摄入高胆固醇食物，会升高血清胆固醇水平，进而发展为动脉粥样硬化和冠心病等疾病，这是因为人体的胆固醇的反馈机制是有限度的，长期过量摄入会破坏体内的平衡而发展为动脉粥样硬化，因此应该限制高胆固醇食物的摄入。饱和脂肪酸的摄入量对低密度脂蛋白影响很大，能升高低密度脂蛋白。世卫组织与美国心脏病学协会建议，一般饱和脂肪酸摄入量应小于总能量的 10%，对低密度脂蛋白高的患者，可进一步控制在 7%以下。饱和脂肪酸主要来源于肉类、动物油脂、黄油、奶油、椰子油、棕榈油等。

三、蛋白质

1. 蛋白质的概念

蛋白质是以氨基酸为组成单位，由肽键相连的、具有稳定空间结构的生物大分子，它由碳(C)、氢(H)、氧(O)和氮(N)四种基本元素组成。某些复杂的蛋白质还含有硫、铜、铁、锌等金属元素。目前发现组成蛋白质的氨基酸有 20 种，其中有 8 种在人体内不能合成，但可全部通过食物来满足机体对它们的需要，这 8 种氨基酸(赖氨酸、色氨酸、苯丙氨酸、苏氨酸、甲硫氨酸、亮氨酸、异亮氨酸及缬氨酸)称为必需氨基酸。食物中含必需氨基酸越多，其营养价值就越高。

2. 蛋白质的主要生理功能

1) 构成和修补机体组织

蛋白质是细胞的主要组成成分，占细胞内固体成分的 80%以上。肌肉、血液中的血红蛋白、腱、骨、软骨等都由蛋白质组成。体内代谢与破损的组织也必须由蛋白质修复，因此，蛋白质维持组织的生长、更新和修复。

例如，构成肌肉的肌球蛋白具有调节肌肉收缩的功能，手能够提起一桶水，腿能够奔跑，靠的就是它的帮助。有人说："我这块肌肉年轻时就这么强壮。"其实这块肌肉早已不是年轻时那块肌肉了。人体的组织器官及肌肉都在不断地更新，你的那块肌肉已经被更新多次了。如果缺乏优质蛋白质，肌肉就会变得没有力量甚至萎缩。

2) 维持机体的渗透压和酸碱平衡

蛋白质是体内缓冲体系的组成成分，有利于维持酸碱平衡，而血浆蛋白质在维持机体的渗透压方面具有一定的作用。

3) 催化功能

生物体内的反应几乎都是在酶的催化下进行的，而目前发现的 1000 余种酶的化学本质都是蛋白质。

4) 防御和保护功能

在生物体内存在可以防御异体侵入功能的蛋白质，如各种免疫球蛋白等，它们可以防御各种疾病的发生。血纤蛋白原是另外一类具有保护功能的物质，它在动物皮肤受伤时，可以迅速转变成血纤蛋白，封堵伤口，防止液体大量流失和异体物质侵入。

5) 激素功能

蛋白质类激素是动物体内一类重要的激素，它们对生物体的生理活动起着调节控制作用，如胰岛素可以降低血糖等。

6) 传递信息功能

不少蛋白质具有接受和传递信息的功用。例如，可接受外界刺激的感觉蛋白；视网膜上的视色素；味蕾上的味觉蛋白等。这些蛋白质接受刺激后，可将神经冲动传导到中枢神经，机体就可产生视觉或味觉反应。

7) 供给能量

食物中未被利用的蛋白质及体内更新的蛋白质分解后可释放能量。

3. 人体对蛋白质的需要量

食物中蛋白质的主要作用是用来建造人体自身组织。人体对蛋白质的需要量会随年龄、性别、运动项目、运动量和身体状况的不同而异。一般成人每日的蛋白质需要量为 1.2～1.5 g/kg 体重，每日蛋白质供给量应占总能量的 12%～14%，儿童少年正处在生长发育时期，应多供给一些蛋白质，蛋白质供给量每天约为 2.5 k/kg 体重。对于力量型(如健美运动项目)以及进行高强度训练时，运动员蛋白质的需要量统一为 2.0 k/kg 体重左右，约占能量的 21%～26%。

4. 优质蛋白质及其食物来源

1) 蛋白质的主要食物来源

蛋白质的主要食物来源可分为以下几类。

(1) 谷类，一般蛋白质含量占总数的 6%～10%，但缺乏赖氨酸。

(2) 豆类，蛋白质含量较高，大豆的蛋白质含量为 35%～40%，其他豆类的蛋白质含量为 20%～30%，豆类蛋白富含赖氨酸，但其不足之处是蛋氨酸略显缺乏。

(3) 坚果类，如花生、核桃、葵花籽、莲子等，蛋白质含量为 15%～25%。

(4) 肉类，蛋白质含量为 10%～20%，所含必需氨基酸齐全，含量充足，属优质蛋白。

(5) 禽类，蛋白质含量为 15%～20%，其氨基酸构成与人体肌肉蛋白质相似，利用率较高。

(6) 鱼类，蛋白质含量为 15%～20%，鱼类肌组织与肌纤维较短，加之含水量丰富，容易消化吸收。

(7) 蛋类，蛋白质含量为 10%～15%。

(8) 奶类，蛋白质含量为 3.3%。

2) 大豆蛋白与人体健康

大豆及其产品蛋白质含量高，整粒大豆、大豆粉、浓缩大豆蛋白、大豆分离蛋白的大豆的蛋白含量分别为 42%、50%、70%、90%～95%，相当于稻米的 5 倍，小麦的 3.3 倍，鸡蛋的 3 倍，瘦猪肉、牛肉、鱼、虾、鸡的 2～3 倍。此外，大豆蛋白含有 8 种人体必需氨基酸，不但种类齐全，而且其必需氨基酸含量、构成比例比较接近人体的需要。值得提出的是，谷类蛋白质中的蛋氨酸含量丰富，赖氨酸含量偏低，因此豆类蛋白与谷蛋白质是非常理想的互补蛋白。

5. 蛋白质缺乏的表现

总的来说，长期缺乏蛋白质，易造成能量营养不良，可分为以下四种表现类型：

(1) 水肿型营养不良，主要表现为水肿、腹泻，常伴有突发感染、生长缓慢、发色改变、表情冷漠或情绪不好、虚弱无力等症状。

(2) 干瘦型营养不良，主要表现为体重、体温低于正常值，如果病程较长，身高也会低于正常标准；还会表现为生长发育缓慢，消瘦无力，贫血，无水肿，抵抗力下降，容易感染其他疾病而死亡。干瘦型营养不良的人肌肉易萎缩无力，皮肤黏膜干燥萎缩，皮下脂肪减少，四肢如"皮包骨"，神情冷漠或烦躁易怒。干瘦型营养不良的人有饥饿感，也有一些病人食欲不好，易腹泻等。

(3) 混合型营养不良，临床表现介于前两型之间，并伴有水肿。

(4) 营养性侏儒。一些儿童对长期蛋白质和能量缺乏已经习以为常，其结果表现为生长滞后。

当然，长期缺乏蛋白质，生活中还会表现出反复感冒，长期疲倦，没精神，伤口愈合困难，皮肤干燥、无弹性、多皱褶，肌肉萎缩，指甲脆，头发易断、脱落等症状，所以日常饮食要注意蛋白质的足量摄取。

6. 蛋白质营养缺乏的原因

蛋白质营养缺乏首先是膳食低蛋白质、低能量饮食的摄入造成的。其次，可能是某些疾病造成的，例如，胃肠道疾病往往使人们对食物消化吸收的能力差，加上疼痛、恶心、腹泻等胃肠症状，使病人长期处于饥饿状态，因而出现营养不良。

因此，在日常生活中要了解造成蛋白质缺乏的原因，出现这些状况，要积极应对，避免造成对身体的进一步伤害。

第二节　常见维生素及其功用

维生素(Vitamin Vit)是维持人体正常代谢和功能所必需的一类营养素，其化学本质均为低分子有机化合物。人体不能合成维生素，必须从食物中获得。维生素不能为机体提供热能，也不是机体的构成物质。虽然机体对维生素的需要量很少，但因其各有重要的生理功能，故当机体缺乏某种维生素时，就会引起代谢紊乱以及出现相应的病理症状。

一、维生素的共同特点

维生素具有以下共同特点。

(1) 存在于天然食物中；

(2) 在机体内不提供能量；

(3) 一般不是机体的构造成分；

(4) 机体只需要极少的数量即可满足维持正常生理功能的需要，但绝对不可缺少；

(5) 机体内的维生素一般不能充分满足机体的需要，所以必须经常从食物中获取。

二、维生素的分类

维生素的种类繁多，结构各异，其理化性质和生理功能也各不相同，通常按其溶解性质分为水溶性维生素(water soluble vitamins)和脂溶性维生素(fat-soluble vitamins)两大类。

1. 水溶性维生素

维生素分为脂溶性与水溶性两种。脂溶性维生素需要在脂肪中发挥作用，而水溶性维生素则需要在水中才能发挥作用。在某种程度上，人体具有存储所有维生素的能力。这就是说，如果两天前我们用餐时摄入了富含维生素 C 的食物，即使昨天没有摄入含有维生素 C 的食物，今天也不会有维生素 C 缺乏的症状。尽管人体内没有专门可以储存大量维生素的场所，对于需要维生素 C 的细胞来说，往往有多于其需要量的储存能力。然而，脂溶性维生素确实具有较大的贮存能力。正是由于这种在储存能力上的差别，人们通常认为，由于水溶性维生素不能存储，每天都可能完全消耗，所以应该每天补充。这也导致了这样一种误解，即水溶性维生素无论怎么过量摄入都没有问题，因为多余的部分会通过尿液排泄掉。过量摄入脂溶性维生素(特别是维生素 A 与 D)会产生严重的毒性，这是毋庸置疑的。同样，过量摄入水溶性维生素也会引发难题，例如周围神经病变(手指感觉能力丧失)；过量摄入维生素 B6(每天摄入 500 毫克足以对机体产生永久性的损伤)而导致的神经问题。下面将详细介绍水溶性维生素。

1) 维生素 B1

维生素 B1(硫胺素)存在于多种食物中，包括全谷类、坚果类、豆类(豆荚与干豌豆等)和肉类等，它与其他 B1 族维生素协同工作，将摄入的食物能量转化成肌肉能量与热量。在代谢过程中，硫胺素通过其活性辅酶焦磷酸硫胺素(TPP)去除能量反应中的二氧化碳。辅酶焦磷酸硫胺素是碳水化合物代谢中特别重要的一种酶。

目前尚未有运动员缺乏硫胺素的报道，但酗酒者与进食非强化精白米或其他加工的非强化谷物低质量饮食人群中确实存在营养缺乏症。硫胺素的膳食参考摄入量(男子每天摄入 1.2 mg，女子每天摄入 1.1 mg)对于运动员来说可能不足。正常人实际的需求量可根据每消耗 4180 kJ 需要补充约 0.5 mg 硫胺素来确定，而运动员通常消耗的热量大于 12 540 kJ 通常为 20 900～25 080 kJ。由此看来，即使运动员每天热量消耗超过 25 080 kJ，硫胺素每日摄入量的上限也仅为 3.0 mg。因此，高能量消耗的运动员摄入两倍的膳食参考摄入量(如每天摄入 2.2～2.4 mg)是合理的。运动员通常进食富含硫胺素的高碳水化合物类食物，所以大多数营养充足的运动员每天摄入的硫胺素很可能已经大于推荐水平。

2) 维生素 B2

维生素 B2(核黄素)通过辅酶黄素腺嘌呤二核苷酸(FAD)与黄素单核苷酶(FMN)参与能量产生过程和正常的细胞活动。这些辅酶主要参与从摄入的碳水化合物、蛋白质与脂肪中获取能量的过程。含核黄素的食物包括奶制品(如牛奶、酸奶、松软干酪等)、深绿色叶蔬菜(如菠菜、甜菜、芥菜叶、花椰菜、青椒等)、全谷物食品与强化谷物食品。

没有充分的研究证明，运动员普遍存在核黄素不足症状。食用超过 DRI 的剂量，也没有明显的毒性症状发生。研究表明，运动员需求量应当大于 DRI(Dietary Reference Intakes)，DRIs 是根据大约 0.6 mg/4180 kJ 的量确定的。在对运动中的女性以及渴望减肥的女性的一系列研究中发现，核黄素的需求量范围是 0.15 mg/kJ～0.33 mg/kJ。

一些证据表明，体育活动会使维生素 B2 需求量稍高于 0.5 mg/1000 J 的水平，但不会超过 1.6 mg/4180 kJ。尽管如此，即使运动员的需求量明显较高，但并没有研究证实，摄入量大于 RDA(推荐膳食供应量)会使运动员的成绩提高。由于低剂量补充维生素 B2 不会引发明显的毒性症状，所以运动员可以服用 1.6～3.0 mg 的核黄素补剂。这种摄入剂量可以作为一种适当的预防措施，以帮助运动员避免因摄入极高剂量(大于 RDA 的 100 倍)的维生素 B2 而产生的伴随病症，如头痛、恶心与身体虚弱等。

3) 烟酸

烟酸通过其活性辅酶参与碳水化合物、蛋白质和脂肪的能量生成过程、糖原的合成，以及细胞的正常新陈代谢。烟酰胺腺嘌呤二核苷酸(NAD)与烟酰胺腺嘌呤二核苷酸磷酸(NADP)是维持正常肌肉功能所必需的。烟酸缺乏症在遭受饥荒或单一摄入非强化谷物产品的人群中有大量的例证。

含有烟酸的食物有肉类、全谷物或强化谷物、种子、坚果与豆类。机体细胞具有从色氨酸(60 mg 色氨酸生成 1 mg 烟酸)中合成烟酸的能力。色氨酸是一种氨基酸，存在于优质蛋白质食物(如肉、鱼、家禽)中。由于很多种类的食物都含有烟酸，所以人们每天摄入 12～14 mg，或 6.6 烟酸当量(NE)/4180 kJ 的 DRIs(膳食参考摄入量)相对比较容易。NE 相当于 1 mg 烟酸或 60 mg 膳食色氨酸；也可以直接从食物中获取烟酸，或者通过直接摄入色氨酸来获得。NE 的测量单位会将两种来源都考虑在内。

烟酸摄入不足会导致肌肉无力、食欲不振、消化不良以及皮肤问题。过量摄入烟酸可能会导致毒性症状，症状包括胃肠不适与身体感觉灼热(如面色发红、发热)，还可能引起脖子、脸与手指周围的刺痛感，这些症状一般发生在大剂量服用烟酸以降低血脂的人群中。

4) 维生素 B6

维生素 B6 是指具有相同代谢活性的几种化合物(如吡哆醇、吡哆醛、吡哆胺、5-磷酸吡哆醇以及吡哆胺-5-磷吡哆醇)。维生素 B6 在肉类(特别是肝脏)中的含量最多，其他含有维生素 B6 的食物有麦芽、鱼、家禽、豆类、香蕉、糙米、全谷物与蔬菜。由于维生素 B6 的功能、蛋白质与氨基酸的代谢联系紧密，所以人体对它的需求量与蛋白质的摄入(蛋白质的摄入量越高，维生素 B 的需求量越大)有关。

成人对维生素 B6 的需求量是根据每天每摄入 1 g 蛋白质需要 0.016 mg 维生素 B6 的标准而确定的，蛋白质摄入量充足的人能够满足此需要。如果你认为高蛋白食物也必然含有较高的维生素 B6，那么从食物(无论数量多少)中摄入蛋白质的人就很容易获得充足的维生素 B6。但是，许多运动员补充纯化蛋白质(如蛋白质粉、氨基酸粉等)可能会造成运动员具有较高的蛋白质摄入量，而其维生素 B 的摄取量却不足。

维生素 B6 通过帮助合成氨基酸与蛋白质(转氨基作用)而在蛋白质合成过程中起作用，它还通过参与氨基酸与蛋白质(去氨基反应)的分解过程来影响蛋白质的分解代谢。因此，它参与对运动成绩至关重要的肌肉、血红蛋白以及其他蛋白质的合成。维生素 B6 主要的酶——吡哆醛磷酸盐(PP)也会通过糖原磷酸化酶参与肌肉糖原的分解并释放能量。

长期缺乏维生素 B6 会导致周围神经炎(手、脚、上肢与腿丧失神经功能)、共济失调(失去平衡)、烦躁、抑郁与抽搐。过量摄入维生素 B。(特别是从补剂中摄取) 同样会导致毒性症状，这些症状与维生素 B 缺乏症相似，包括共济失调与严重的感觉神经疾病(手指失去知觉)。毒性症状在服用补剂的女性人群(为治疗经前期综合征与几种神经疾病，平均每天摄入相当于 119 毫克的维生素 B6)中已经有文献报道。

研究维生素 B6 和运动成绩的关系有一定的理论基础。作为肌肉获得所需能量的一种方式，维生素 B6 参与肌肉中氨基酸的分解，同时也参与在肝脏中将乳酸转化成葡萄糖的过程。维生素 B6 还参与肌糖原的分解以获得能量。维生素 B6 与运动成绩有关的其他功能还包括构成血清素以及从赖氨酸中合成肉毒碱。有证据表明，一些运动员可能存在维生素 B6 不足的风险。维生素 B6 不足会降低运动成绩。

由于很多运动员总是在寻求额外的优势，所以他们对于合法天然物质的由衷青睐是可以理解的。维生素 B6 有时会作为一种合法的天然物质进行交易，而且除了在代谢中的重要性，它还与生长激素的产生有关。生长激素有助于增加肌肉量。由此可以看出，运动与维生素 B6 对生长激素合成的综合影响比其他任何单个因素都明显。

运动员在服用维生素 B6 补剂之前，必须首先考虑如下因素：

(1) 多数运动员摄取充足维生素 B6，处于正常水平。

(2) 维生素 B6 摄入不足的运动员往往是由于能量摄取量不足。

(3) 更大比例的女运动员以及强调低体重体育项目的运动员(体操、摔跤、花样滑冰)更易出现能量与蛋白质摄入不足的情况，从而造成维生素 B6 的摄入量不足。

(4) 高剂量的维生素 B6 已经被证实会产生毒性作用。

(5) 维生素 B6 不足会导致运动成绩下降，但并没有充分的证据表明摄入量大于膳食推荐值会对运动成绩产生有益的影响。

(6) 如果膳食平衡而且能量摄入充足，那么，补充维生素 B6 对于提高运动成绩看起来并不那么必要。

综合考虑以上因素，应当鼓励运动员摄入充足的能量物质，而不是依赖维生素 B6 补充剂。

5) 维生素 B12

维生素 B12 是所有维生素中化学属性最复杂的一种，它含有的矿物质钴(因而得名"钴胺素")，是所有细胞功能的基本元素。维生素 B12 对红细胞的形成、叶酸代谢、DNA 的合成以及神经发育起着重要的作用。

维生素 B12 的膳食来源主要是动物性食物(肉类、鸡蛋、奶制品)，植物性食物中基本不含这种物质。肠源性细菌也会合成少量的、可吸收的维生素 B12。素食主义运动员(指不吃肉，也不吃鸡蛋与奶制品的运动员)可能会有维生素 B12 缺乏的风险。

维生素 B12 缺乏会导致恶性贫血，胃功能受损的老年人最易出现的该类贫血。内因子是吸收维生素 B12 所必需的物质。如果没有内因子，即使是正常的维生素 B12 膳食摄入，也会因为吸收障碍而导致维生素 B12 的缺乏。维生素 B12 缺乏的症状包括疲劳、肌肉协调性不好(可能会导致瘫痪)以及痴呆。

数年来，运动员一直都在滥用维生素 B12。许多运动员在赛前注射大量的维生素 B12(通常 1 g 的注射量)。尽管这种方法应用得很广泛，但并没有证据证明过量摄入维生素 B12 对提高运动成绩有任何作用。

运动员摄入食物会帮助他们避免多种营养不良(包括维生素 B12 缺乏症)。一个人如果保持混合食物膳食平衡,除非有先天维生素 B12 吸收障碍(特别由于制造的内因子不足),否则就没有必要去服用补剂。纯素食主义者则应充分关注自身维生素 B12 的状况。一般情况下,纯素食主义运动员如果补充维生素 B12,以 1.8~2.4 μg/d 的膳食参考摄入量为宜,就像摄入强化维生素 B12 的食物一样(如豆奶产品)。

6) 叶酸

叶酸广泛存在于食物中,叶酸含量丰富的食物有肝脏、酵母、多叶蔬菜、水果与豆类。目前,国外的谷物产品(面包、麦片粥、意大利面)中进行了叶酸的强化,每 100 g 强化食品提供大约 140 μg 叶酸。家庭食品通常的制作方法与长时间的贮存方式很容易破坏叶酸,因此新鲜食物通常是最富含叶酸的。叶酸在氨基酸代谢与核酸(即 RNA 与 DNA)合成过程中起作用,而叶酸不足会影响蛋白质合成的改变更新快的组织(包括红、白细胞以及胃肠道组织与子宫)。怀孕前或怀孕期间充分地摄入叶酸会减少胎儿患神经管畸形(最常见的是脊柱裂)的风险。

叶酸是根据膳食叶酸当量(Dietary Folate Equivalent,DFE)来进行计算的,1 DFE 相当于:

(1) 1 μg 食物叶酸;

(2) 强化食品或者食品补剂中 0.6 μg 叶酸;

(3) 空腹情况下服用的 0.5 μg 叶酸补剂。

由于叶酸与维生素 B12 在生成健康的红细胞过程中共同起作用,所以叶酸的缺乏不仅会导致巨幼红细胞性贫血。还会出现胃肠不适(腹泻、吸收障碍、疼痛)以及舌头肿胀、发红等其他缺乏症状。目前没有报道关于人类由于过量摄入叶酸所引发的毒性,也没有研究报道叶酸与运动员成绩的关系。尽管如此,由于运动员要参加各种高强度的体育活动,所以组织更新速度大于普通人,而且有证据表明,运动员的红细胞更新速度大于非运动员,所以有充分的理由证明,运动员摄入足量叶酸是必要的,而且最好的办法是通过经常进食新鲜的水果与蔬菜来获取。如果这种途径无法实现,那么依照膳食参考摄入量(400 μg/d)的推荐进行日常补充也是维持叶酸正常状态的有效途径。

7) 生物素

生物素与镁、三磷酸腺苷(ATP)共同作用于二氧化碳的代谢、葡萄糖的合成(糖异生)、糖代谢以及糖原、脂肪酸与氨基酸的合成。富含生物素的食物包括蛋黄、豆面、肝脏、沙丁鱼、胡桃、山核桃、花生与酵母。在日常膳食中,水果与肉类含生物素较少。生物素还可以由肠道细菌合成。由于能够在肠内合成,所以这种维生素的缺乏症很少见,但是大量摄入生鸡蛋蛋清可能会导致生物素缺乏,因为生鸡蛋蛋清中含有抗生物素蛋白,这种蛋白质会与生物素结合(20 颗生鸡蛋蛋清足以干扰生物素的新陈代谢)。当发生生物素缺乏时,产生的症状有食欲丧失、呕吐、忧郁症与皮炎。没有证据表明,运动员会患生物素缺乏症,也尚无有关生物素与运动成绩之间关联的资料。因此,建议运动员摄入生物素不要超过所推荐的膳食参考摄入量。

8) 泛酸

泛酸是辅酶 A(CoA)的结构性成分、辅酶 A 在能量代谢过程中起重要的作用,并通过辅酶 A 参与糖、蛋白质与脂肪的代谢。泛酸广泛存在于日常膳食中，运动员不太可能发生缺乏症，特别是有足够能量摄入的运动员。泛酸缺乏的表现症状为容易疲劳、虚弱与失眠。在肉类、全脂类食品、豆类中酸含量较高。泛酸的补充剂量通常是 10 mg/d(是 5 mg/d 的膳食参考摄入量的 2 倍)，这个水平不会产生毒性。但是，关于泛酸的潜在毒性还是存在少量数据的。因此，当运动员高剂量补充泛酸时必须注意。

9) 维生素 C

作为抗氧化剂，维生素 C 参与结缔组织胶原蛋白的生成。新鲜的水果与蔬菜是维生素 C 的最好来源。肉类与奶制品中的维生素 C 含量较低，谷物(除非是强化谷物)中不含维生素 C。维生素 C 在烹调(加热)和暴露于空气(氧气)的情况下很容易遭到破坏。它还极易溶于水，因此水中烹调的食物的维生素 C 很容易丢失。维生素 C 缺乏症(如坏血病)现在几乎已经不存在。经常高剂量地补充摄入维生素 C 可能提高患肾结石的几率，并可能减少组织对维生素的敏感性。每天 100~200 mg 的剂量将会满足身体对维生素 C 的需要，但是许多人实际上每天摄入的剂量为 1000~2000 mg，大大高于膳食参考摄入量的推荐量(每天 75~95 mg)。

针对维生素 C 的摄入量与运动成绩之间的关系，许多研究进行了评估。有研究将实验分为对照组和补充维生素 C 组，补充维生素 C 组每天补充剂量等于或低于 500 mg(成年女子的膳食参考摄入量为每天 75 mg，成年男子的为每天 90 mg)，结果发现维生素 C 对运动成绩并没有明显的益处。一项研究发现，如果在测试前不久(4h)摄入 500 mg 的维生素 C，运动员在力量方面有显著提高，最大耗氧量显著降低，而对肌肉耐力却没有任何影响。如果向受试者提供 7 天同样剂量的维生素 C，结果显示，力量有一定提高，但耐力却有所降低。当向这些受试者提供 2000 mg/d 的剂量，并服用 7 天时，运动员的最大摄氧量有所降低，但在耐力方面没有明显的变化。

稍高水平的维生素 C 可能会对从事对抗性体育项目的运动员(会有肌肉酸痛或者损伤发生，从而需要形成更多的胶原蛋白)有益。动物实验表明，维生素 C 能够促进康复的过程，而维生素 C 不足会妨碍康复。研究还指出，当服用适当剂量的维生素 C 或其他抗氧化剂时，会迅速地缓解肌肉酸疼。

研究补充多少维生素 C 才有利于运动成绩的提高是很困难的，但是运动员在服用补剂之前应当牢记该维生素的安全上限(2000 mg/d)。由于一些研究显示高剂量维生素 C 补充可能引发耐力问题，所以摄入量应当始终低于导致成绩不佳的那个点。众所周知，维生素 C 能够促进铁的吸收。许多运动员每天仅从食物中就已经摄入大于 250 mg 的维生素 C。基于这种情况，建议大量进食新鲜水果、蔬菜、碳水化合物作为营养素(包括维生素 C)的良好来源。如果条件不允许，每天服用膳食参考摄入量推荐剂量的补剂(每天 75~90 mg)也是一种方法。

2. 脂溶性维生素

脂溶性维生素由脂肪溶剂运送，身体中含有四种脂溶性维生素(维生素 A、D、E、K)、每种都被有效地储存并在需要时使用。身体的储存能力是有限的，所以长期高剂量摄入脂溶性维生素会导致各种严重的疾病。人类营养素中最具有在毒性的两种物质是维生素 A 与维生素 D。在日常饮食中达到产生毒性水平的剂量是很困难的，但是，如果定期补充这些维生素，就很容易达到产生毒性的水平。所以人体对脂溶性维生素的储存能力减少了补剂摄入的需要。

1) 维生素 A

维生素 A 的活性形式是视黄醇，可从动物性食品中获取，如肝脏、蛋黄、强化奶制品(如添加了维生素 A 与 D 的牛奶)、人造黄油以及鱼油等。女性膳食参考摄入量推荐范围为 700 视黄醇活性当量(Retinol Activity Equivalent，RAE)，男性为 900 视黄醇活性当量(RAE)。

1 RAE 相当于：

(1) 1 μg 视黄醇；

(2) 12 μg β-胡萝卜素；

(3) 24 μg-胡萝卜素；

(4) 24 μg β-隐黄质。

维生素 A 与正常视觉密切相关，可帮助维持骨骼、皮肤与红细胞的健康，保持免疫系统的正常功能。没有证据表明过量摄入维生素 A 能够提高运动成绩。而(引起女性与男性不良效果的最大上限是 3000RAE)摄入过量的维生素 A 会产生明显的毒性作用，所以运动员必须谨慎对待。维生素 A 的毒性可引起皮肤干燥、头痛、易怒、呕吐、骨痛以及视力变差等问题。怀孕期间过量摄入维生素 A 将增加新生儿畸形的风险。

维生素 A 的前体是 β-胡萝卜素(前体指在一定条件下,能够转化成维生素的产性形式物质)。因此，进食含有 β-胡萝卜素的食物是一种间接获取维生素 A 的方式，β-胡萝卜素存在于所有红色、橙色、黄色以及深色水果与蔬菜(如胡萝卜、甘薯、桑菜、杏、香瓜、西红柿等)中。β-胡萝卜素是一种强氧化剂，可保护细胞免受氧化损伤，当机体需要时，它可以转化成维生素 A。与生成的维生素 A(视黄醇)不同，β-胡萝卜素过量时不会显现出同样明显的毒性效果。但是，当持续地摄入胡萝卜、甘薯以及其他富含 β-胡萝卜素的食物时，由于 β-胡萝卜素堆积在皮下脂肪，会导致人的肤色发黄。

作为一种抗氧化剂，β-胡萝卜素能有效地降低运动后的肌肉酸痛等问题，并有助于训练后的机体恢复。但是，这仅限于理论推断，并没有研究证明摄入 β-胡萝卜素与降低肌肉酸痛和增进机体恢复之间有直接联系。尽管如此，由于 β-胡萝卜素的潜在毒性相对较小以及其潜在优点，美国奥林匹克委员会已经将它认定为一种抗氧化剂。

2) 维生素 D

维生素 D 是人类营养素中最具潜在毒性的维生素，其每天的上限(UL)为 50 μg，人们可以从食物中以及通过晒太阳获取非活性形式的维生素 D。皮肤暴露在紫外线(太阳光)下能够将胆固醇衍生物(7-脱氢胆甾醇)转换成维生素 D 的非活性形式胆钙化醇。为了使其发挥作用，维生素 D 的这种非活性形式必须由肾脏激活。因此，肾脏疾病可能成为与维生素 D 相关的机能失调的原因之一。维生素 D 的膳食来源包括鸡蛋、强化牛奶、肝脏、黄油与人造黄油。鳕鱼肝油是该维生素的可观来源。成人维生素 D 的膳食参考摄入量是每天 5 μg 胆钙化醇或者 200 IU 的维生素 D(1μg 钙化醇等于 40 IU 维生素 D)。

维生素 D 能促进人体生长发育，并通过增加钙与磷的吸收，使骨骼与牙齿钙化。充分摄入钙与磷，但没有充足维生素 D 的膳食会导致钙与磷缺乏症。儿童佝偻病与成人缺乏症软骨病都属于钙缺乏疾病，它们可能是由于维生素 D 摄入不足，或是由于无法将维生素 D

转化成活性(起作用的)形式而造成的。尽管如此，由于维生素 D 具有潜在毒性，因此必须特别小心不要摄入过多。过量摄入维生素 D 会导致呕吐、腹泻、体重减轻、肾脏损伤、高血钙等病症，严重时甚至死亡。

没有研究表明摄入高水平维生素 D(无论是通过食物还是补剂方式)会有助于提高运动成绩依据说明能够改善运动成绩。但是，维生素 D 能够提高运动员的抗损伤能力。例如，一些项目的运动员，由于所有的训练课都是在室内进行，所以可能晒太阳的机会特别少，暴露于紫外线的时间少，它们可能降低维生素 D 的合成，甚至达到对生长与骨密度产生不良影响的程度。众所周知，较低的骨密度会使运动员患应力性骨折的风险加大。应力性骨折可能导致运动员运动生涯的终止。美国国家体操队的一项调查显示，日晒是影响骨密度的最重要因素。同时从骨密度的角度来说，晒太阳比从食物中摄入维生素 D 或钙更重要。

3) 维生素 E

维生素 E 是几种具有相似活性的生育酚的通称，其度量单位是依据将生育酚的活性当量与 α-生育酚的活性当量相比较而确定的。β-生育酚的活性水平比 α-生育酚的活性低，若要达到同样的效果，就需要较大的量。成人对维生素 E 的膳食参考摄入量是每天 15 mg，通过进食绿色多叶蔬菜、植物油、种子、坚果、肝脏与玉米很容易满足需要。但是成人如果不能进食充足的蔬菜、坚果或植物油，就会增加摄入不足的风险。人类患维生素 E 缺乏症是很难的，况且它是相对无毒的维生素(从食物中摄取的维生素尚无毒性证据)。美国医学研究所指出，维生素 E 补剂的不良影响可能包括出血性毒性。

维生素 E 是一种强有力的抗氧化剂，其作用在于保护细胞膜不被过氧化物破坏。由于脂肪(特别是多不饱和脂肪)氧化(酸败)生成的过氧化物在细胞内四处游动，改变或破坏细胞，所以被称为自由基。由于维生素 E 是一种抗氧化剂，它能够帮助捕获氧，从而限制脂肪氧化并保护细胞。

维生素 E 与运动成绩的关系已经有相关研究，但没有研究发现补充维生素 E 会提高力量或耐力。在评估维生素 E 补剂是否会降低运动造成过氧化物损伤的研究中，有着不同的结果。一些研究指出，维生素 E 能够显著降低过氧化物损伤。但另外一些研究发现，维生素 E 并无益处。很明显，在得出权威性的结论之前，关于维生素 E 的补充需要更多的资料。尽管如此，通过适量增加维生素 E 的摄入量能够减少过氧化物损伤的理论基础是合理的。

4) 维生素 K

维生素 K 存在于绿色多叶蔬菜中，在谷物、水果与肉类中也有少量的维生素 K，肠道细菌也能生成维生素 K，因此关于维生素 K 的绝对的膳食需求量尚未可知。维生素 K 能够帮助合成凝血素(凝血素是血液凝结的必要物质)。定期服用抗生素会破坏肠道内的细菌，从而有可能增加患维生素 K 缺乏的风险。缺乏维生素 K 会导致患流血与出血症状风险的增加。维生素 K 的每日膳食参考摄入量是成年女子为 90 μg，成年男子为 120 μg，没有确定的耐受上限。维生素 K 相对无毒性，但大量摄入合成形式的维生素 K 会导致黄疸。服用华法林阻凝剂(一种血液稀释剂)的人必须清楚维生素 K 或者含维生素 K 的食物可能会降低华法林的药效。

维生素 K 还与骨密度有关。维生素 K 水平低的人的骨密度较低，这可以通过补充维生素 K 进行改善。此外，维生素 K 最小摄入量在 110 μg 的女性能够显著降低髋骨骨折的风险。美国弗兰明翰心脏研究发现了较高维生素 K 摄入量与降低髋骨骨折风险之间的关系。维生素 K 存在于多种食物中，而且通过消化道内的细菌也可以生成，因此人体很容易获得充足的维生素 K。

　　维生素 K 与运动成绩之间的关系尚无相关研究。对于运动员，尤其是对抗性项目的运动员来说，足量的维生素 K 可避免身体青肿与流血。目前，尚无证据证明运动员是患维生素 K 缺乏症的高风险人群。

思 考 题

(1) 大学生维持身体健康都需要哪些营养素？

(2) 结合自己的运动喜好，在运动锻炼期间应该如何进行营养素的摄入？

第六章 大学生合理营养与饮食习惯

第一节 大学生合理营养与平衡膳食

一、合理营养

所谓合理营养，是指对人体提供符合卫生要求的合理膳食，使膳食的质和量都能适应人体的生理、生活、劳动以及一切活动的需要。平衡的膳食是由多种食物构成的，它不仅提供满足人体的正常需要的热能和营养素，而且还能保持各种营养素之间的均衡，以利于机体的消化和吸收。

合理营养的目的是要使膳食中所含各种营养素种类与身体的需要保持动态平衡状态，使人体机能始终处于最佳健康状态。合理的营养是通过合理的膳食来实现的，大学生合理营养应包括以下内容：

(1) 营养素种类摄入全面。六大类营养素摄入均衡是合理营养的基本条件。

(2) 各种营养素成分比例适当。不同性别、生理阶段、身体状况、工作强度、周围环境都会造成人体对营养素需求的不同，满足差异性需求是合理营养的必要条件。

(3) 各种营养素成分总量供需平衡。所有营养素的供给总量和需求平衡能够满足人体的生理需要是合理营养的重要条件。

二、平衡膳食

人体所需的各种营养素必须从食物中不断地得到供应和补充，人体的生理需要和膳食营养供给之间建立的平衡关系就是平衡膳食。

平衡膳食要在四个方面建立膳食营养供给与机体生理需要之间的平衡关系，即氨基酸平衡、产能营养素构成平衡、酸碱平衡及各种营养素摄入量之间平衡，只有这样才有利于营养素的吸收和利用。如果平衡关系失调，也就是膳食不适应人体生理需要，就会对人体健康造成不良影响，甚至导致某些营养性疾病或慢性病。

平衡膳食有以下七个基本指标：

(1) 摄入量充足、品种多样；

(2) 能量食物来源构成合理；

(3) 产能营养素摄入量比值合理；

(4) 热能营养素提供热量结构合理；

(5) 蛋白质食物来源组成合理；

(6) 脂肪食物来源组成合理；

(7) 各种营养素摄入量均达到供给量标准。

三、大学生应学会科学配餐

所谓科学配餐就是根据食物的形状、成分、营养价值、理化性质进行合理选料，合理搭配。首先是配餐的质量高，配餐要色、香、味、形俱全；其次是配餐的营养素种类与数量合理，即各菜肴间的营养成分相互配合，满足食用者的生理需要，并达到合理营养的目的。大自然给人类提供了丰富的食物，各种食物所含的营养成分千差万别。除母乳之外，任何一种天然食物都不能提供人体所需要的全部营养素。平衡膳食必须由多种食物组合才能满足健康的需要。学校食堂提供了品种多样，内容丰富的食物，学生要学会合理利用学校食堂，科学地安排自己的一日三餐，让食堂更好地为自己的健康服务。

要做到科学配餐，应遵守以下原则。

(1) 一日三餐的热能应当与学习、锻炼强度相匹配，避免早餐过少、晚餐过多的弊病。热能分配以早餐占全日总热能的 25%～30%，午餐占 40%，晚餐占 30%～35%较为适宜。《陆地仙经》中曾有一诗：“早饭淡而早，午饭厚而饱，晚饭须要少，若能常如此，无病直到老。”但同学们现实生活中却出现这样的怪圈，常常是“早餐马虎，中餐凑合，晚餐丰富”。而科学的吃法应该是“早餐要吃好，午餐要吃饱，晚餐要吃少”。许多人不按健康的进食比例安排一日三餐，而是采用 2∶4∶4，甚至 1∶4∶5 的分配比例，这样的配餐方式易造成晚餐吃得过饱过多，对健康有害无益。

(2) 三餐的间隔时间要合适，三餐饮食的量也要适当，同时还要讲究饮食卫生。三餐时间合适、比例适当是指早饭要认真吃，晚饭不要吃过量，每餐间隔 4～6 h，不要暴饮暴食，也不要饥一顿饱一顿。

(3) 注意膳食结构的平衡。主副食搭配要注意酸碱平衡，主食要做到杂与精的平衡、干与稀的平衡，副食要做到生熟搭配平衡、荤素搭配平衡。由于烹调原料的品种和食用部位不同，所含营养素的种类和数量也不同，只有通过科学搭配，才能使每一种菜所含的营养素更全面、合理。荤菜既要有四条腿的猪、牛、羊(任选其一种即可)，又要有两条腿的鸡、鸭、鹅，还要有没有腿的鱼类；素菜上要照顾到根、茎、叶、花和果类蔬菜都要有，还要配有豆类、菌类和藻类。中医学认为，健康是人体与自然环境、社会环境的动态平衡。冬不藏精，春将病瘟。饮食的原则亦不离中道。如先饥而食，食不过饱；先渴而饮，饮勿令过。五味应随时，如“春发散，宜食酸以收敛；夏解缓，宜食苦以坚硬；秋收敛，吃辛以发散；冬坚实，吃咸以和软。”总之，食物不能太单一，还要随季节的变化而调整，多吃当季蔬菜等，饮食一天内或一星期内做到食物多样，平衡即可。

四、营养不平衡的危害

如果在日常生活中有偏食、挑食的习惯，那么就会造成营养失衡，缺乏某一种或多种营养素。

1. 营养缺乏病的发生过程

营养缺乏病在开始时并不立刻出现症状，因为体内组织中所贮存的营养素能迅速释放，并通过血液输送到身体各处供给组织的需要。当吸收的营养素暂时超过了身体的需要，机体即将多余的营养素储存起来；如果更富裕时，血液中的含量可暂时上升，或随尿液排出体外。所以，血液中的营养素水平仅代表在体内运输过程中的营养素，血液营养素含量的水平仅能作为判断一个人营养状况好坏的参考。

体内贮存营养素耗尽时所发生营养缺乏病的过程如下：饮食营养供给不足→身体组织中营养素缺乏→体内生物化学环境的改变→身体功能改变→形态的改变。

2．营养缺乏的原因

营养缺乏的原因很多，主要包括营养素摄入不足；营养素吸收利用障碍；营养素消耗和排泄增加；营养素需要量增加等四个方面。

3．营养缺乏病的诊断

营养缺乏病的诊断可根据营养缺乏病的发生过程，参考膳食史、人体测量、生理生化分析和临床表现做出诊断。

(1) 膳食史。可参照中国营养学会编著的《中国居民膳食指南》，详细了解病人患病前后的饮食习惯及每天的营养素摄入量，以判断各类营养素是否缺乏。

(2) 人体测量。体格检查常用来评价儿童生长发育和营养状况，最常使用的人体测量指数有体重/身高。年龄/体重可作为发育不良的评价指标，也可作为营养低下的评价指标。

(3) 生理生化分析。测验血、尿中各种营养素的指标及进行免疫功能检查，采用实验室的方法检测血液营养素水平对于发现营养低下是有用的，但血液中的营养水平与组织的营养水平可能是不同的。

(4) 临床表现。营养缺乏病的临床表现可以较准确地判别各种特定营养素缺乏引起的临床异表现，机体主要受影响的部位有：① 头发。蛋白质-能量营养不良可以使头发改变颜色，发质变得干而脆，头发变细，发根易断裂。② 眼睛。维生素 A 缺乏时眼球结膜干燥，进一步导致角膜软化，可出现溃疡、穿孔最后导致失明。③ 口腔。口腔是多种营养素缺乏最敏感的部位，易引起口腔炎、口腔溃疡等。④ 颈部。碘缺乏时可出现甲状腺肿大，俗称大脖子病等。

在营养缺乏疾病发病初期，表现为组织上的改变，开始仅能在显微镜下看到，人体本身基本没有感觉。随着营养缺乏程度的加深和积累，才有肉眼可见的病变发生。所以，一般诊断出来的营养缺乏病大多数属于晚期。

一般情况下，机体营养素的缺乏会引起体内一系列生物化学变化(即引发生理功能的改变)，继而有形态的病变发生。在临床上的表现有疲劳、失眠、注意力不集中、胸部沉闷、心悸以及身体上有各种异常的感觉等症状，因此常被误诊为神经衰弱。遇到此种情况发生时，首先要反思一下自己最近的饮食状况，应考虑是不是营养缺乏病。如果是营养失衡造成的病变，通过合理营养、平衡饮食的调节就可以得到缓解。

第二节　大学生饮食现状

一、饮食与健康

饮食是一切动物获得食物营养的基本方法，是人类的生存条件，是人们生活中不可缺少的一个方面。中国古人认为"民以食为天"。食物是生物为其生存所摄入的物质，是生命的物质基础，是能够被人们直接食用或经过加工后被食用的各种天然或加工食品。人类摄入食物是为了维持正常的生命活动及从事各种体力和脑力活动。食物的质量也是一个具有现实性的问题，在满足居民基本食物需求的基础上，提高食物消费水平，改善食物消费结构是非常必要的。

国民营养与健康状况反映一个国家或地区的经济和社会发展程度，也是衡量人口素质的重要指标之一。饮食中的有效成分能被机体消化、吸收、利用的物质是营养素，可以说食物是营养素的载体，是含有多种营养素的混合物。如果营养不足会引起缺铁性贫血、佝偻病、维生素和矿物质缺乏症等；营养过剩则会引起糖尿病、肥胖、高脂血症、高胆固醇血症、心脑血管疾病、癌症等。所以日常饮食应该注意营养均衡搭配，预防营养素缺乏或者过剩引起的各种疾病。

随着社会的不断进步，人们的健康意识日益增强，健康的饮食越来越受到人们的关注。当代大学生的文化修养比较高，主体意识很强，但是由于学习任务重，并且身体又处于生长发育期，代谢旺盛，所以他们对各种营养物质的需求量大，其饮食及营养状况不仅直接影响身体健康，也间接影响工作学习效率。部分大学生们会因为审美、健康等需求进行控制饮食，但由于自身缺乏营养理论知识、思想上不重视或是家庭条件等原因，部分大学生不能科学、合理地摄取营养，导致身体营养摄取不足或过剩，对健康造成严重的影响。

大学生的体质健康状况直接关系着国家的发展与民族的兴衰，我国持续 20 多年的体质调研结果表明，大学生的体质总体呈下降趋势。为了更加科学合理地评价大学生体质健康水平，教育部早在 2003 年 9 月起，便在高校全面推行《学生体质健康标准》，从身体形态、机能、素质等方面综合评价大学生体质健康水平，体质调研结果是体育教学改革对增强学生体质效果的客观反映。有调查显示，大部分大学生饮食不均衡，饮食习惯不好，蛋白质摄入不足，畜肉类及油脂摄入量多，谷类食物摄入偏低，而且钙、铁、维生素 A 等微量营养素摄入不足等，易引起营养不良。大学生如果平时不注意合理饮食，所造成的近期后果是，学习效率降低、生活能力及抗病力减弱，易患贫血，病理性肥胖等疾病；造成的远期后果是慢性疾病的发展，如糖尿病、高血压、恶性肿瘤、冠心病和骨质疏松等。

根据社会需要，中国营养学会编著了《中国居民膳食指南》一书，这本书对人们的日常生活有很好的指导价值。

二、大学生饮食现状

大学生这一群体在饮食方面有与其他人群的不同。例如，他们一般在食堂进餐，不能自己烹调，饮食卫生尤为重要；他们的脑力劳动量大，用眼多，对不饱和脂肪酸、维生素 A 等营养素的需求相对较高；大部分大学生晚睡晚起，因此晚上需求的能量比一般人要高，早上对能量的需求相当要低，因此大学生每日能量分配应当为早餐占 25%，中餐占 40%，晚餐占 35%。还有部分大学生饮食习惯不好，例如，不吃早餐或晚餐，或吃饭不专心，一边走路一边吃东西，一边玩游戏一边进餐等。要改善这一现状，营养宣教工作的需求就显得十分迫切。

大学生正处在青春期到成年期的过渡阶段，科学合理的饮食和营养有助于提高大学生的身体素质和学习效率。但当代大学生普遍缺乏营养学知识，饮食消费行为基本处于盲目状态，随意性较大，能按科学方式对待饮食的人为数不多。大学生的饮食习惯还存在以下问题。

(1) 不吃早餐或早餐营养质量不高。大学生普遍不重视早餐，部分大学生不吃早餐或早餐营养质量不高。研究表明，不吃早餐和早餐营养质量不高的学生，其数字运用、创造性想象力和身体发育等方面均会受到严重影响。因此，要重视早餐教育，让大学生意识到吃早餐的重要性，并了解早餐的食物种类、数量和营养搭配情况。

(2) 偏爱零食。大学生喜欢吃零食的情况非常普遍，尤其是女生更加偏爱零食。零食所提供的能量和营养素不如正餐均衡、全面，而且多数零食味道浓郁，脂肪和糖、盐的含量较高，既影响大学生进食正餐的胃口，又容易造成钙、铁、锌、碘、维生素等多种营养素的缺乏。因此，要教会大学生选择营养相对均衡全面的零食，既享受到吃零食的快乐，又能获得良好的营养。

(3) 偏爱"洋快餐"。从营养的角度看，"洋快餐"普遍都是肉多、菜少、高能量、高脂肪、低膳食纤维、低维生素、低矿物质的食品。例如，马铃薯的营养价值非常高，含有丰富的维生素、矿物质和优质淀粉，但用马铃薯炸制的薯片、薯条中却吸收了大量的油脂，食用虽然能增加能量，但维生素却被破坏了，是典型的"能量炸弹"。

(4) 偏爱油炸食品。油条、煎饼、油炸花生、煎鸡蛋等油炸食品以其鲜美酥脆的口感深受大学生青睐。此类食品经高温烹调可产生大量的有强烈致癌作用的丙烯酰胺、苯丙芘等毒性物质，故油炸食品不宜多食用。

(5) 校外就餐。大学生，尤其是男生在校外就餐的次数明显高于女生。大学生选择校外就餐有以下原因：① 认为校外饭菜的价格适中，口味要比学校食堂好；② 校外就餐自由方便，不受时间和地点的限制；③ 因为同学、朋友聚会而外出就餐。大多数学生校外就餐的地点选择在学校周边餐馆、街边小店、小摊上，这些地方大多条件简陋、缺少消毒器具、用餐环境较差，存在严重的食品安全隐患。

(6) 白开水饮用量偏少。很多大学生没有主动饮水的习惯，他们每日饮水量不足，往往是渴极了才暴饮一顿。现在的瓶装水和饮料越来越多，有些家庭条件好的大学生常以饮料替代白开水，尤其偏爱含糖饮料。从健康的角度来看，其实白开水才是最好的饮料，里面含有多种对人体有益的矿物质和微量元素，而且它不用消化就能为人体直接吸收利用。

(7) 蔬菜和水果摄入量少。大学生的膳食结构不合理还表现在每餐主食量摄入偏多，而蔬菜水果摄入量较少，特别是喜欢吃面食的学生。蔬菜和水果不仅为人体提供每日以及长期健康所必需的维生素和钙、磷、铁等矿物质，还能增加膳食纤维，有助于体内酸碱平衡，达到一个平衡的膳食模式。

(8) 饮食不规律。部分大学生每日的进餐时间和进餐间隔无规律，甚至三餐的食量分配也无任何规律，随意性非常大。如果摄入不足或饮食过度，都会伤害脾胃功能。饮食不规律、饥一顿饱一顿是导致消化系统紊乱的主要原因，长期没有规律地进食会导致疾病的发生，必须引起重视。

第三节　养成良好的饮食习惯

一、科学的饮食习惯

"用肚子吃饭求温饱，用嘴巴吃饭图享受，用脑子吃饭保健康"，科学的饮食习惯就是要改变不良的饮食生活习惯，让大学生们学会"用脑子吃饭"。例如，不暴饮暴食，吃饭细嚼慢咽，不吃发霉变质的食物，不吃过火、烧焦食品，不吃腐烂的蔬菜，少吃烟熏食品。大学生拥有良好的、科学的饮食习惯才能拥有健康的身体，而健康的身体是实现一切理想、抱负的基础，是事业成功、家庭幸福的根本保证。可以说，只要拥有健康，世界上的一切才有可能属于你。近年来，随着科学研究的不断深入，营养专家提出了以下科学的健康生活习惯。

(1) 饭后稍卧。人进食后，由于体内的血液大量流向消化系统，胃肠、肝脏血液就会明显增加，而脑部的血液就会相对减少。饭后稍卧一会儿不仅有益消化，还能够缓解脑部因暂时的缺血带来的不适。

(2) 挺胸抬头。医学专家研究发现，人在抬头挺直腰时，胸膛也会随之挺起，这时的肺活量比平时增加 20%~50%，氧气的摄入量就会明显增加。另外，挺胸抬头还可以减少腰背肌肉的拉伸，减少腰背疼痛等症状。

(3) 雨中漫步。当细雨飘落到大地上的时候，尘埃落尽，空气得到了洗涤。这个时候，人在雨中漫步就会享受到雨前残阳的照射及细雨初降时所产生的大量负氧离子，这可以滋养人的神经，调整血压，使身心得到放松。

(4) 适当日晒。阳光是万物生长的天使，在晨曦中使散步或慢跑几十分钟能够消除懒散的情绪，振奋人的精神。阳光既可以使皮肤合成维生素 D，有助于钙的吸收，同时还可以杀死皮肤上的细菌。

(5) 引吭高歌。唱歌是一种深呼吸的活动，能够加强胸廓肌肉的力量，有益于健康长寿。

(6) 坐得越久，病越多。中国人万事都喜欢讲究一个"度"，五劳所伤，其实就是一种过度。《黄帝内经》有"久视伤血，久卧伤气，久坐伤肉，久立伤骨，久行伤筋"的说法，意思是过度用眼、躺卧、坐立、站或行走等，都会对健康造成影响。其中，"坐"对人们的麻痹最大，不知不觉坐上一整天，根本没意识到其背后隐藏的健康危机。

二、良好饮食习惯的养成

健康是人生的第一财富，健康是实现伟大理想的基础。如果说健康是生命的源泉，那么饮食则是维持生命的基础。构成健康的因素中，遗传占 20%，环境占 20%，医疗卫生占 10%，生活方式占 50%。疾病大多是由不良生活习惯造成的，不良的生活方式对健康有很大的危害。

大学生的身体发育处于青春期后期，由于这一时期的特殊性，外界及个体自身的许多因素都会影响其身体的生长发育，如运动、教育、饮食、环境、家庭、心理等，其中，饮食是最重要的影响因素之一。由于大学生们的新陈代谢旺盛，机体的物质消耗增多，这就需要及时补充大量的营养物质才能充分发挥人体内在的潜力，并对身心和学习有良好的促进作用。反之，机体所需要的营养物质得不到及时的补充，便会产生营养不良，进而影响身体的正常发育，导致身体的免疫力变差，患上缺铁性贫血、甲状腺肿以及结核病等疾病，甚至影响其成年后的体质，到了老年会出现更多疾病。处于青春期的大学生要重视营养物质的摄入，养成良好的饮食习惯，建议做到以下几点。

(1) 加强营养知识的学习，提高健康饮食意识。大学生自身是建立合理营养饮食的主体，所以首先要加强大学生的思想教育，使他们了解合理营养的重要性，重视营养学知识的学习。合理的营养搭配能促进身体生长发育，增强免疫功能，预防疾病，提高工作和学习效率。因此想要充分发挥营养的作用，就必须为人体提供符合卫生条件要求的平衡膳食，使膳食的质和量都能适应人们的生理、生活、劳动以及一切活动的需要。

另外，通过对大学生获得营养知识的途径调查得知，大学生通过自学看书获得营养方面的知识占比 33.75%；通过报纸杂志、电视等媒体获得所占比重最大为 47.50%；听他人介绍的占 23.75%；自己琢磨的占 10.00%；还有通过其他方式获得占比 13.75%。由此可以看出，大学生获得的营养知识没有系统性。所以，在大学开设营养学课程就显得比较重要，这样可以使大学生接受到系统的、可信程度高的营养知识，并使其懂得各种营养素之间的合理搭配，合理安排食物的种类和数量，提高保健意识。

(2) 调整饮食，平衡膳食。从营养学观点来看，食物营养价值的高低取决于所含营养素是否符合体内的需要，以及被体内消化吸收与利用的程度。不同的食物含有不同的营养素，任何一种单一的天然食物均不能提供体内所需的全部营养素，而且体内对各种营养素的需要都有严格的比例，无论哪一种营养素均不能过多或过少，否则将会造成膳食不平衡，从而影响体内的正常代谢。平衡膳食是由多种食物组成的，能够满足体内对营养素的需要。建议大学生在自己的日常菜谱中经常保持五种颜色的食物，即白色为谷物类食物；红色为动物性食物；绿色为蔬菜与水果类食物；黄色为豆类与坚果类食物；黑色为海产品及深色植物性食物等，以平衡自己的饮食。

(3) 日常生活中争取做到热量的收支平衡。热量的收支平衡是膳食营养的基本要求，也是保证人体健康和正常身体机能的必要条件。保持好的身体形态同热量的收支平衡有着密切的关系。现代大学生对美的追求和要求更高了，有的学生为了在身材、体型方面达到要求，盲目地减肥，对自己的身心健康、身体机能等带来了极大影响。人体的三大供能物质是糖、蛋白质、脂肪，人体活动所需的能量最终都来源于这三种物质的氧化。糖类物质是人体组织细胞的重要组成成分之一，人体每天从糖类获得的能量约占总能量耗能的 70%。糖在体内除供应能量外，多余的糖类物质还可以经过肝脏的糖异生功能转化成蛋白质和脂肪。脂肪是含能量最多的物质。吸收后的脂肪可以以"存贮性脂肪"的方式留存。蛋白质是摄取的食物中唯一含氮的物质，是构成机体组织细胞的重要构建物质。当机体内的糖原及脂肪消耗较大时，蛋白质才会经肝脏的脱氨基作用转化为可供机体有氧氧化的能源物质，参与供能。蛋白质在代谢过程中不像糖、脂肪那样能在体内储存，所以正常人每日摄取蛋白质的量与其每天消耗的量几乎是相等的。建议，每天在摄入这几种物质的时候，应该根据日常活动消耗的能量，合理摄入相应的能量，以达到热量收支的平衡。

（4）从学校层面考虑，大学生普遍都是在学校住宿，一年至少 8 个月要在学校食堂就餐。这样就迫切需要加强规范学校内餐饮业的管理，建设健康的餐饮工程。餐饮工程是一项系统的工程，需要多方面的通力合作才能完成，宏观上包括学校后勤管理中心制定政策，学校内宣传媒体大力宣传，食堂内部职工认真履行职责，还有学校管理层和广大学生监督。学生要想改善自己的饮食，建立平衡营养膳食，学校食堂无疑在这个过程中起了重要的辅助作用。食堂管理者必须规范管理制度，在搞好卫生工作的同时应该做到以下几点：① 建立营养小常识专栏，宣传在日常生活中经常遇到的饮食常识和营养搭配。② 增加菜品的种类，加强菜品合理搭配。③ 配备营养师，为学生拟定菜品种类，合理配餐，推出营养套餐。④ 食堂操作人员改善烹饪方法，减少营养损失，提高食品质量。⑤ 合理定价，使之符合广大学生的消费水平。学校食堂配备餐饮师，或由专门人员为学生拟定菜品种类，合理配餐，也可推出营养套餐等，保证菜品供应花色的多样性和搭配的合理性；并要求食堂操作人员在制作各类主、副食品时，尽量改善不合理的烹饪方法，最大限度地减少营养素的损失，进而提高食品的质量。

另外，学校可以聘请知名营养学专家来校作讲座。在进行健康教育的同时，要广泛宣传营养知识并建立咨询机构。学校应该广泛利用校内的宣传手段，如加大宣传力度，使营养知识深入到学生的生活中。同时学校应建立营养咨询台，及时解决学生关于营养方面的疑问与困惑，提出合理并有实用价值的建议，让学生更有目的、更有针对性地解决自己的营养问题。

三、大学生膳食计划与食谱制定要求

大学生应根据自身学习和能量消耗以及经济条件、个人的饮食等特点，在有限的条件下，多样、平衡、适宜地选择适合自己的膳食，以充分满足机体发展的需要，养成良好的饮食习惯，合理安排适合自己的饮食计划，至少应做到每周食物的多样化，避免单一饮食，保证营养平衡。以下是大学生常用的食谱格式(供参考)：

早餐：主食(标准粉 100 g)、豆浆或牛奶 200 mL 小菜一盘；

间餐：鸡蛋 50 g、面包 100 g、饮料 300 mL；

午餐：主食(米饭、面条)200 g～250 g、菜(一半素、一半荤)、汤、水果 100 g；

晚餐：主食馒头稀饭 150～200 g、菜(一半素一半荤或全素)；

晚点：奶粉 20 g，香蕉 100 g。

保证每天摄取 2500 千卡的能量，蛋白质 70～80 g，脂肪 75 g，糖 400～500 g，维生素、无机盐适量摄取。在日常饮食中要注意维生素和无机盐的摄入应充分，食物要多样化，培养良好的饮食习惯，不挑食、不偏食、不吃零食。不过大学食堂的汤应该坚持喝，特别是想控制体重和有减肥意向的同学，更应该在饭前喝一碗汤，这样既有利于健康，又有利于控制体重。

思 考 题

（1）大学生的饮食习惯有哪些问题？

（2）制定一份合理科学的膳食计划。

第七章 大学生的健康运动和饮食疗法

第一节 大学生运动和饮食疗法概述

大学生日常的食物选择会对自身长远的健康产生极大影响。在学习、工作或社会生活的压力下，人们也许很少有时间换上运动服到体育馆、田径场或健身房做做运动。其实全国只有约三分之一的人能够每周坚持进行足够的体育锻炼，其余的人却很少参加锻炼。经常运动益处很多，例如，降低患心血管疾病的风险；降低患某类癌症的风险(尤其是直肠癌和乳腺癌)；改善精神面貌，避免患抑郁症；使思维更加敏捷；感觉充满活力；感受归属感，在体育中得到乐趣和友谊；增强自知和自信；减少体内脂肪，增加非脂肪组织；增大骨密度，降低日后患骨骼疾病的风险或减轻骨骼疾病的症状；改善睡眠质量；保持青春容颜，使健康的肌肤充满弹性和活力；能促进伤口愈合；改善甚至治愈行经不畅；提高免疫力等。客观地说，锻炼并不能确保你会得到所有上述的益处，但只要你膳食平衡又经常保持运动，就一定能体会到其中的一些好处。

关于体育运动和饮食疗法的研究指出，人们需要靠锻炼和饮食营养以保持健康和长寿。那么多大运动量合适呢？本章结合大学生生活实际和《中国居民膳食指南》，谈谈大学生的健康运动和饮食营养。

一、运动：健康长寿的黄金法则

运动是自然界一切动物的生存之道。动物学家发现，野兔平均可活 10～15 年，而自幼养在笼内过着"优越"生活的家兔平均寿命才 4～5 年；野猪的寿命也比家猪长 1 倍。为什么野生动物比家养动物寿命长呢？重要的一个原因是野生动物为了觅食、自卫、避敌、摆脱恶劣气候的侵害，经常东奔西跑，身体得到了充足的锻炼，体质变得越来越好，寿命自然比家养动物长了。

科学家们曾经进行过一项研究：把老鼠放进机轮中锻炼，发现公鼠可延长 10% 的寿命。也许这种锻炼开始得还不够早，这项研究开始时，老鼠几乎已有 2 岁。俄亥俄州立大学进行了一项更长期的研究，让 1 个月的小老鼠(大约相当于人类的 3 岁)每天在一个机动的小滚桶上锻炼 10 min，在这项生命期研究中，锻炼的小老鼠的寿命比不锻炼的小老鼠的寿命要长 31%，这一结论在公鼠和母鼠身上的效果相同。这项研究意味着，如果我们早一点开始锻炼，我们的寿命便可大大延长。即使开始锻炼时年岁已大，我们还是可以期望使生命周期再增加几年。

从以上实例中可以看出，运动是自然界一切动物的生存之道、长寿之道，同样，人也是如此，经常参加体育运动锻炼的人，寿命就长。

　　"生命在于运动。"这是伏尔泰的名言,意思是身体要想健康就必须坚持运动,运动是人类身体健康的重要原因之一。古人曰:"动则不衰。"就是说,只有活动起来,才能较好地保养生命,达到养生长寿的目的。早在 4200 年前,医学之父希波克拉底也说过:"阳光、空气、水和运动是生命和健康的源泉。"这说明运动如同空气、阳光、水一样重要。可以从以下几个方面来说明运动对身体健康的重要性。

1. 动以养形

　　《寿世保元》说:"养生之道,不欲食后便卧及终日稳坐,皆能凝结气血,久则损寿。"说明运动能够促进气血畅达,增强抗御病邪的能力,提高生的命力。古代故著名医学家张子和强调"惟以血气流通为贵。"人体运动主要围绕肩、腰、髋、膝、踝等关节来进行,且每一处关节部分都布有若干肌群,经常运动,不仅能消除脂肪,还能增强肌肉的力量。此外,经常从事体育锻炼还可提高青少年的生理功能。

2. 运动能增强脾胃功能

　　古代著名医学家华佗指出:"动摇则谷气得消,血脉流通,病不得生。"说明运动有强健脾胃,促进饮食的消化功能。而脾胃健旺,气血生化之源充足,才能健康长寿。

3. 运动能提高心脏功能

　　研究人员曾做过一个关于缺乏运动对身体的影响的试验,他们把试验对象分为试验组与对照组,规定试验对象连续 20 个昼夜躺在床上,不准坐起、站立或在床上运动。对照组也连续 20 个昼夜躺在床上,但允许每天在床上设置的器械上锻炼 4 次。当试验进行了 3～5 天后,试验组的人纷纷有背部肌肉酸痛、食欲不振、便秘等不适;20 个昼夜过后,试验组的人的肌肉开始萎缩,肌力极度衰退,不少人从床上一站起来就头晕目眩、心跳加速、脉搏细弱、血压下降到危险程度,有的竟处于昏厥状态,与试验前对比,心脏功能平均下降 70%,起床后,连上楼这样简单的活动几乎都无法完成,而对照组的表现则基本正常。

4. 运动能增强肺功能

　　经常锻炼的人的胸围呼吸差能达到 9～16 cm,而不常锻炼的人,其胸围呼吸差只有 5～8 cm。一般人的肺活量是 3500 mL 左右,常锻炼的人由于其肺脏弹性大大增加,呼吸肌力量也增大,故肺活量比常人大 1000 mL 左右。此外,运动还可使呼吸加深,提高呼吸效率。一般人每分钟的呼吸次数为 12～16 次,常锻炼的人每分钟呼吸次数可减为 8～12 次,其好处在于能让呼吸肌有较多的休息时间。一般人由于呼吸浅,每次呼吸量只有 300 mL 左右,而运动员则可达 600 mL。还有,经常运动锻炼可增强卫外功能,适应气候变化,从而有助于预防呼吸道疾病。

5. 运动能增强肾功能

　　运动能促进新陈代谢,代谢废物大部分通过肾脏进行排泄,使肾机能得到很大锻炼。中医认为肾主骨,不少中老年人常见的骨质脱钙、骨质增生、关节挛缩等疾病也可通过锻炼来预防。

6. 运动使人精神愉快

　　体育运动可促进脑血循环,改善大脑细胞的氧气和营养供应,延缓中枢神经细胞的衰老,提高工作效率。轻松的运动可以缓解神经肌肉的紧张,达到放松镇静的效果,对神经官能征、情绪抑郁、失眠、高血压等，都有良好的治疗作用。正如美国医学家怀特所说："运动是世界上最好的安定剂。"近年来，神经心理学家通过实验已经证明，肌肉紧张与人的情绪状态有密切关系。不愉快的情绪通常和骨骼肌肉及内脏肌肉绷紧的现象同时产生，而体育运动能使肌肉在一张一弛的条件下逐渐放松，有利于解除肌肉的紧张状态，减少不良情绪的发生。

二、运动饮食三大纪律

古希腊有一句名言"你想变得健康吗？你就跑步吧；你想变得聪明吗？你就跑步吧；你想变得美丽吗？你就跑步吧。"由此可见，运动能带来很多好处。然而，近年来国内外不少保健专家却强调，一定要在运动前面加上"适度"二字。专家们指出，运动对健康的良好作用只有在适宜负荷下才能获得。运动负荷过小，刺激不能引起机体的效能反应，达不到强身壮体的作用；运动负荷过大，机体负荷超载，又会伤害身体。因此，适度运动是体育锻炼的首要原则。

有效的运动离不开有效的饮食。可是，如何吃才能有效呢？仅仅有一份健康的食谱当然是不够的，还要知道，运动前后吃什么？什么时候吃？吃多少？不同类型的运动，不同时间做运动，也有差别。

(1) 运动前。很多人都有晨练的习惯，据统计，很大一部分晨练者都是空腹或刚进食完就开始运动，这两种做法对人体健康都是非常不利的。建议在运动之前最好食用少量食物，但至少要在开始运动半小时前食用，这样不但可以避免因为体力活动而导致的消化功能紊乱，同时还可以增强运动效果。早餐一定要避免食用难以消化的食物，比如多汁的菜、油炸食品等，最好少量食用奶制品、谷类、水果、饮料。

(2) 运动中。肌肉运动会导致身体大量流汗，因此及时补充水分是非常必要的。一般人日常每天需要喝 1.5 L 水，而运动时就必须依照运动量的大小给身体"补水"。如果是少于一个小时的体力活动，需要每 15 min 喝 150～300 mL 水；如果持续运动 1～3 h 的话，最好及时给身体补充糖分以免出现低血糖的症状，可选择甜的饮料为身体补充糖分。一定要避免喝冰水，因为在剧烈运动时喝冰水很有可能会引起消化系统方面的问题。在这里也要提醒大家，在游泳时，即使身体浸泡在水中，仍会损失一定量的水分，所以在游泳的时候也需要补充一定量的水分。

(3) 运动后。运动后的进食要科学地搭配，以满足人体各方面的需求，这样才能够令身体的支出与摄入达到平衡，达到运动的真正目的。

大学生平时的饮食一定要搭配合理，例如新鲜的蔬菜、水果、面包、奶制品、含淀粉的食物(如米饭、土豆)都需均衡摄取，以保证每天的营养所需。另外，要注意每天的食谱中不能单以高营养的食物为主。运动后的饮食选择相对而言比较简单，只需牢记一个要点——"碱法原则"。运动后忌大鱼大肉，因为蛋白质、脂肪等物质代谢后会生成大量的酸性物质，使得血液向酸性发展，不利于消除运动后的疲劳。而蔬菜水果这类碱性食物富含维生素和微量元素，能阻止血液向酸性发展，有助于运动后的恢复。食物的酸碱性并不是由食物的味道决定的，而是由代谢终产物的酸碱性决定的。通常，肉类蛋类和奶制品属于酸性食物，但蔬菜水果还有大豆类属于碱性食物。

三、运动与饮食的时间搭配

运动结束 1 h 以后方可进食。为了有更好的瘦身效果，建议运动后休息半小时。持续 1 h 以上的中高强度运动之前，可补充少量易消化的食物，以防运动时出现血糖偏低、体力不支等情况，影响运动效果。饭后休息一段时间，一般 1～2 h 以后再跑步或做其他体育锻炼。若在饭后立即运动，易造成消化道缺血的问题，从而导致胃肠的蠕动功能减弱，消化液分泌减少，引起消化不良，甚至腹痛。

运动前的饮食很重要，不要为了追求减重效果而空腹运动。这样的结果往往是运动坚持的时间不够，强度不达标，运动结束以后还容易引发暴饮暴食。

运动前饮食时应注意以下几点。

1. 从运动时间看

清晨锻炼可空腹或喝杯蜂蜜水。低血糖者至少要喝杯蜂蜜水，或者补充 1～2 片全麦吐司。如果运动时间选择在 17～19 点之间，那么 16 点左右可补充一杯酸奶和一个水果。如果运动时间选择在 20 点左右，那么晚饭要尽可能清淡，因为油腻的食物会加重肠胃负担，导致身体需要更多的时间消化。

2. 从运动强度看

如果是持续 30～60 min 中低强度的运动(如快走、慢跑之类)，不需要额外补充食物，保持正常摄入一日三餐，运动前 1～2 h 保证一次加餐(选择一个水果和一小碗燕麦粥)即可。如果是中低强度的力量训练，运动前可补充一杯酸奶或一盒牛奶，为肌肉的生长提供足量的蛋白质。如果是持续 1～3 h 的运动，运动前不要因担心体力不支而大量进食。正确的做法是在运动期间补充含糖的运动饮料或者果汁，这样不仅影响瘦身效果，还能提升运动效果；也可以补充 1～2 片粗粮饼干，让糖分快速被吸收。如果是 3 h 以上的耐久力运动，运动前的饮食要以易消化的碳水化合物为主，再搭配一些鱼肉和蔬菜。此外，在运动时，必须间断性地补充事先准备好的小点心(如苏打饼干、粗粮饼干)或新鲜水果等。

第二节　大学生肥胖的运动和饮食疗法

一、关于肥胖

一些人有这样的疑问：按照健康的标准，多胖才算过胖？事实上，并不存在一个适合所有人的判定标准。如今，肥胖被认为是诱发心脑血管疾病的主要致病因素之一，并且有证据表明，即使轻微的或中度的超重也会增加患心脑血管疾病的风险。当然，这里的超重是指脂肪过多，而非肌肉过多。不过仍有少数肥胖的人，尽管他们脂肪过多，还是能够保持健康长寿。也许，无论一个人肥胖与否，他的生理健康都会提供某种保护机制预防疾病和过早的死亡。对大多数人来说，过多的脂肪会极大地增加患病和死亡的风险。临床发现高血压患者中一半以上是由肥胖引起的，这样也相应增加了中风的风险。

具有遗传性肥胖基因的个体在食物缺乏或体力活动多的情况下不会出现肥胖。相反，无肥胖遗传的个体，在高热量食物或体力活动少的情况下会出现肥胖。这说明长期不健康的生活行为是肥胖发生的重要原因。在现代社会，随着各种交通工具的使用和机械化程度的提高，人们普遍"坐着工作"，体力劳动和躯体运动大量减少。而体力活动的减少并不能降低食欲。19 世纪 50 年代前，地球上生产和生活使用的全部动力中有 96%来自人和家畜的力量。而到 20 世纪 70 年代末，人与家畜的力量仅占 1%，其余被机械化与自动化所替代。美国人是世界上最胖的人群之一，对此现象的解释是：美国人拥有汽车的比例高，看电视时间多，能量消耗少。而与此同时，美国人高脂肪、高热能的饮食习惯使其能量摄入过多。因此，正确认识肥胖产生的具体原因对健康减肥是至关重要的。也就是说，一方面，要控制饮食，减少对高脂肪、高热能食物的摄入量；另一方面，要控制运动对体内能量的消耗，增加机体的额外活动量，提高机体对脂肪的动员利用能力，进而减少脂肪在体内的储存。

二、肥胖的影响

1. 整体肥胖的危害

整体肥胖对健康的危害有很多，现在人们把它看作是一种慢性疾病。整体肥胖不但会增加心血管疾病和高血压的患病风险，还会增加糖尿病的患病风险。如果你的家人患高血压、心血管疾病或糖尿病，那么控制体重对他来说就是当务之急了。

成年人肥胖还会面临其他危险，包括高血脂、睡眠呼吸暂停(睡眠时呼吸的不正常中断)、腹疝，静脉曲张、痛风、胆囊疾病、关节炎、呼吸疾病(如匹克威克综合征，导致猝死的呼吸阻塞)、肝功能障碍、妊娠和外科手术引起的并发症等，甚至还有高事故发生率。而且，除这些被诊断出的疾病的影响外，一生都肥胖的人的因病致死率比正常人高两倍。

2. 躯干性肥胖的危险

内脏脂肪是指在躯干中腰腹部区域深层堆积的脂肪。比起整体肥胖，内脏脂肪导致糖尿病、中风、高血压及冠状动脉疾病的危险性更高。事实上，躯干性肥胖者由于各种原因导致的死亡概率比其他肥胖形式的人要高。肥胖对健康的危害是有阶段性的，正常体重不会增加风险，躯干性肥胖有严重风险，而其他形式肥胖则介于二者之间。

腹部脂肪流动性差是增加对心脏的危害的主要原因之一。内脏脂肪可以很容易释放到血液中，这会大大加重日常血液中负责运输胆固醇的脂蛋白的负担，因此增加了患心脏病的风险。皮下脂肪层位于腹部、大腿、小腿和臀部的皮层之下，同样可以释放脂肪，但释放速度比较缓慢。皮下脂肪一般储存时间较长，因此理论上对血脂的贡献也较少。各年龄段的男性和更年期之后的女性更容易形成躯干性肥胖，体型像个苹果，而育龄女性的体型则更像梨(臀部和大腿处积存脂肪)，一些女性在更年期体型会发生改变，终身保持梨状体型的女性此时由于内脏脂肪过剩，患病的风险也急剧增加。此外，吸烟者的内脏脂肪比例较高，因为吸烟会直接影响体内脂肪的分布。久坐和饮酒也会影响体内脂肪的分布。其中，中度或大量饮酒会加速中心脂肪积累，而中等强度以上的体育锻炼则可以有效降低这种积累。

3. 肥胖带来的社会影响及经济损失

在现实社会中，体型较瘦、身材较好者有得天独厚的优势，尤其是女性。肥胖者却很少被人追求，就业和择业成功的概率也较小。在心理上，肥胖者常感到受人冷落和茫然失措，自信心也随之下降。

从医学的角度看，所有肥胖者都应减少脂肪以降低患病风险。但说起来容易做起来难，几乎所有依靠节食来减肥的人在减重后短时间内体重又会反弹。"减肥→增肥→再减肥→再增肥"这样的循环不仅加重了心血管系统的负担，也增加了自己的经济负担和心理负担。

三、判断肥胖的标准

确定一个人是否拥有健康的体重有一个简单的方法，就是测量此人的身高与体重，然后把结果与身高体重参照表进行对照。身高体重参照表虽然使用简单、经济且容易获取，但并非是最准确的方法，还可使用三重标准进行判定，即人的身体质量指数(BMI)。BMI的定义是20岁以上的人相对于其身高的平均体重。

BMI值与身体的肥胖程度有密切关系，可用它来衡量一个人体重过轻还是过重，以判断其健康状况。国家健康研究中心心肺血管学院发布的相关指标显示，成人的BMI值在25～29.9之间的为超重，BMI值大于或等于30的为肥胖。身体越重，健康状况越危险，过重意味着高发病率。尤其是患三型肥胖病的风险非常大。

虽然BMI值对于判断肥胖与否很有价值，但其对判断不肥胖的人的脂肪状况用处不大。BMI值的缺点是它不能判断到底有多少脂肪和脂肪所在的位置，因此BMI值不能应用于运动员(因为他们肌肉发达使其BMI值偏高)、孕妇及哺乳期妇女(因为生育期间体重增加属于正常现象)、65岁以上的老人(因为BMI值标准数据来源于相对较年轻的人群，而人随着年龄增长，身高会变矮)。

例如，健身健美运动员的BMI值高于30，若仅依靠BMI值判断，他应该属于肥胖，但是通过体脂测量后发现，其体内脂肪百分比远低于平均水平，其腰围也在正常范围之内。因此，诊断一个人是否肥胖或过瘦仅靠BMI值是不够的，还需要知道其机体组成及脂肪分布情况。

四、关于减肥

1. 减肥方法面面观

减肥是人们关注的话题。为了减肥，有些人想出了各种方法，其效果褒贬不一，具体如下：

(1) 分食减肥法。该观点提倡吃高蛋白、高脂肪食物，但不能摄入碳水类食物。

(2) 蔬果减肥法。该观点通过仅摄入蔬果的方法来减肥。

(3) 提前进餐法。该观点认为吃饭时间的选择对体重的影响比人体摄入饮食的数量和质量更重要。

(4) 食醋减肥法。该观点认为食醋中含有氨基酸，不仅可消耗体内的脂肪，而且能使糖、蛋白质等代谢顺利进行。

(5) 喝水减肥法。该观点认为多喝水可以占据胃内空间，胃的饱足感可影响正常的食量，人就会吃得相对少一些，从而达到减肥的效果。

(6) 借助器械减肥法。该观点认为健身训练能达到减肥瘦身的效果。例如，商业性健身中心、普拉提健身馆都有减肥增重训练服务。

2．减肥的危害

减肥具有以下危害：

(1) 增加患胆结石的风险，特别是严重限制饮食者(如成功减肥后并保持体重，则可以减少这种风险)；

(2) 增加非病导致死亡的风险(如成功减肥后保持体重，则可以减少这种风险)；

(3) 增加骨质流失与骨质疏松的患病率；

(4) 反应迟钝导致危险(如驾驶安全危险)；

(5) 精力难以集中；

(6) 喜怒无常、脾气暴躁；

(7) 容易暴饮暴食；

(8) 容易导致进食障碍等。

减肥在短期内可能会使身体血压降低，血脂及葡萄糖代谢水平达到正常，但从长期来看，减肥并不能为延长寿命带来好处。

3. 对待肥胖的态度

当今的社会崇尚苗条，体型苗条几乎是成功、健康、成熟必不可少的象征之一，部分人都将苗条与头脑聪明、沉着镇静、关系融洽、事业成功等优秀品质相联系，这是不理智的，这些品质实际上与体型和体重几乎没有任何关系。

此外，还普遍存在另一种偏见，即肥胖容易给人留下不良印象，如肥胖者常被认为是懒惰、做事拖拉或者无节制能力的。对肥胖者，尤其是对肥胖女性的偏见和歧视给她们造成了巨大的心理压力。对自己肥胖负有责任，这很容易给肥胖者造成压力，当减肥节食不能达到预期效果时，他们就会感到自责。

4. 对待肥胖的对策

控制热量的摄入有利于减肥，低脂低糖的饮食习惯有助于使身体变得健康。除此之外，经常参加体育运动也尤为重要。身体状况的改善会改善一个人的健康状况，同时积极运动的生活方式还可以防止人随着年龄的增大而产生的肥胖问题。

减重的过程是先停止增加体重，然后培养健康的生活习惯。在当今以瘦为美的审美观的影响下，年轻女孩们常因感觉"肥胖"而节食，完全不顾及节食的危险性。冲破这种以瘦为美的审美观点需要人们摒弃旧的思维方式，要合理控制体重，保持健康，低脂肪但营养充足的膳食对于保持健康状态。如果再增加行为矫正和体育锻炼，会获得更好的效果。这个过程不仅可以改变使用者的身体状况，还告诉人们悦纳自我的重要性。

五、减肥的方法

运动锻炼可以通过一系列改变新陈代谢来影响人体的组成、体重和基础代谢。运动对减肥的效果主要表现在长期的、有规律的锻炼中。俗话说："一口吃不成胖子"，同样"一动也不会就变成瘦子"。许多人认为节食是一种更为便捷的减肥方法，因为它不影响正常的生活起居，不需要付出太大的努力。其实，最佳的减肥法是体育锻炼和饮食节制相结合，因为两种方法比一种方法更快捷有效。从长远来看，想要成功地、持久地控制体重，避免"反弹"，就必须坚持体育锻炼和节制饮食，形成一种新的生活方式。

1. 减肥运动方法

(1) 要进行大量消耗热能的运动，以消耗多余的脂肪，可选择有氧耐力型的锻炼方式，如步行、慢跑、骑自行车、游泳等，每周 3～5 次，每次锻炼时间不少于 30 min，消耗热量不低于 1254 kJ。其中：快走 5 km 消耗热量 1254 kJ；慢跑 5 km 消耗热量 1504 kJ；骑自行车 5 km 消耗热量 836 kJ；游泳 100 m 消耗热量 334 kJ，1500 m 消耗热量 2755 kJ。

(2) 调节饮食结构。肥胖者应严格控制饮食摄入量，少吃含糖、淀粉和脂肪的食品，多吃含纤维、维生素多的食品。

(3) 腹部肌肉锻炼每周 5～6 次，极限次数为每次练习 4～5 组，练习内容为仰卧起坐、仰卧举腿、悬垂举腿等，可逐步增加极限次数。

(4) 运动强度应选择 60%～85% 最大心率或 60%～80% 最大摄氧量的中等强度运动。运动最佳心率为(220 − 年龄 − 安静心率) / 2 + 安静心率；运动最大心率为 220 − 年龄。

2. 运动减肥注意事项

(1) 要有正确的目的。减肥的目的应是为了健康。美国著名学者列威次基博士认为，如果你并不患有因体胖而引起的或与体胖有关的疾病，那么减轻体重就不能帮助你延长寿命。

(2) 正确地对待速度。减肥并非越快越好。迅速减肥无异于把肉从身上撕下来，既有害又无必要。

(3) 注意锻炼的时间。不论是散步、做操，还是打球、练拳，都要持续一段时间，最好是每次持续约 30 min。当然，最初的持续时间可短些，每次大约 5～10 min，以减少运动损伤的发生和缓解锻炼初期的机体酸痛反应。

(4) 要循序渐进。要在机体可以承受的范围内逐渐增加运动量和锻炼时间。

(5) 要注意环境的选择。因为肥胖者的耐热能力差，故尽量避免在炎热和潮湿的环境中锻炼。

(6) 要以改善心血管系统的功能为中心，不要一味追求体型的改善和力量的提高。

(7) 要养成经常锻炼的习惯。

(8) 要培养加大动作幅度的意识。

六、减肥的饮食方法

(1) 饮食疗法的原则：① 不能减少摄食次数，早餐必不可少。只要控制好每次摄取的能量，摄取次数越多，越不容易胖；相反，减少摄食次数会使肥胖加速。② 按时就餐。就餐时间不规律的人，肥胖的可能性有所增大。③ 养成细嚼慢咽的习惯，不要吃夜食。④ 尽量避免在外集体饮食。

(2) 饮食疗法的建议：① 适当减低膳食热量。当摄入热量低于消耗热量，机体达到负平衡时，体脂会逐步分解，体重也会逐步下降。② 用低热量食品代替高热量食品，如用家禽肉、瘦肉代替肥肉；用鸡蛋、牛奶、豆制品代替糖多、油大的点心。③ 在减少糖多、油大、热值高的食品的同时增加蔬菜、豆类、豆制品等食物的摄入。④ 优先考虑消减主食。主食和肥肉一样吃，得过多都会引起单纯性肥胖。⑤ 逐步减少摄入糖多、油大、营养价值不高的食品(如奶油点心、油炸小吃、西式快餐、甜饮料等)。⑥ 补充各种维生素。

第三节　大学生健身健美运动饮食策略

一、健身健美运动员择时营养的原理

运动中和运动后的人体骨骼肌的生物化学过程及其调节过程存在严格的顺序性和协调性受 ATP 的产生、消耗和恢复受神经、内分泌等因素的影响。在运动中，分解代谢占优势；而在运动后的恢复期，合成代谢开始超过分解代谢。在适宜的刺激强度下，收缩肌中的糖原消耗随刺激强度的增加而增加。在运动后的恢复期中，被消耗的肌糖原的恢复水平超过了运动前的水平，这个现象被称为"超量恢复"。在一定范围内，消耗越多，则超量恢复越显著。

美国德克萨斯大学通过一系列实验研究发现，运动后骨骼肌代谢过程中确实存在一个约 2 h 的时间对激素调节十分敏感的阶段并命名为"合成代谢窗口"。在合成代谢窗口时间内进行营养补充，是促进恢复的最佳时间。如果在这个时间内，机体不能获得营养物质的补给，"合成代谢窗口"随即关闭，从而影响机体的恢复过程。为此，产生了运动训练过程(包括运动中和运动后的恢复期)中的"三阶段学说"(指机体代谢、生理生化过程存在的 3 个阶段)，即耗能时相、合成代谢时相和骨骼肌生长、修复时相。因此，运动营养应根据这个特点，选择适宜的时间补充营养，以获得最佳效益，这就是健身健美运动员"择时营养"的基本原理。

1. 耗能阶段

耗能阶段是择时营养的第一个阶段。这个时相即从健美运动开始前 10 分钟至运动结束的一段时间。由于机体的 ATP 储备有限，在运动中随着 ATP 的不断消耗，需要供能物质(糖、脂肪和蛋白质等)不断氧化分解，释放能量，再合成 ATP，供肌肉活动时利用。由于运动中持续的高能量消耗、高代谢率是此时相的突出特征，因此将此时段称为耗能时相。

随着健身健美运动中机体内源性能源储备的不断消耗，为了提高和维持运动能力，延缓运动疲劳的产生，摄入外源性能源物质(耗能时相的择时营养)是非常重要的措施。

在耗能阶段相择时营养的目的为：① 增加营养物质转运入骨骼肌细胞，节省肌糖原的消耗和减少肌肉蛋白质的降解，以维持血糖水平；② 转换合成与分解代谢之间的平衡，即加强合成代谢，而使分解作用减至最低；③ 抑制分解激素，如皮质醇的升高，减轻运动应激对免疫机能的抑制；④ 减轻骨骼肌微损伤并有助于运动后某些骨骼肌中代谢酶的快速恢复。

研究表明，运动前和运动中补充适量糖、蛋白质或特殊氨基酸，即可使骨骼肌蛋白质代谢朝正平衡转化，缓解肌糖原储备的耗竭。

2. 合成代谢阶段

合成代谢阶段是择时营养的第二个阶段，这个阶段是健身健美运动后即刻及其之后 45 min 的时间段，又称为合成代谢窗口期，这是择时营养的关键时期。此时骨骼肌细胞的主要代谢方式是分解代谢，但是，如果在这个时间段进行适当的营养物质刺激，将能引起代谢方式转化为合成代谢，启动骨骼肌蛋白修复和肌糖原储备恢复的机制。合成代谢将利于肌糖原储备的恢复、骨骼肌的生长、微结构的修复和重建，若此时缺乏适当的营养补充，则会导致合成代谢窗关闭，骨骼肌细胞仍然处于分解代谢中。因此，在这个时间段对补充营养物质，促进骨骼肌的恢复和修复非常重要。

3. 骨骼肌生长、修复阶段

骨骼肌生长、修复时相是择时营养的第三个阶段，这个时相是从合成代谢时相结束到下一次运动开始之间的恢复时段，包括运动结束后的 4 h(快速恢复期)和后 16～18 h(持续恢复期)。在此时相中，不仅骨骼肌中的收缩蛋白量、肌纤维大小、肌肉力量以及有关代谢酶均增加，而且在健身健美运动中消耗的肌糖原储备也将继续恢复，甚至超量恢复。

在骨骼肌生长、修复阶段，碳水化合物和蛋白质的摄取对最大程度地促进和维持肌肉生长和修复至关。健身健美运动员选择在此时间摄入高蛋白饮食将十分有益。因此，根据择时营养的原理，进行科学的营养补充，机体即可维持较高的合成代谢状态，有利于肌糖原储备的快速恢复、骨骼肌蛋白质净合成以修复运动中骨骼肌微结构损伤，重塑骨骼肌结构，发达肌肉、增长力量。

例如，健身健美运动员在大强度的健美训练中可能有 40%的肌糖原在运动中消耗。而如果在合成代谢时相，仅摄取足量的碳水化合物和蛋白质，那么，在训练结束后 2 h 内则能恢复肌糖原储备 65%～75%以上，一旦肌糖原储备达到 65%～75%以上，将为超量恢复期奠定了最佳的合成代谢基础和适宜的激素环境。因此，在快速恢复期应充分利用在合成代谢阶段已启动的胰岛素反应是非常重要的。那么在大强度的健美训练后即刻补充大量碳水化合物，并在训练后 2 h 或 4 h 持续地进行补充，则可以确保胰岛素浓度持续维持在较高的水平，肌糖原合成率增快，而骨骼肌蛋白质的合成也出现相同的规律。

经常参与锻炼的人群都知道，在运动后补充亮氨酸可刺激骨骼肌蛋白质合成，而且，亮氨酸影响蛋白质合成代谢不依赖于胰岛素效应。当补充碳水化合物刺激胰岛素分泌时，再结合补充亮氨酸的补充可进一步增加蛋白质合成。也就是说，在运动后亮氨酸联合碳水化合物的补充将有助于加速骨骼肌恢复和重建。

二、现代健身健美运动员择时营养方案

为了提高和维持健身健美运动员的体能和体质，促进运动训练后机体的快速恢复，科学的营养方案和合理的补充是关键。科学的营养方案可保障健身健美运动员的身体健康和提高健身健美运动员的竞技能力，合理的营养补充可加快消除疲劳和恢复体能。大量的科学研究和运动实践证明，提高健身健美运动员理想的血红蛋白水平，增强健身健美运动员的免疫机能对保证健身健美运动员的身体机能以及健康水平十分重要。而提高健身健美运动员的睾酮水平是维护健身健美运动员良好竞技状态的重要保障。

通过补充营养来加速消除疲劳、帮助恢复、提高运动能力是近年来很受欢迎的方法。我国研制了许多运动补充品和运动营养补剂，它们功能各异，多数人受宣传影响而服用，有效与否只能凭主观反映判断。下面介绍一些补充品的研究进展和较成熟的方案。

1. 营养膳食补充品的实施方案

1) 营养膳食补充品的应用效能

(1) 促进能量代谢的营养补充效能。

为了消除疲劳和恢复体能，健身健美运动员可适时适量地补充碳水化合物(糖)，如低聚糖、长链糖、糖泵等。在训练前、训练中和训练后即刻补充碳水化合物(糖)，并联合其他营养物质，有利于糖原的恢复。

① 补充磷酸果糖(FDP)。磷酸果糖可促进机体的无氧和有氧代谢能力，保护红细胞膜的功能，促进红细胞释放氧，改善心肌细胞功能。

② 补充肌酸。肌酸可改善和提高骨骼肌线粒体功能，促进肌糖原储备量的提高，降低肌肉蛋白降解速度，从而增加肌肉体积和力量，提高力量爆发能力。在补充肌酸时，可选用纯肌酸、磷酸肌酸、丙酮酸肌酸等。补充肌酸的同时一定要补充足量的水和糖，这样可以增强肌酸的效果。

(2) 增加肌肉合成代谢和肌力的营养补充效能。

① 补充高生物活性蛋白质。高生物活性蛋白质包括乳清蛋白、蛋白质水解寡肽(如大豆蛋白水解肽等)。高生物活性蛋白质的生物活性高，保氮能力强，具有增加蛋白合成，增强免疫功能，降低血清胆固醇等作用。

② 补充特殊氨基酸。特殊氨基酸。特殊氨基酸如支链氨基酸(BCAA)、谷氨酰胺等人体必需的微量氨基酸成分在运动中有以下作用：为有氧代谢提供能量；减少糖原的消耗；减少乳酸的生成等。

2) 实现"4R"系统目标

健身健美运动员首先必须摄取平衡的膳食营养，同时还必须进行科学的营养补充。因此，运动员应在遵循健身健美运动员择时营养的原则下，以运动营养生化监控理论为指导，结合健美训练计划，针对健美运动项目的特点和健身健美运动员的个体特征，在不同的训练阶段，围绕"4R"系统进行针对性的营养补充，并计划多种补充方案，交替刺激，达到协同效应。科学营养的原则包括平衡营养原则、适量营养原则、择时营养原则和个体化营养原则。而"4R"系统的第一个"R"是保证机体足够的糖储备(Replenishing glycogen supplies)；第二个"R"是保证机体充分的水合和电解质平衡(Restoring fluids and electrolytes)；第三个"R"是促进骨骼肌的恢复与重建(Rebuilding muscle protein)；第四个"R"是减轻运动中机体免疫应激和氧化应激状态(Reducing oxidative and immune system stress)。

健身健美运动员的营养调控计划应以增加合成类激素、肌肉力量及机体能源储备为重点，以提高体能、调节竞技状态为目的，分阶段实施。特殊的运动食品和强力物质的科学使用是影响运动能力的重要因素。科学合理地使用运动营养强力物质(补剂)能提高机体代谢水平和调节代谢状态，实现"4R"系统目标。

2. 提示与建议

(1) 运动营养补充品应该用之有效，使用便利，能够补充健身健美运动员在训练和比赛中对营养素的需要。

(2) 使用运动营养补充品前，健身健美运动员应该明确所需，从而有的放矢地选择适合的运动营养补充品，针对性地进行补充。

(3) 健身健美运动员必须懂得如何辨别运动营养补充品标签上的功效说明，以避免使用假冒伪劣或误用含有违禁成分的运动补充品。

(4) 没有科学依据证明肌肉组建补充剂中对增加肌肉的作用超过进行良好的阻力训练

和全面的营养方案。

(5) 运动营养补剂不能迅速解决运动成绩问题，不是灵丹妙药。

(6) 饮食规律，膳食平衡。运动员可请教营养学家或运动营养师，确定一个适合的营养方案。

① 能量。若想体重每周增加 0.45 kg，除摄入维持恒定体重的热量外，每天大约需要额外摄入 2 kJ 以上的食物。如果你想每周增加 0.9 kg，那么每天需要额外摄入 4 kJ 热量。大多数健身健美运动员通过吃较多的正常膳食便可以达到额外摄入许多能量的目的，而有些健身健美运动员发现如果他们补充能量密度高的蛋白质、碳水化合物或替代膳食饮料效果会更好。但如果不刻苦训练，额外摄入的能量将转化为额外的体脂。

② 蛋白质。健身健美运动员每天需要 2.0 g～2.5 g/kG 体重的蛋白质，这些蛋白质可来自正常的食物。大多数健身健美运动员的肌肉生长不需要蛋白补剂。

③ 碳水化合物。健身健美运动员每天需要摄入 8 g/kg～10 g/kg 体重的碳水化合物。碳水化合物应来自谷类、水果和蔬菜，因为它们比糖和甜食含更多的营养素。

④ 脂肪。健身健美运动员每天需要摄入 0.45 g/kg～0.9 g/kg 体重的脂肪。大多数脂肪应来自不饱和脂肪(如橄榄油、花生油和亚麻油)。

(7) 不要过度依赖运动营养膳食补剂。不要掉入运动营养膳食补剂的陷阱，不要把大量的钱花费在形形色色的肌肉组建补充剂上。没有什么能取代充满活力的阻力训练和全面的合理营养。市场上有几百种运动补剂据称是肌肉组建剂，但差不多都没有增加肌肉的作用。与科学训练和合理营养的作用相比，运动补剂对非优秀健身健美运动员的作用通常微不足道。此外，有些运动补剂可能会引起严重的副作用。

(8) 如果你考虑用运动补剂，请咨询专家。不要听信运动营养补剂和保健补充品营销员的介绍、杂志上的广告、网上的消息，或在健身房训练、工作的人的一家之言。平时进行高强度训练的健身健美运动员在考虑使用运动营养补剂时，一定要咨询运动生理学家、运动医学专家，以及运动营养学家或健美运动膳食专家。

第四节　素食主义和肉食主义

假定有两个人，其中一个人拒绝食用任何动物食物，也不吃谷物，只吃蔬菜、水果；而另一个人每餐都要吃肉，通常会要一份土豆和牛排，而且还会声明不要加生菜。实际上他们有很多共同之处，例如，两个人在食物选择上都是极端主义者，两个人的僵化和不平衡的饮食都可能威胁他们的健康。但是素食主义和肉食主义的饮食中也存在有利的一面，前提是不走极端。

一、从人体生理结构看饮食

研究表明，任何动物的饮食都必须与其生理构造相适应。人类的生理构造、身体机能和消化系统等与食肉类动物完全不同。哺乳动物可按其饮食习性大致划分为食肉类动物、食草叶类动物及食果类动物。人究竟属于哪一类？

1. 牙齿的结构

人的一生有两套牙，分别为乳牙(20 颗)和恒牙(28~32 颗)。恒牙有四种类型，各尽其职，互相合作，共同完成咀嚼食物的任务。其中臼齿约 20 颗，用于磨碎谷物、豆类和其他种子类食物；切齿 8 颗，用于切咬果蔬；而 4 颗犬齿是用来撕咬肉类食物的。按照人类不同牙齿的比例计算，臼齿、切齿、犬齿的比例为 5∶2∶1。依此推算，在人类正常的食物结构中，植物性与动物性食物的比值应为 7∶1。正是这个神秘的比例，指明了人类合理的膳食结构，这无疑是数百万年以来人类在进化过程中自然形成的。

2. 肠的结构

人类的肠道是顺着一个回旋状的路线，前后来回盘绕的。人类的肠结构中还有很多的折转以及弯道。相反，食肉类动物的肠子就相对平直，它们的消化时间比人类的短很多，可消耗胆固醇及油脂，而且对纤维的需求也低得多。

从肠道的相对长度来看，食肉类动物的肠道较短，杂食动物的肠道居中，草食动物的肠道最长。经测定计算，人类和某些哺乳动物的肠道长度与身高(体长)的比例顺序如下：猫 4∶1，狗 6∶1，人 7∶1，马 12∶1，猪 14∶1，牛 20∶1，羊 27∶1。不难看出，在这一比例上，人类的肠道长度与身高的比例排名是居中的，说明了人类的膳食构成应该为杂食，且应适当偏重植物性食物。

二、从消化系统看饮食

1. 食肉类动物

所有的食肉类动物，包括狮子、狗、狼、猫等都有许多共同的特点，那就是它们都有着非常"简短"的消化系统。食肉动物的小肠长度大约只相当于身体(指躯干，不计头部和四肢)长度的 3 倍。这是因为肉类食物腐烂得极快，如果在体内留存过久，其腐烂后生成的毒素会浸入血液。因此，食肉类动物通过长期的进化形成了较短的消化道，以利于腐败的肉食及其产生的毒素能迅速排出体外。另外，食肉类动物的胃中也含有较高浓度的盐酸(用以消化肉食中的纤维组织和骨骼)，其盐酸的强度比素食动物的强约 20 倍。

食肉动物的作息多为阴凉的夜间外出猎食，白天则睡觉。因此，它们不需要通过皮肤的汗腺来出汗以降低体温，而是通过舌头排汗散热。素食动物则不同，像牛、马、鹿等动物，从早到晚大部分时间都要在烈日下觅食。因此，它们需要通过皮肤的汗腺大量地出汗来降低体温。

食肉类动物与素食类动物最大的区别是它们的牙齿不同。为了捕杀猎物，食肉类动物有尖利的爪子、强有力的颚以及长而尖锐的门齿和犬齿来刺穿及撕裂坚韧的皮肉。素食类动物一般都是先将谷物类的食物在嘴里嚼碎，进行初步消化，然后再送入肠胃中。而食肉类动物则没有平坦的白齿。因为肉食是浓缩性食物，不需要预先嚼碎，其消化过程几乎都是在肠胃中进行。以猫为例，它几乎不能用牙齿来嚼碎食物。

2. 食草叶类动物

食草叶类动物一般是靠吃草本植物、树木枝叶或其他植物维持生命的。例如，大象、牛、羊、骆驼等，它们所吃的都是一些粗硬的食物。食草叶类动物的唾液中一般都含有一种叫作唾液淀粉酶的消化液，用于消化淀粉类食物，其消化过程在口腔中就已经开始了。那些粗糙的食物必须先细细嚼碎，在与唾液淀粉酶充分混合后，才能送入肠胃中做进一步分解。因此，食草类动物都有 24 只平坦的白齿，可以通过微小的左右移动来嚼碎食物(食肉动物的牙齿则只能上下运动)。食草叶类动物没有爪子，牙齿也不尖。它们喝水时是用嘴吸(即啜)，而食肉类动物则是用舌舔。与食肉类动物不同，食草叶类动物所吃的植物性食物不会很快腐烂，可以慢慢地进入肠道，充分地消化吸收，所以其小肠比食肉动物的长得多，约为身体(躯干)长度的 10 倍。

值得注意的是，研究发现，若食草叶类动物改吃肉食，身体则将受到严重的损害。美国纽约迈蒙尼德(Maimonedes)医疗中心威廉·柯林斯博士发现，食肉类动物处理饱和脂肪和胆固醇的能力几乎是无限的，而食草叶类动物则相反。若每天在兔子的饲料里添加 200 g 的动物脂肪，两个月之后，兔子的血管就结满了脂肪硬块，出现动脉粥样硬化的症状。人的消化系统正像兔子那样，不是为消化肉食而设计的。

3. 食果类动物

食果类动物包括类人猿，它是一种与人类最接近的动物界祖先。类人猿主要是靠吃水果和坚果为生，它们用平坦的白齿用来嚼碎食物，它们的唾液是碱性的，同食草叶类动物一样也含有唾液淀粉酶，用于在口腔中初步消化食物。它们的肠道曲折环绕，其小肠的长度大约相当于身体(躯干)长度的 12 倍，适于慢慢地消化水果和蔬菜。

4. 人类

人类的生理特征与食果类动物的几乎完全相同，与食草叶动物十分相似，与食肉动物则相差甚远。人类的消化系统、牙齿与颚的构造以及身体机能等与食肉动物的完全不同，与类人猿一样。人的小肠大约是身体(躯干)长度的 12 倍。人类通过皮肤上的无数个汗腺(在微小的毛孔内)来排汗降温。人类像所有素食动物一样用嘴吸(啜)的方式喝水。人类的牙齿和颚的构造都是为素食而设计的，其唾液是碱性的，并含有唾液淀粉酶，用来预先消化谷类食物。因此，从生理结构上，人类不是食肉类动物。根据人体消化系统的构造可以推断，在数百万年的进化过程中，我们一直都是靠吃水果、坚果、谷物和蔬菜维生的。

再者，人类不具备吃肉的本能。大多数人都要靠他人替我们杀死动物来获得肉食，若自己亲手杀生会感到恶心或不舒服。食肉类动物一般吃生肉，而人类则要用煮、烧烤、炸等方法将肉煮熟之后才能吃，烹调过程中还要用各种调味品来掩饰肉的原味。一位科学家曾这样说道：“一只猫嗅到水果的味道后无动于衷。如果人喜欢抓捕鸟雀，并能用牙活生生地撕断其尚在扑动的翅膀，吮吸其温暖的血，那么，就可以断定大自然赋予了人吃肉的本能。相反，一串甘美的葡萄却能让人流口水。人在肚子不饿时也会想吃水果，因为人确实觉得它好吃。”

科学家林内曾说：“将人体里里外外的生理构造与其他动物比较一下就知道，水果和多汁水的蔬菜才是大自然赐予人类的食物。”

总之，科学家们对于生理学、解剖学和动物行为等方面的研究结果表明(见表 7-1)，人类更适合于吃水果、蔬菜、坚果和谷物。

表 7-1　人类与其他动物生理构造之比较

比较项目	食肉动物	食草叶动物	食果动物	人类
爪	有爪	无爪	无爪	无爪
出　汗	通过舌头流汗散热	通过皮肤的汗腺排汗散热	通过皮肤的汗腺排汗散热	通过皮肤的汗腺排汗散热
犬　齿	有尖利突起的犬齿	无尖利的犬齿	无尖利的犬齿	无尖利的犬齿
口　内唾液腺	细小但不发达(无需初步消化食物)	发达，需要初步消化食物	发达，需要初步消化食物	发达，需要初步消化食物
唾　液	呈酸性，不含唾液淀粉酶	呈碱性，含唾液淀粉酶，用来初步消化食物	呈碱性，含唾液淀粉酶，用来初步消化食物	呈碱性，含唾液淀粉酶，用来初步消化食物
臼　齿	无平坦的臼齿	有平坦的臼齿，用来碾碎(嚼)食物	有平坦的臼齿，用来碾碎(嚼)食物	有平坦的臼齿，用来碾碎(嚼)食物
胃　酸	含强盐酸用来消化骨骼和肌肉	胃中盐酸比食肉类动物的弱20倍	胃中盐酸比食肉类动物的弱20倍	胃中盐酸比食肉动物的弱20倍
小肠长度	约是身体的3倍，以便易腐烂的肉食迅速排出体外	约是身体的10倍，素食不易腐烂，可慢慢地消化吸收	约是身体的12倍，素食不易腐烂，可慢慢地消化吸收	约是身体的12倍，素食不易腐烂，可慢慢地消化吸收

三、素食主义饮食的益处

有些人误认为素食主义是一种特殊的饮食文化，事实上，人们选择吃素是有多种不同的原因的。有些人认为不应该屠杀动物，有些人则认为不应该与那些动物共享如牛奶、奶酪、鸡蛋、蜂蜜等那些属于它们的产品，或使用皮革、羊毛或丝等动物制品。一些人看到牲畜在饲养场和屠宰场受到残忍的对待就会感到非常难过，还有些人认为应该因为环境问题而少食用些肉。素食主义者的饮食中可能含有较多纤维素，有利于预防疾病。素食者的类型及其饮食习惯如表7-2所示。

表 7-2　素食者的类型及其饮食习惯

素食者类型	饮　食　习　惯
果食者	其饮食中只包括生的或干的水果、种子和坚果
乳蛋素食者	其饮食中包括乳制品、蛋类、蔬菜、谷物、豆类、水果和坚果，不含肉和海产品
乳品素食者	其饮食中包括乳制品、蔬菜、谷物、豆类、水果和坚果，不含肉、海产品和蛋类
长寿饮食	其饮食会逐渐减少食物的摄入，最终少到只摄入糙米和少量的水或茶。严重时将导致营养不良，甚至死亡
蛋类素食者	其饮食中包括蛋、蔬菜、谷物、豆类、水果和坚果，不含肉、海产品和奶制品
部分素食者	饮食中包括海产品、家禽、蛋、乳制品、蔬菜、谷物、豆类、水果和坚果，不含或严格限制某些肉类，例如红色的肉，也称为半素食者
素食者	饮食以植物来源为主，不含某些种类或所有动物性食物
绝对素食者	只食用植物性食物，如蔬菜、谷物、豆类、水果、种子和坚果，也称之为严格素食者

研究结果表明，素食主义饮食可以在一定程度上预防肥胖、糖尿病、高血压、心脏病、消化紊乱和某些癌症等疾病的发生。

下面将要介绍一些目前已知的素食主义对健康的影响。

1. 肥胖和糖尿病

素食者一般比非素食者瘦，或许是因为他们有意识地控制机体每天摄入的热量，并经常进行体育锻炼。他们饮食中的纤维含量高，因此所含热量也就相应地要比肉食者低。

脂肪引起肥胖已是不争的事实，严控脂肪的摄入可能也是素食者体型较瘦的一个主要原因。素食者较瘦的另一个可能性是新陈代谢速率比非素食者高，这可能是因为当饮食混杂时，人体更偏向于消耗多余的糖类作为能量(增加糖类代谢)并将多余的脂肪储存起来。而素食主义脂肪摄入相对较少，因此形体上大多表现为偏瘦状态。

2. 血压

素食者和非素食者的血压指标存在一定的差异性。各种生活因素和饮食都对血压有影响。抽烟和喝酒会使血压升高，体育锻炼则可以降低血压，然而单是饮食本身的影响就非常大。目前有确凿的证据可以表明一些素食者的饮食模式的确具有降低血压的功效。不过素食主义者饮食中脂肪与饱和脂肪较低，而纤维素、水果和蔬菜占比相对较高，为了降低血压而完全排除肉类并没有必要。如果仅说饮食中包括或者不包括某种食物就能够降低血压，那就将问题过于简单化了。很明显，这是多种因素的综合作用。

3. 心脏病

通过查阅文献和网络数据能够发现，将素食者与非素食者进行比较，即使所比较的人都不吸烟，前者的心脏病和动脉疾病发病率也较后者相对降低。与冠状动脉疾病关系最为直接的饮食因素是饱和脂肪的摄入量，但其他因素也会起一定的作用。目前对于营养与心脏疾病的研究主要集中于蛋白质的饮食来源以及在植物中发现的抗氧化营养素和植物化学物质等。

当给素食者食用肉类时，由于肉中含有饱和脂肪酸，他们体内的脂肪状况就会变得糟糕，而当给肉食者食用低脂肪的素食时，他们的脂肪状况则会得到改善。有资料显示，对于素食和含有瘦肉的两种低脂饮食进行对比，发现二者都能降低血液中胆固醇含量，不过前者的效果更为明显。

蛋白质可能会影响血液胆固醇的浓度。实验证明，纯化的动物性(牛奶、鱼和鸡蛋)蛋白比类似的强化的豆类蛋白更容易升高血液中胆固醇的浓度。当给兔子喂食含量占总热量一半的纯化的动物性蛋白和高胆固醇食物时，可观察到它们很快会产生动脉硬化的症状。不过兔子原本是素食者，因此用这个实验结果来推断人的情况并不合理。另外，有一部分原因可能是因为大豆中所含的植物化学物质对心脏有保护作用，不过有一点是清楚的，豆制品能够降低食用者胆固醇的水平。

4. 消化紊乱

与肉食者不同，摄入高纤维的素食者或半素食者中便秘和盲肠炎的情况相对少见。

5. 癌症

研究发现，素食饮食可以降低结肠癌的发病率。结肠癌患者与其他人相比似乎摄入的肉类和饱和脂肪更多，而纤维则较少。高脂肪、高蛋白质、低纤维素的饮食会在结肠中为癌症的发生提供有利的环境。此外，素食者摄入更多的糖、纤维和水，这些物质是形成粪便的主要成分，可以冲淡那些可能存在的致癌因子。当肉类被烤焦时也会产生致癌物质，而素食者就避免了这些危险。

四、肉食主义饮食的益处

1. 促进生长

肉类、蛋、牛奶和其他动物性食物非常有利身体生长，缺少它们，儿童的生长就会滞后。因为个人饮食习惯或经济原因只能食用谷类的人群，通常就会营养不良，这体现在身材矮小，对疾病抵抗力差，寿命短和婴儿夭折率高等。

在食物多样化程度较高的人群中，那些食用动物性食物的儿童其生长状况是最好的，即使蛋白质的摄入量相等，食用动物蛋白的儿童比食用植物蛋白的儿童生长状况要好。但是蛋白质并不是影响生长的唯一因素，如果家庭能够供得起动物性食物，也应该能够提供大量的蔬菜和水果，而这些食物则提供了丰富的维生素和矿物质。

相同体积的植物性食物所提供的能量少于动物性食物。儿童的饮食的食量是有限的，如果食素的话，可能已经吃饱了，却还没有获得足量的营养素。对于易于发胖的成年人，这种低热量的饮食是有利的，但是对于儿童，如果缺乏肉类、牛奶和鸡蛋则可能会导致生长迟缓，其一生都会受到影响。

作为高蛋白食物，动物和奶制品比植物更具优越性吗?确实如此，肉类、鸡蛋和奶制品能够提供更全面、更易消化的蛋白质。食用牛奶和肉类的儿童通常比食用谷物的儿童长得更高大，并且免疫力也较强。他们不易患缺乏维生素 D 引起的佝偻病，这种疾病经常发生在寒冷地带(很难见到阳光)的绝对素食者身上。

但是肉类也并不是儿童健康成长的必需品。如果父母具有一定的营养学知识，精心选择食物，食用素食的同时再配上牛奶、鸡蛋也可以保证儿童的正常生长。

2. 获取营养

对于不喝牛奶的人群可以通过饮用加钙豆奶或加钙橙汁来获得钙质，或者食用大量的富含钙的绿色蔬菜，如椰菜、甘蓝也可以提供可观的钙质。除此之外，素食者应当注意补充铁、锌、维生素 D 和维生素 B12 等营养成分。肉类是肉食者饮食中铁和锌的主要来源，而且只有动物性食物才能保证提供足够的维生素 D 和维生素 B12。与肉类相比，素食(如豆类、深绿叶蔬菜、加铁加锌的谷物以及全麦面包和谷物)中的铁和锌等矿物质含量要少得多，而且不易吸收。要获得足量的锌和铁，素食者应当重视饮食中全麦和豆类的重要性，如果过度依赖精米、精面和糖果则很可能难以获得足量的矿物质。

对于刚开始参与健身锻炼的同学来说，不要极端地选择肉食主义或素食主义，而是应该根据自身的现状和锻炼目标为自己寻找最佳的方式。健身者应注意保证饮食的平衡和多样化，适量食用高饱和脂肪和高热量的食物，要学会拒绝油炸食品等垃圾食品。

思 考 题

(1) 饮食疗法有哪些重要的作用？
(2) 如何根据自己实际的情况开展食疗？
(3) 生活中如何平衡素食和肉食？

锻炼经验分享

锻炼达人——张楚妍

　　我的妈妈在健身房长期学习普拉提、瑜伽且有二十多年舞龄。在她的影响下，我在高中毕业后走进健身房，学习杠铃塑形、有氧冲击等课程。在杨国标老师的鼓励和引导下，我勇敢地走进器械区并养成健身的习惯。

　　我理解的健身主要分为减脂和增肌两部分，减脂是减掉身体多余的脂肪；增肌是增加肌肉含量，美化身体线条(见图7.1)。

　　减脂的前提是保证身体健康。减脂并不等于只吃减脂餐，或是有意空出三餐中的某一顿。如果既不想错过每一顿饭，又无法舍弃"碳水快乐"，我的做法是控制食量、少食多餐、细嚼慢咽。在早午餐正常进行的同时，将晚餐时间提前且不吃夜宵。早午饭后吃猕猴桃、柚子等水果，促进消化吸收。此外，还应大量喝水，每天保证身体水分充足。同时注意养成良好的作息习惯，坚持早睡早起也是减脂的一大"利器"。

图7.1　增肌可美化身体线条

　　在增肌时，我按照一周两个循环进行锻炼。在健身前，可通过骑单车、慢跑等运动做好热身，同时活动手腕、肩颈及脚踝。健身分为练胸、肩、臂和练背、臀、腿两大部分进行。每个部位做四个动作，每个动作做五或六组，每组做十至十五次。在第一组取小重量练习后，逐步加大负荷，每组中间可适当休息。在运动结束后做好拉伸，避免暴饮暴食。

　　健身不仅能加快我的血液循环，还促进了有害物质的排泄，增强身体免疫力，营养吸收更加充分，而且情绪更加饱满乐观，磨炼了意志。

　　运动中的安全问题尤为重要。由于我曾是一名高度近视患者且做过近视眼手术，因此我格外注意运动中的眼球保护及身体状态，不做剧烈蹲起，不憋气，不过度负荷举重等，将锻炼负荷保持在自己身体所能承受的最大限度之内。

　　健身是一个过程，需要有一定的耐心和意志力，日积月累的成效也必会为我们的工作和学习打下良好基础。

第八章 形体锻炼的方法及动作要领

第一节 胸部肌群锻炼的动作与方法

一、胸部主要肌群

1. 胸大肌

位置：胸大肌位于胸廓前上部浅层。肌腹呈扇形，向外上集中，呈成一个"U"形扁腱，止于大结节嵴(结节间沟外侧唇)。

功能：在近固定时，收缩胸大肌可以使肱骨内收和旋内，胸肋部可以帮助举起上肢后伸和提升肋骨，从而协助呼吸；当锁骨部分收缩时，可以使肩关节屈曲。

2. 胸小肌

位置：位于胸大肌的深部，形状呈三角形。它起于第3～5肋骨，结束于肩胛骨的喙突。

功能：它的主要作用是将肩胛骨向前下方拉拽；同时，如果肩胛骨固定不动，它还可以提升第3～5肋骨，帮助呼吸。

3. 前锯肌

位置：前锯肌位于胸廓的外侧皮下，上部由胸大肌和胸小肌所覆盖。每组两块的前锯肌起始于胸前部的肋骨，沿着体侧延伸至肩胛骨。前锯肌具有多个起点，始于第1～9肋骨的外侧面，分成三组区域。上部附着在第1、2肋骨上，距离肋软骨几英寸；中部附着在第2、3肋骨上；下部附着在第4～8肋骨上，因此，前锯肌也被称为"延伸的肋骨"。当体脂水平较低时，前锯肌外形非常明显，类似于肋骨一样可见。

功能：前锯肌可以拉动肩胛骨向前，并使其与胸廓紧密贴合；当肩胛骨固定时，前锯肌能够提升肋骨，辅助呼吸。

二、胸部肌群的锻炼方法和技术要领

1. 蝴蝶机夹胸

主要作用：蝴蝶机夹胸动作的主要锻炼胸大肌的外侧和中间区域，以及三角肌的前束。由于两臂微屈，所以当双手靠近时无法完全收缩胸大肌。因此，该动作主要集中在中间区域，对胸大肌内侧的刺激效果一般。

起始姿势：坐在座椅上，尽量使背部靠紧垫板，双臂微屈，水平向两侧展开，双手分别抓握两侧的手柄。

执行动作：保持双臂微屈，用力收缩胸大肌，通过胸大肌的发力，使双手从两侧向中间靠拢，稍作停顿，然后返回原位，重复多次练习。具体的动作示意图可参见图8.1。

技巧要点：在初次练习时要调整座椅的高度，使手柄与肩在同一高度，双臂保持微弯状态，注意双臂不要打开过大，以免对肩关节造成损伤。配重不宜过重，当双手内收时要停顿2～4秒，充分挤压胸大肌，并且每完成一次动作时进行一次自然呼吸。

注意事项：在执行动作时要注意保持身体挺直收紧、固定，不要借助身体摆动来辅助动作。在内夹时要用胸大肌的力量，而在还原时要缓慢控制好离心收缩。同时，肘关节应向后和外侧移动，而不是向下。座椅和手柄的高度应适合个人情况；具体的配重、重复次数、组数和休息时间可以根据个人体能和训练计划来确定，但需要循序渐进地进行，以防运动损伤的发生。

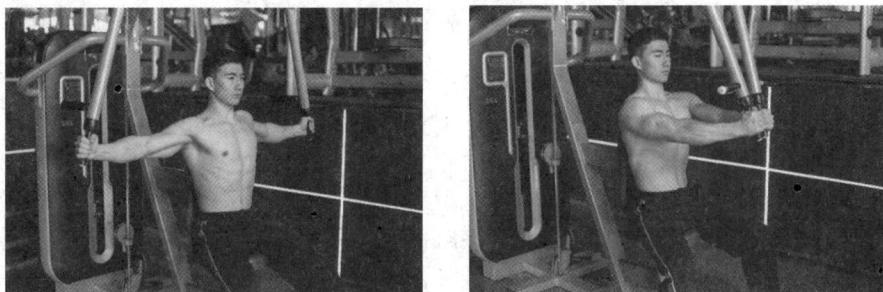

图 8.1 蝴蝶机夹角

2. 推胸器坐姿推胸

主要作用：通过准确地定位胸肌的发力点，我们能够深刻感受到胸肌的发力，从而有效地增强胸部肌肉的刺激程度。这不仅有助于提高肩关节、手臂的肘关节和腕关节的力量，还可以有效地拉伸胸廓，塑造出完美的胸肌曲线。

起始动作：调整坐姿推胸器的座椅，使其适合身体的位置。握把的高度应与胸部上沿相平。接下来，调整适当的负荷配重。双脚打开坐在座椅上，双手握住器械握柄，紧贴后面的靠背，确保头部、上背部和臀部都与靠背贴合。保持肩部下沉的姿势，同时收紧腹部，将注意力集中在胸大肌上。

动作过程：挺直胸腔，收紧腹部，目光平视前方，双手握紧推手。深吸一口气，胸部开始发力，将负荷平衡地推向上方，同时呼气。当推动到顶点时，肘关节不应完全伸直，可以暂停2～4 s。在还原的过程中要控制离心力，保持匀速推动，不应依赖惯性突然回到原位，并且在还原的同时吸气。反复进行练习，直到完成指定次数，具体动作参见图8.2。

图 8.2 推胸器坐姿推胸

技术要领：在进行动作时，需要确保背部、头部和臀部紧贴器械的靠背。在推胸的过程中，要试着感受胸部发力的感觉。

注意事项：在举重时，应避免完全伸直肘关节，以防止肘关节受伤。同时，在推举和还原过程中，肩部应保持放松，避免承受过多的压力，以免导致肩部肌肉参与运动，从而降低胸肌的训练效果。

3. 低位龙门架夹胸

主要作用：低位龙门架夹胸动作可以有效地锻炼胸大肌的下半部分，同时也可以对手臂的肱二头肌和肱三头肌产生一定的锻炼效果。

起始动作：将把手调整到与胸的位置水平，使双腿成弓步，双腿距离比肩略宽；双臂弯曲，双手抓住把手，以确保躯干的稳定；挺胸抬头，下颚紧收，使背部脊椎处于中立位。身体可向前倾斜45°，同时双腿微屈膝。肩胛骨向后收缩并下沉，专注于胸大肌。

动作过程：保持躯干固定不动，通过胸部发力将双手紧握把手向前推出，当双手的掌根收缩到最大时，保持收缩状态 2～4 s，然后慢慢回到起始位置，反复进行这个动作。具体动作操作可参考图 8.3。

技术要领：保持身体稳定，使肩胛骨下压内收，下颚紧绷，确保胸部挺起向上。当双手拉动绳索将把手推出，直至手掌与绳索接触，而不是将绳索夹过来再相碰。着重强调在高峰时刻收缩肌肉，同时保持收缩的时间稍长，身体略微向后倾，以最大程度地压榨胸肌中的空隙。

注意事项：注意尽量保持大臂与小臂的角度不变，在动作过程中，肘关节不要锁死，应一直保持微屈。找到正确的发力方向，身体站位要正确。

图 8.3　低位龙门架夹角

4. 上斜推举

主要作用：上斜推举动作主要锻炼和刺激胸部肌群(以胸大肌上部为主)，同时对身体的协调性也有较好的锻炼作用。上斜推举动作有助于增大胸大肌的体积，使胸大肌体积较小者的胸大肌上部变得饱满，身体形态变得更加健硕、美观.

起始动作：仰卧在长凳上，双手握哑铃，肘关节伸直使哑铃保持在肩的正上方。

动作过程：肘关节微弯曲，缓慢打开双臂，哑铃与肩部同高或肘关节屈曲 90° 时停止下降，胸大肌发力再将双臂合拢，哑铃举至起始姿势。具体动作如图 8.4 所示。

技术要领：两腕之间的连接线与身体正中线呈垂直交叉状，左右手腕与地面垂直，左右手心相对，两手哑铃处于平行状态，哑铃的运动轨迹是圆弧形。

注意事项：肘部不能过于靠近身体，肩部不能过于外展，否则会引起损伤。双臂合拢，哑铃上举的同时肩部不要随之上抬，防止胸部肌群无法得到充分锻炼。练习中，要注意不要将肩胛骨内扣，肩部始终要紧贴凳面，主要以胸部肌群发力将哑铃向上推起。

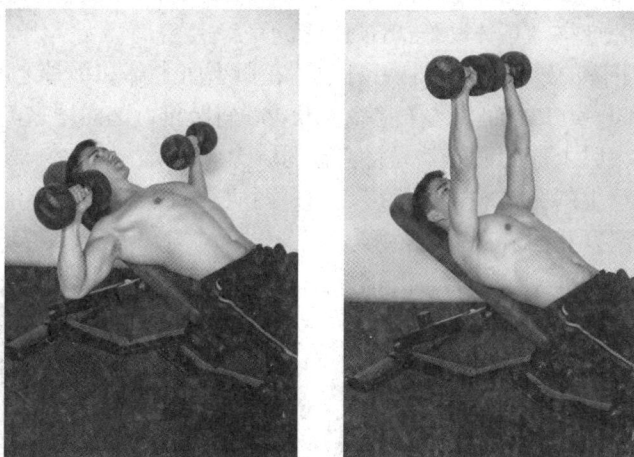

图 8.4　上斜推举

5．平卧卧推

主要作用：平卧卧推动作是通过利用两臂的水平屈曲、内收和小臂的伸展功能来完成的。因此，它主要用于锻炼胸大肌，并同时涵盖了三角肌前束和肱三头肌等肌肉群。

起始动作：仰卧于长凳上，双脚平放于地面，踩稳，双手握住杠铃杆，两手间距比肩略宽不超过 2 倍肩宽为宜，从卧推架上取下杠铃保持上举姿势。

动作过程：首先，采取正确的起始姿势。然后，将杠铃放到胸前的位置，确保杠铃与胸部有接触。接下来，用力推举杠铃，将其向上推至预备姿势。重复进行这个动作，直到完成所需的训练次数。最后，将杠铃安全地放回卧推架上。具体动作如图 8.5 所示。

技术要领：将杠铃的配重调至适宜负荷后，头部置于杠铃杆正下方与眼部垂直位置，肘部与肩部处于同一高度时，肘关节成直角，手心向上，拇指朝内侧全握杠铃。

图 8.5　平卧卧推

注意事项：手腕要一直保持紧张、直立状态，不可后翻，以免损伤腕关节。腰部不要向上过度弓起，以防止腰部肌肉损伤。双手用力要均衡，防止出现用力不均衡导致的横杆倾斜。

6. 杠铃上斜卧推

主要作用：杠铃上斜卧推动作主要锻炼的肌群为胸大肌上部、肱三头肌和三角肌前束。

起始动作和动作过程：身体呈头高脚低式仰卧在与地面成 30°～45° 夹角的卧推凳上，其他动作要领同平卧推举。具体动作如图 8.6 所示。

技术要领：在下降的过程中，将杠铃杆杆置在胸大肌上部和锁骨之间。需要注意的是，凳子的角度应在 30°～45° 之间，这样能够实现 45° 斜卧推。这样一来，力量会更集中在三角肌前束上，而胸大肌上部的锻炼效果将会减弱。

注意事项：进行上斜卧推时，胸廓应挺起，两肩胛向下沉紧贴长凳，腰部可始终保持紧张，也可上凸起离开凳面，身体呈桥形。

图 8.6　杠铃上斜卧推

7. 高位龙门架绳索夹胸

主要作用：高位龙门架绳索夹胸动作主要是锻炼胸肌的中缝，对于具有一定锻炼基础的锻炼者，可以对胸部肌群形态进行精细化雕刻。高位龙门架绳索夹胸动作主要沿着肌纤维的走向去挤压胸部，通过调整双侧轨道高度和把手高度可以锻炼到上、中、下胸的中缝。

起始动作和动作过程：身体站在龙门架中间的位置，双腿呈前后弓箭步的状态，将把手调到最高，双手抓紧把手，使双手掌心相对，沉肩收腹，上半身前倾，背部收紧呼气，将把手拉至胸前，让双手对碰；沉肩吸气打开把手，小臂与大臂大于等于 90°，肘关节低于肩关节，手的位置不要高于肘，稍比肘关节低一点，打开至大臂与身体平行，小臂千万不要外旋，再往后拉会对肩关节产生过多压力，呼气以肩为支点让双肘向身体中线靠拢。具体如图 8.7 所示。

技术要领和注意事项：拉绳时沿着绳索的轨迹拉，不论是什么位置的绳索夹胸动作，都是沿着绳索力线走的。在整个动作过程中胸肌都是挺胸状态，肩部是下沉的状态，不要耸肩，如果含胸耸肩的话，肩部受力过多，不利于刺激胸部肌群。动作幅度适中，不要过大，越往前拉可能肩部越紧张，身体的姿态也会变形。整个动作只有手臂在动，固定好角度后身体其他部位尽量保持不动，以此来最大化地刺激胸肌。

图 8.7　高位龙门架绳索夹胸

8. 下斜卧推

主要作用：下斜卧推动作训练胸部下部的肌肉、三头肌和前三角肌。

起始动作和动作过程：以头低脚高的姿势仰卧在与地面约成 20° 的斜凳上，其他动作要领同平卧推举。具体动作如图 8.8 所示。

技术要领：横杠放置于胸部下约 2 cm 处，这样能使胸肌用得上力。

注意事项：注意下斜卧推适宜有一定锻炼水平的人练习。

图 8.8　下斜卧推

9. 双杠臂屈伸

主要作用：双杠臂屈伸这个动作主要集中锻炼胸肌、肱三头肌和三角肌，是一种双杠动作，经常进行该动作的练习能有效保持身材的健美，并且有助于刺激胸腺的发育，提高人体的免疫力。

起始动作：双臂在双杠上悬空撑起身体，肘关节伸直。

动作过程：下降时，上半身稍向前倾，再撑起身体至开始姿势，反复练习。具体动作如图 8.9 所示。

技术要领：握距不同锻炼的部位也不同，在训练时要注意区分，宽握锻炼胸大肌，窄握锻炼肱三头肌。保持肘关节外展，强调的重点是使更多的胸肌和最少的三头肌受力。尽可能地低放，严格控制身体下降和上升。

注意事项：请尽量减慢下放速度，避免过快下放。同时要保持身体稳定，避免无序晃动，尽力保持平衡。请避免将动作与身体前后摆动相结合。

图 8.9　双杠臂屈伸

第二节　背部肌群锻炼的动作与方法

一、背部主要肌群

1. 斜方肌

位置：斜方肌是位于人体的颈部和上背部的一个肌肉，它的形状像一个三角形，在两侧对称，合在一起形成了一个斜方形。

功能：近固定(脊柱侧固定)时，上部肌肉纤维会收缩，导致肩胛骨上升、向后旋转和向脊柱靠近。中部肌肉纤维的收缩会使肩胛骨向后移动。下部肌肉纤维的收缩会使肩胛骨下降、向后旋转。当双侧同时收缩时，肩胛骨向后移动。在远固定时(即使肩胛骨被固定)，一侧上部肌肉纤维的收缩会使头部倾向同侧屈曲和对侧旋转，两侧同时收缩会使头部向后仰和伸展脊柱。

2. 背阔肌

位置：腰背部和胸部后侧的皮下有一个名为背阔肌的肌肉。它是全身最大的阔肌，形状像一个直角三角形。在它的上内侧，有斜方肌覆盖。背阔肌的起点是下 6 个胸椎的棘突，以及全部的腰椎的棘突，还有髂嵴的外侧唇的后 1/3 部分。

功能：近固定时，伸直、内收、内旋上臂；远固定时，拉躯干向上，协助吸气，同时进行脊柱侧曲以及旋转运动。

3. 菱形肌

位置：菱形肌是位于第 6、7 颈椎和第 1~4 胸椎棘突，止于肩胛骨内侧缘的一对扁肌。小菱形肌呈窄带状，附着于肩胛骨椎柱缘的上部，在大菱形肌的上方。而大菱形肌则是薄且扁，几乎附着于肩胛骨脊柱缘的全部上面。

功能：近固定时，后缩，上提，下回旋肩胛骨。远固定时，两侧菱形肌同时收缩，胸椎伸直。内收肩胛骨，使肩胛骨向脊柱靠拢，可以使肩胛骨上提，还可以使肩胛骨下旋。

4．竖脊肌

位置：竖脊肌是一种位于骶骨背面，向上延伸至枕骨后方的肌肉，它充满了棘突和肋角之间的深沟。这对强大的竖脊肌从骶骨一直延伸至枕骨。

功能：竖脊肌的主要功能是稳定脊椎，以及使脊椎处于正常位置。竖脊肌对躯干中轴骨较大动作的活动起着关键作用，比如屈、伸、侧弯等。

二、背部肌群的锻炼方法和技术要领

1．划船机：坐姿划船

主要作用：坐姿划船动作可以有效训练背部肌群，特别是能够刺激斜方肌的中部、背阔肌的上部、菱形肌和大圆肌等。

起始动作：坐立在划船机的坐垫上，调整好身体的前后距离，双脚放在踏板上踩实。膝关节不要完全伸直，保持微曲。双手握住把手，手掌握实，以免器械脱落，同时减少小臂借力、发力等。在拿起握把时，后背需保持挺直。

动作过程：双手紧抓握把，双肩下沉防止耸肩借力。同时抬头、挺胸，双肩自然外展，保证不会前探。拉动握把时，主要用背部肌群(斜方肌中部、背阔肌上部及菱形肌等肌群)协同发力，带动手臂拉动器械。双脚踩住踏板，不需过度用力。保持大臂紧贴身体，手臂自然拉动握把，腰腹部核心收紧。背部肌群收缩，将握把拉至小腹处，注意不要拉得过高，注意力集中在背部肌肉的收缩。当握把拉至小腹处时，背部肌肉收缩幅度达到最大，此时可适当停留 1～2 s，促进背部肌群进行顶峰收缩，之后再缓慢还原至起始位置。动作还原时，应保持背部肌肉的离心控制，当手臂接近伸直，双肩不要前探，即完成一次动作练习。具体动作如图 8.10 所示。

技术要领：在完成动作过程中要防止躯干过于后倾，不要含胸驼背，动作要完整，并主动地下沉双肩，找到肩部放松的感觉。

动作注意事项：双腿只起到稳定作用，不要过多用力。双肩不要向前探，保持下沉，身体不要前后摆动借力。其次，动作过程不要耸肩，以免过多刺激斜方肌，导致斜方肌上部过大，影响形体整体感观。最后，手臂不要过多参与发力，身体保持直立、挺胸。身体不要过度往前趴，避免腰椎承受过大压力，造成腰部损伤。

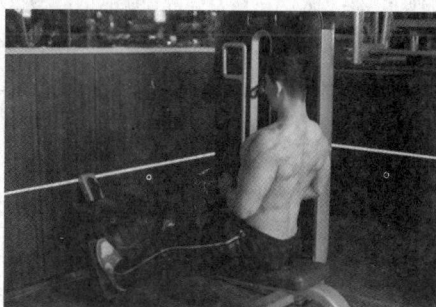

图 8.10　坐姿划船

2．蝴蝶机：反向飞鸟

主要作用：反向飞鸟动作主要是训练三角肌的后束。对于肩部肌群，大部分健身人士肩前束还是要比肩后束好一点的。

起始动作：面对椅背坐，反坐在蝴蝶机上，把手的高度调整到和肩部平行；双手正握拉柄置于胸前，双手掌心相对，保持肘部微微弯曲，肩部微微内旋，抬头挺胸保持脊椎中立。

动作过程：后肩发力，外展肩部，然后带动手臂画一条弧线向后展开，直到手臂和躯干在同一平面内并且停留片刻。具体动作如图 8.11 所示。

技术要领：不要耸肩，以避免斜方肌参与借力。不要过分收紧肩胛骨，并且手臂外展的幅度不要太大，因为幅度过大容易造成背部参与发力。双肩需要往前探，手臂不要伸得太直。避免斜方肌、菱形肌参与运动，否则易造成后束感知降低。持续控制肌肉，多做离心收缩，减少惯性发力。

注意事项：要以肩部和肘部发力带动双臂后摆，而不是光靠双手发力。向后摆臂的时候保持肘关节微曲，切记不要耸肩。在动作的过程中始终保持抬头挺胸，不要含胸低头；回放的时候要慢，控制住张力。

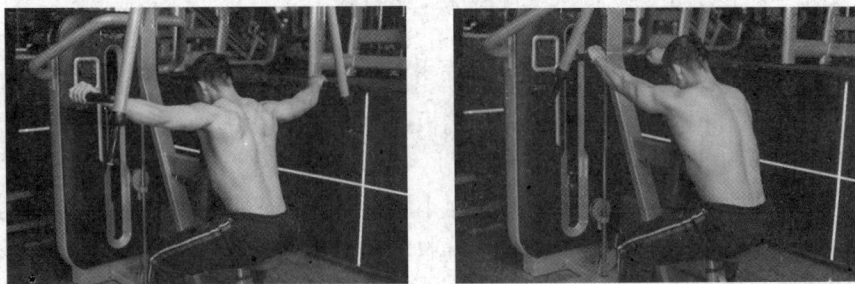

图 8.11　反向飞鸟

3. 坐姿拉力器：高位下拉

主要作用：高位下拉是一种非常有效的背部肌肉锻炼动作，它主要集中锻炼背阔肌的中部区域，并且对斜方肌的中下部、菱形肌、肱二头肌、肱肌以及胸大肌也有一定的锻炼作用。从整体的练背效果来看，窄握距的高位下拉，练背效果会更好一点。

起始动作：坐在高位下拉训练器械上，用正握姿势握住横杠，保持中等握距，抬头挺胸，身体向后倾斜约 30°，肩膀、肩胛骨下沉锁定。

动作过程：吸气，收缩背阔肌，带动双臂手肘部位向下后方运动，手肘部尽可能向脊柱部位夹，直到横杆快要与上胸部接触为止，之后保持 1～3 s 左右。呼气，控制器械还原速度，缓慢沿下拉路径伸展背阔肌，直到恢复至起始动作状态。具体动作如图 8.12 所示。

图 8.12　高位下拉

技术要领：在最高点充分伸展双臂时，要保持躯干竖直和背部的微拱。在整个过程中都要保持挺胸和绷紧。将双肘尽可能地向下和向后拉拽，直到横杆接触到上胸肌为止。

注意事项：注意沉肩，过程中肩膀始终下沉后缩，身体不要前后晃动。

4．单臂俯撑哑铃划船

主要作用：单臂俯撑哑铃划船动作不仅能强化背阔肌，对三角肌也有锻炼作用。

起始动作：右脚靠近平凳边，左脚屈膝跪在凳子上，身体向前倾斜，使上半身与地面平行。左手紧握住凳子面板，以保持身体平衡，右手拿着哑铃，让手臂自然下垂。

动作过程：将肩胛骨向后挤，弯曲手臂将哑铃提升至腹部的侧面，然后慢慢地回到起始位置，重复这个动作。具体动作如图 8.13 所示。

技术要领：在进行屈肘提拉之前，首先要收缩肩胛部的肌肉。将手放在肩膀上，同时向后拉肩肘，这样可以更好地感受到提拉哑铃时胸部扩张的感觉。

注意事项：肩部和肘部充分向上提拉，哑铃提拉至腹部外侧，不要塌腰弓背。

图 8.13　单臂俯撑哑铃划船

5．哑铃：俯卧飞鸟

主要作用：俯卧飞鸟动作对背部以及腹部肌肉有刺激作用，能够训练背阔肌以及腹肌。

起始动作：面朝下躺在一个较高的平凳上。双手握住哑铃，掌心相对，手臂向下垂，伸直手臂但手肘不要完全锁定。

动作过程：用哑铃画个半圆后，将两侧抬高到肩膀的高度，最高点跟耳朵位于同一水平线；慢慢下降至起始位置再重复。具体动作如图 8.14 所示。

技术要领：提升手肘，首先要抬起并伸展两个手肘以开始动作；当举起铃铛时，稍微弯曲肘部和腕部，以感受到三角肌群更好地收缩。控制肩膀：双肩用力控制上举动作；挥动手腕：随着肩膀和肘部的动作，向侧面挥动手腕并做大幅度地抬起。在肩膀、肘部和手腕这三个关节上，在伸展的过程中有收缩，在直立的过程中有弯曲，在放松的过程中有收紧，发力的同时蕴含内在力量。

在整个动作过程中，注意集中思想于目标肌肉群的收缩，避免借力。吸气时展开双臂，呼气时合并双臂。

注意事项：动作过程中应尽量保持胸贴凳的姿势，以防借力，这样才能有效发展三角肌后束肌力。

图 8.14　俯卧飞鸟

6. 杠铃体前屈

主要作用：杠铃体前屈动作可以很好地锻炼背部竖脊肌、臀大肌和腘绳肌等肌肉群。此外，它还能提高硬拉和深蹲的表现，特别是在进行低杠杆负重深蹲时，杠铃体前屈等同于深蹲动作中屈髋的专项训练，可以帮助突破更重的重量。

起始动作：双腿分开，间距稍大于髋部的宽度，将杠铃置于背部，靠在斜方肌上(肩部顶端)，而不是放在颈部。

动作过程：保持双脚稳固并且背部挺直，然后将上半身向前倾，直到与地面几乎平行。在这个过程中要保持头部向前抬起。坚持一段时间后，控制地回到起始位置，然后重复这个动作。具体动作如图 8.15 所示。

技术要领：杠铃的位置采用低杆位(杠铃在斜方肌中部)，重心在后脚跟上，站距与肩同宽，并腿站。

注意事项：杠铃位置采用低杆位，一定要收紧肩胛骨，不要通过弯腰使身体向前伸，而是利用臀部向后推进行，屈髋。

图 8.15　杠铃体前屈

7. 俯卧挺身

主要作用：该动作主要锻炼脊柱直立肌群。

起始动作：身体俯卧在器械上，双脚和髋关节被稳固地固定，同时两手抱住头部，使腰背呈现一种圆弧形状。

动作过程：抬起上半身，弯曲腰背，使其呈弓形，紧缩竖脊肌肌群，然后回到初始姿势，重复这个动作进行练习。具体动作如图 8.16 所示。

技术要领：腰背要前屈成弧形，充分拉伸竖脊肌肌群。

注意事项：上体不要过度向上挺身，以防止腰部损伤。

图 8.16 俯卧挺身

8. 反手引体向上

主要作用：反手引体向上动作是锻炼背部的基本动作，主要针对背阔肌和大圆肌进行训练。该动作也是所有锻炼背部骨骼肌力和肌耐力的练习中，参与肌肉最多、运动模式最复杂、对发展背部骨骼肌力和肌耐力最有效的方式。

起始动作和动作过程：以肩宽为基准，将双手握住单杠，保持手臂伸直，身体悬垂在单杠上。通过收紧肩胛骨，胸部向外展开，同时弯曲手臂向上拉动身体，直到锁骨与单杠几乎接触。完成引体动作后，有控制地慢慢放松身体，回到初始姿势，并重复这个动作进行练习。具体动作如图 8.17 所示。

技术要领：手臂在上拉动作中，要注意将注意力集中在背阔肌上，尽量使身体拉高，避免摇晃。而在下垂过程中，要确保脚不能触及地面。如果需要增加难度，可以将杠铃片挂在腰部。

注意事项：在下降过程中，身体不应突然放松，而是要稍微保持紧张状态。同时，双脚应快速向前伸展，但幅度不宜过大。

图 8.17 反手引体向上

9. 杠铃划船运动

主要作用：杠铃俯身划船运动是一项多块肌肉参加的综合运动，能使人变得更强壮，消耗的热量更多，减肥的效果更明显。该动作可增加二头肌的力量，使二头肌更加强壮；提高核心肌肉群的力量，维持髋关节的稳定，保护脊柱；提升硬拉水平。杠铃俯身划船动作用力方向符合背阔肌的肌纤维走向，最适合锻炼背阔肌。

起始动作：双手紧握住杠杆，握持的距离略微超过肩宽，同时将臀部后推，使两膝弯曲，上半身呈前倾姿态。

动作过程：将肩胛骨向后缩，使胸部向外扩展，再将双臂举起杠铃至腹部位置，然后缓慢放下杠铃，恢复到初始的动作姿势，反复进行该动作练习。具体动作如图 8.18 所示。

技术要领：手肘不要夹紧身体两侧，杠铃不要贴近胸部，不要塌腰或者弓腰。

注意事项：在练习过程中，应注意保持正确的动作姿势，并避免肘关节外展。

图 8.18　杠铃划船运动

第三节　肩部肌群锻炼的动作与方法

一、肩部的主要肌群——三角肌

位置：肩部的三角肌呈三角形分布，包括前束、中束和后束。由于起点不同，三束的起点也有所区别。三角肌前束起始于锁骨的外侧端，中束起始于肩峰，后束起始于肩胛冈，但它们最终都汇聚于同一个位置，即肱骨体外侧的三角肌粗隆。这三角肌的三束肌肉逐渐向下方集中。

功能：三角肌在肩关节的运动中起着重要作用。由于其分为三个部分，因此这三个部分的功能各有不同：三角肌的前束主要负责使肩关节屈曲和内旋；而三角肌的中束则主要负责外展肩关节。另外，三角肌的后束起到使肩关节伸展和外旋的作用。

二、肩部肌群的锻炼方法和技术要领

1. 站姿哑铃前平举

主要作用：前平举不仅增强三角肌的力量，也可以锻炼上胸部的肌肉(胸肌)。它是用于肩膀屈伸的孤立动作，这项训练动作可以帮助肩部的正面肌肉和侧面肌肉建立力量和肌肉清晰度。

起始动作：保持站立姿势，双手各持一个哑铃，将哑铃向前并向上抬起，以尽可能宽的弧线在身前画出，直到哑铃高于头顶。

动作过程：坚持几秒后，将哑铃有控制地放下，同时举起另一只手，如此反复即可。具体动作如图 8.19 所示。

技术要领：采用双脚站立与肩同宽的姿势，保持背部挺直，双脚稳定并平放在地板上；手臂负重自然下垂于大腿前方。将哑铃以水平握摆姿势放于大腿前，同时，确认紧握哑铃并将手掌朝向大腿。注意腹部核心肌群需稳定身体，以维持施力的方向。

注意事项：进行前平举训练时，要维持身体的稳定，请勿摇摆身体。千万不要使用惯性造成上摆的动作，因为这会降低训练的有效性，并容易因为快速甩起重量又快速下降，造成肌肉拉伤等伤害。

图 8.19　站姿哑铃前平举

2. 坐姿哑铃前平举

主要作用：坐姿哑铃前平举动作不仅能增强肩膀(三角肌)的力量，也可以锻炼上胸部的肌肉(胸肌)。这是用于肩膀屈伸的孤立动作，这项训练动作可以帮助肩部的正面肌肉和侧面肌肉建立力量和肌肉清晰度。

起始动作：坐姿手持哑铃，两手臂自然伸直置于体前。

动作过程：将铃经体前上举，并使肘关节微微弯曲，达到肘部超过肩膀的高度，保持该姿势约 1～2 s，然后回到预备姿势，再次进行相同的动作。具体动作如图 8.20 所示。

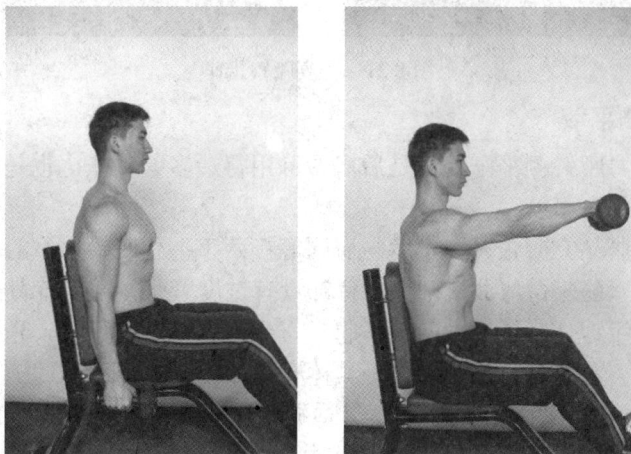

图 8.20　坐姿哑铃前平举

技术要领：动作开始时要注意将双臂很自然地下垂，并将掌心朝下。在动作过程中，要记得用力将哑铃举过身体，一直到肩膀的高度再放下。

注意事项：保持上半身直立，不要塌腰。手臂在伸直上举时，不要借力。把握好哑铃的重量，不要超重。

3. 坐姿哑铃上举

主要作用：哑铃上举能够锻炼到肱三头肌、三角肌、背部肌肉。坐姿哑铃上举练肩效果很好，能够锻炼到手臂肌肉和肩部肌肉，能有效地使肩部更宽阔，让胸肌、肱二头肌更结实。相对于站姿，坐姿能够更好地防止下肢和躯干借力，对三角肌的刺激会更好一些。

起始动作：坐在平凳上，屈肘，把哑铃放在肩膀上方。

动作过程：双手举起哑铃直到头顶，然后缓慢地放下哑铃并回到初始动作，反复进行这个动作练习。具体动作如图 8.21 所示。

技术要领：双眼通常注视前方，哑铃应该放在双耳下方，上半身保持笔直的姿势，举重时手臂与地面垂直，不要弯下腰。

注意事项：手腕不能后翻，要始终保持手腕紧张直立状态。上举时，哑铃不要向前上方移动，要保持向正上方举起。上举时，双手用力一定要均衡，控制推举速度，保持身体平衡。上举时不要塌腰，上半身始终保持直立状态。

图 8.21　坐姿哑铃上举

4. 俯身哑铃侧平举

主要作用：俯身哑铃侧平举动作是后肩锻炼用得最多的动作，也是最经典的动作，对于锻炼三角肌后束很有帮助。

起始动作：双脚站立时张开，宽度与肩同等；两手握住哑铃，掌心相对；身体向前弯曲，与地面平行；双腿轻微弯曲，确保下背部没有过度紧张，并保持背部挺直。

动作过程：双手握住哑铃，向两侧举起，直到上臂与背部平行，稍作停顿，然后放下哑铃回到原始位置。重复练习这一动作。具体动作如图 8.22 所示。

技术要领：调整好呼吸，在动作最高点时不要让哑铃大幅度高出背部，抬臂时要沉肩，使哑铃前段低一些，哑铃下落至起始动作的过程要缓慢，不要依靠惯性。

注意事项：在整个动作过程中，背部和后腰保持挺直绷紧，否则后腰容易受伤。持铃举起或放下还原时，上体不能上下摆动，下肢不要提踵。还原时要用三角肌的力量控制动作的速度。

图 8.22　俯身哑铃侧平举

5. 站姿哑铃侧平举

主要作用：哑铃侧平举相对简单，适合初学者练习，对三角肌和斜方肌有一定的锻炼效果，也可以刺激肱三头肌，还能加强上肢的力量。哑铃侧平举这个动作能够很好地对三角肌进行全面的刺激，整个肩部肌肉都在锻炼的范畴之内。肩部肌肉受到的刺激更全面，从而能打造完美的肩部曲线，让肩部整体看上去美观匀称。

起始动作：两脚分开站立，双手抓握哑铃，垂于身体两侧，膝盖稍微弯曲。

动作过程：稍微屈肘，两手同时向两侧举起哑铃，全与肩部同高的位置，然后慢慢落下，还原到起始动作，重复此动作练习。具体动作如图 8.23 所示。

技术要领：上半身保持直立，双臂上举时肘部与肩部保持在同一水平面上，手背向上。

注意事项：两臂上举时不要耸肩，哑铃与肩同高，肘部稍微弯曲，不要塌腰。

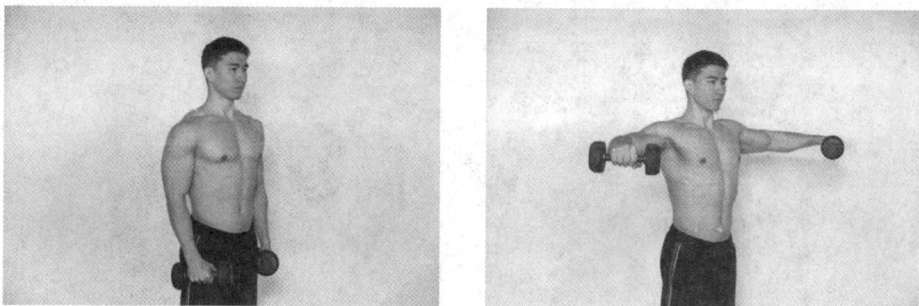

图 8.23　站姿哑铃侧平举

6. 坐姿推肩

主要作用：坐姿推肩器主要是用来锻炼三角肌、斜方肌、上胸部肌肉、手臂及三头肌的。

起始动作：调整好座椅的高度和靠背，再调整好手臂的握距和手腕的中立位，以免受伤。

动作过程：身体保持中立位，抬头挺胸收腹，眼睛目视前方，小臂垂直于地面，向上推的时候手臂尽量伸直不要弯曲。动作轨迹是由下向上，发力时呼气，还原时吸气。还原时慢慢地回到原位，配重片不要发出响声。具体动作如图8.24所示。

图8.24   坐姿推肩

技术要领：前臂在耳朵前方，并垂直于地面，千万不要向后摆，否则容易受伤。下落位置不要太低，向上推举时，肘关节不要伸直。整个过程中，手肘尖对准地面，不要晃动，一组结束之前肩膀不要放松，刚开始先选择小重量配重片来熟练动作，掌握要领之后可以增加一定的重量。

注意事项：最好调低座椅，减小重量，不要缩脖子和耸肩，先从肩发力，下降的时候手肘不要向后摆，不要推太高，要留有余地。

7. 坐姿器械推肩

主要作用：坐姿器械推肩动作锻炼三角肌前束、中束和胸大肌上部。

起始动作：将调节器械座椅，使得器械手柄位于略高于肩膀的位置，并在坐下时确保背部与靠背完全贴合。

动作过程：开始动作时，双手紧握手柄并向上方，向上推起，然后缓慢地恢复到初始姿势，并反复进行练习该动作。具体动作如图8.25所示。

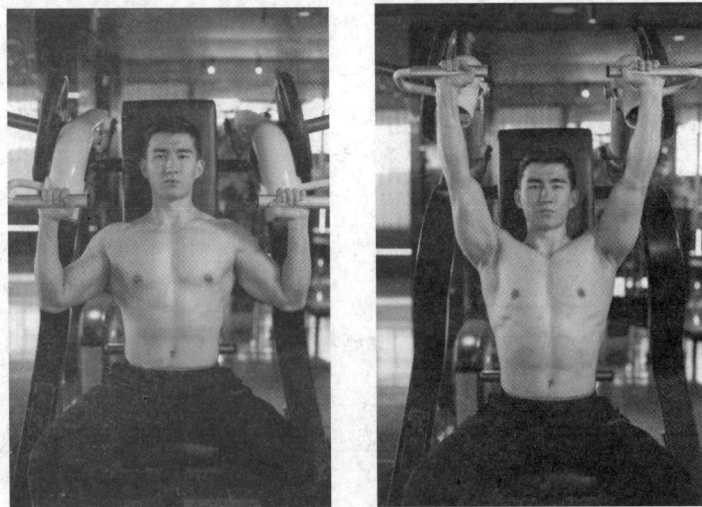

图8.25   坐姿器械推肩

技术要领和注意事项：在训练前要提前进行全身及肩关节的热身，然后调整好配重片的重量、座椅的高度、手臂的握距和手腕的中立位，以免受伤。身体保持中立位，抬头挺胸收腹，眼睛目视前方，小臂垂直于地面，向上推的时候手臂尽量伸直，并稍微停顿，注意不要超伸。

8. 俯身绳索臂屈伸

主要作用：俯身绳索臂屈伸动作主要锻炼肩部肌群和中背部、下背部、斜方肌等。

起始动作和动作过程：选择一个合适的挡位，用右手握住低位滑轮的把手，然后弯下腰，让躯干几乎和地面平行。双腿应该稍微弯曲，左手放在左腿的大腿下侧，右臂应该垂在身前，手肘部轻微弯曲，这是初始姿势。侧平举起右臂，手肘略微弯曲，直到手臂和耳朵同高且与地面平行。做这个动作时呼气。而后缓慢地将身体恢复到起始位置，并同时进行深呼吸。重复这个动作，然后转换到另一侧手臂。具体动作如图 8.26 所示。

技术要领和注意事项：开始时重量要选好，放下时要缓慢，不要突然泄力。

图 8.26　俯身绳索臂屈伸

9. 拉力器侧平举

主要作用：拉力器侧平举动作主要锻炼三角肌中束，而且能扩阔膊头的宽度。

起始动作和动作过程：站姿自然，单手握住柄下垂放在身体前方，两臂微微弯曲，拳头向前。握紧柄，用钢缆从背后拉起，另一只手可以扶住器械以保持平衡。手臂慢慢拉起，直到与地面保持平衡，手肘和手掌应处于同一高度，整个过程中手心都向下。到达最高点时稍作停顿一秒钟，然后慢慢放回起始点，重复完成规定的次数；然后换另一只手重复以上动作。具体动作如图 8.27 所示。

技术要领和注意事项：拉力器的侧拉平举动作模仿的是哑铃的侧平举，它要求我们将注意力集中在刻意收缩三角肌上，而不是仅仅依靠手臂和肩膀的外旋来完成举起的动作。

图 8.27 拉力器侧平举

第四节 腿部肌群锻炼的动作与方法

一、腿部主要肌群

1. 股四头肌

位置：大腿前侧的股四头肌由四个独立的肌肉组成，包括股直肌、股内侧肌、股外侧肌和股中间肌。股直肌起于髂前下棘，止于胫骨粗隆；股外侧肌起于股骨粗线外侧唇，止于胫骨粗隆；股内侧肌起于股骨粗线内侧唇，止于胫骨粗隆；股中间肌起于股骨体前面，止于胫骨粗隆。

功能：股四头肌有着多项重要功能，包括支持膝关节的伸展和髋关节的屈曲，帮助我们保持直立的身体姿势，并维持膝关节的稳定性。

2. 腘绳肌

位置：腘绳肌是位于大腿肌群后侧的肌肉，由半腱肌、半膜肌和股二头肌组成。其中，股二头肌的长头、半腱肌和半膜肌起源于坐骨结节，而股二头肌的短头起源于股骨粗线。股二头肌的长头和短头在腓骨外侧与胫骨相连，而半腱肌和半膜肌则与胫骨内侧髁相连。

功能：该结构的主要作用是屈膝和向后伸展髋关节，以保持膝关节的稳定性，是在防止胫骨过度向前移动时发挥着重要的力量稳定作用。

3. 比目鱼肌

位置：比目鱼肌位于腓骨、胫骨后，横插在腓肠肌之下，一直延伸到小腿内侧。起自胫、腓骨的上端，向下与腓肠肌二头肌会合，在小腿上部形成膨隆的肌腹。向下续为跟腱，止于跟骨结节。

功能：该肌肉的主要作用是促使踝关节屈曲。当与腓肠肌一起发力时，它还能帮助屈曲膝关节。无论是日常生活中的行走、跑步、跳跃，还是保持站立姿势，都离不开这肌肉的重要功能。

4．臀大肌

位置：臀大肌是髋肌后群肌肉之一，具有宽厚的四边形形状。它位于臀部皮下，起源于髂骨的外侧和骶骨的背面，纤维斜向外下方，覆盖着大转子，并最终附着在股骨的臀肌粗隆上。

功能：臀大肌是髋肌后群肌肉中的一种，它呈四边形的宽厚形状。该肌肉位于臀部皮下，起源于髂骨外侧和骶骨背面，其纤维斜向外下方，覆盖着大转子，并最终附着在股骨的臀肌粗隆上。

5．臀中肌

位置：臀中肌和臀小肌位于臀大肌的深层。它们的起始点位于髂骨翼的外侧，终止于股骨大转子。

功能：臀中肌收缩时能外展和内旋大腿，是髋部主要的外展肌之一。单足站立时，臀右肌能保证骨盆在水平方面的稳定，可维持人们正常的站立和行走功能。在日常生活中，臀中肌在身体的活动(如行走、下蹲、弯腰等动作)起着重要的作用。

二、腿部肌群的锻炼方法和技术要领

1．屈腿硬拉

主要作用：屈腿硬拉动作能够充分锻炼身体多个位置的肌肉，尤其是腰背部的肌肉和腿部的肌肉，不仅能增强肌肉的力量和围度，还能够增加身体的代谢率。

起始动作：双腿站在杠铃中间，尽量靠近杠铃，脚尖稍微向外，间距比肩稍微宽一点，保持背部挺直，屈膝屈髋，双手握住杠铃。

动作过程：将杠铃拉起，直到最高点，此时腿部依旧保持稍微弯曲，不要完全站直，然后将杠铃慢慢放下，还原初始动作。重复以上动作。具体动作如图 8.28 所示。

图 8.28　屈腿硬拉

技术要领：杠铃下放时，臀部也要慢慢后移，以保证杠铃在整个运动过程一直贴近身体。

下放低于膝盖时，臀部要稍微下沉，膝关节、小腿稍微向前，但是膝关节不能超过脚尖。

注意事项：整个过程中背部要保持挺直，不能弓背；不要使颈部超伸展；不能向下看，但也不能使颈部超伸展(向前看，向上看)，因为这样会导致颈部损伤；争取使脊柱保持自然的弧度，或者颈部稍微伸展。

2．哈克深蹲

主要作用：哈克深蹲动作可以对大腿前肌群、臀部、腿筋和小腿等部位进行训练。

起始动作和动作过程：由于固定器械深蹲的动作路径是唯一的，所以深蹲的基本要求可遵循杠铃深蹲的基本要求。具体动作如图 8.29 所示。

技术要领和注意事项：练习哈克深蹲的目标是提高极限力量，因此做哈克深蹲时应该使用比杠铃深蹲更大的重量，因为它的动作比杠铃深蹲更稳定　但是作为受限的固定深蹲，应搭配一些辅助项目。

图 8.29　哈克深蹲

3．坐姿负重提踵

主要作用：坐姿负重提踵动作主要锻炼比目鱼肌。

起始动作：坐在练习器座椅上，将前脚掌放在踏板上，用两手操纵控制杆将缓冲垫提升，然后将其固定在大腿上部，使脚跟悬空向下。

动作过程：尽量将脚跟向上提起，然后缓慢恢复到初始动作，反复进行练习。具体动作如图 8.30 所示。

图 8.30　坐姿负重提踵

技术要领：两脚平行站立在踏板上。

注意事项：缓冲垫要放对位置，放在大腿上部中间位置。

4. 倒蹬腿举

主要作用：倒蹬腿举动作可以有效地训练大腿前部肌肉和臀部肌肉。

起始动作：在器械上斜躺，同时将两腿抬起并稍微分开，与腰部或肩膀的宽度相当。双脚踩在阻力板上，双手握住座椅两侧的稳定手柄。用力踩踏阻力板，然后保持静止状态，离开初始位置。

动作过程：屈膝和屈髋同时使阻力板下降到指定位置，然后用双脚踩踏阻力板，直到恢复到起始位置，反复进行这个练习动作。具体动作如图 8.31 所示。

技术要领：膝盖与脚尖保持相同距离。

注意事项：练习时膝关节内扣，膝关节与脚尖要指向同一方向。

图 8.31　倒蹬腿举

5. 俯卧小腿屈伸

主要作用：俯卧小腿屈伸动作主要锻炼到小腿肌群。

起始动作：调整器械的靠背，身体俯卧在器械上，膝盖与回转轴平行，双脚的后跟放置在脚托滚轴下，双手紧握手柄以保持身体的稳定。

动作过程：抬起小腿，将重物块拉起直到膝盖完全弯曲，然后放下回到原始位置，反复进行训练。具体动作如图 8.32 所示。

技术要领：脚尖一定要勾起，练习中两膝与两脚的间距始终保持一致。

注意事项：练习中，臀部不要上顶使髋关节离开座椅；脚尖不要伸直，要保持勾起。

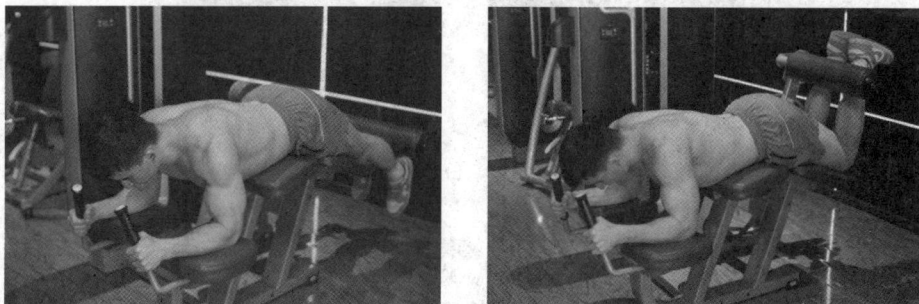

图 8.32　俯卧小腿屈伸

6. 坐姿腿屈伸

主要作用：坐姿腿屈伸动作可以锻炼到股四头肌。

起始动作：调整器械座椅和靠背，坐下后使训练器的旋转轴与膝关节保持在同一条直线上，将双脚放在器械底部的横杆上，同时用双手握住座椅两侧的把手，以稳固身体姿势。

动作过程：将腿伸直并将横杆上举，然后慢慢屈膝将横杆放下，回到起始动作。然后，重复这个练习。具体动作如图 8.33 所示。

技术要领：一定要勾起脚尖，练习中双脚和两膝间距离要保持一致。

注意事项：脚后一定要勾起，脚尖不要内扣或外旋成八字。

图 8.33　坐姿腿屈伸

7. 坐姿夹腿

主要作用：坐姿夹腿动作主要锻炼大腿肌群。

起始动作和动作过程：坐在大腿内收肌训练机上，将脚放在踏板上。调整大腿挡板的位置，使其与大腿内侧膝盖部位贴合。用双手握住座椅两侧的手柄，靠背以确保身体稳定。用力夹紧双腿，直到它们互相接触。为了避免双腿接触后的反弹，不要用过大的力量进行这个动作，力量应该适度而缓慢，完成一次动作需要大约 2～3 s。保持双腿夹紧的状态 2 s，然后让双腿在重量的作用下自然分开。执行这个过程时要慢速且充分控制，否则内收肌因可能会因过度拉伸而受伤的风险会增加。双腿分开后不要停顿，立即开始并拢双腿，进行下一次动作。具体动作如图 8.34 所示。

图 8.34　坐姿夹腿

技术要领和注意事项：首先用较轻的重量做 1～2 组坐姿夹腿动作进行热身，让身体逐渐进入全力以赴的运动状态。可以以月为单位增加练习的重量，这样做能够在安全的前提下，使力量和柔韧性取得比较稳健的进步。要注意的是运动时的动作速度、节奏及意念等。坐姿夹腿与坐姿髋外展是相对的动作，可在一体机上做，通过调整两侧挡板方向即可实现。

8. 站姿腿后摆

主要作用：站姿腿后摆动作主要锻炼臀大肌。

起始动作和动作过程：站立面向拉力线方向，将拉力器系缚在踝部并负重，脚后跟成为力点。进行腿部悬空受力的练习，保持腿部完全伸直，然后用力抬起腿，直到达到自己的极限。保持收紧臀大肌约1秒钟后，然后慢慢还原。具体动作如图8.35所示。

技术要领和注意事项：在进行动作时，应避免多余的动作进行借力。拉力类动作因为目标肌群与受力部位相隔较远，并且涉及多个关节，所以在进行这类动作时，负重要适度，以中小强度为主，否则可能导致锻炼部位负荷减少，或者难以正确完成该锻炼动作。

图 8.35　站姿腿后摆

9. 绳索腿侧平举

主要作用：站姿直腿侧平举动作主要锻炼臀中肌、臀小肌等。

起始动作和动作过程：使用踝部绑定拉力器进行负重训练。一侧手扶住稳定物体并站立，身体朝向受力点的方向。用支撑腿用力抓住地面，并用脚抓住地面，以保持身体的稳定。开始练习时，先让支撑腿向前移动，同时臀中部肌肉发力将拉力器向侧面拉动，使练习腿与支撑腿之间形成约30°的夹角。保持这个姿势约1s，充分感受臀部肌肉的最大收缩，并注意腿部肌肉的收缩状态。然后缓慢放松，回到起始位置。具体动作如图8.36所示。

图 8.36　绳索腿侧平举

技术要领和注意事项：在动作执行过程中，必须始终保持身体直立，并保持挺胸收腹的状态，同时确保目标腿保持伸直，以避免身体出现左右倾斜的情况。

10. 单腿绳索后摆腿

主要作用：单腿绳索后抬腿动作主要锻炼臀部肌群，对腘绳肌也有一定的锻炼效果。

起始动作和动作过程：将一个滑轮调至最低高度，然后将把手卡在脚踝上缆绳缠绕在脚踝上。面对滑轮位置站立，双手抓住机器的钢柱以支撑身体。将膝盖和臀部略微弯曲，收紧腹部，向后画弧状后踢腿，然后缓慢地将锻炼侧腿向前收回还原至初始位置，在还原的过程中也要绷紧缆绳的张力，做到离心控制。具体动作如图 8.37 所示。

技术要领和注意事项：在充分伸展后，绷紧臀大肌停留 1～2 s，可使肌肉更好地实现顶峰收缩。动作完成过程中尽量张弛有度。同时，切记两侧腿要同步锻炼，避免出现维度差异。

图 8.37　单腿绳索后摆腿

11. 跪姿后踢

主要作用：跪姿后踢动作主要锻炼臀大肌。

起始动作和动作过程：俯卧在垫子上，上半身用双臂支撑，手肘略微弯曲。下半身则屈膝着地，用双膝支撑身体，并紧收腹部和下腰部，确保身体核心稳定不摇晃，保持肩膀和髋骨在同一条直线上。然后，抬起其中一条腿，保持膝盖弯曲，停留约 2 s，然后慢慢放下。当脚大拇指或膝盖微触地面时，立即再次抬起，不要停留在地面上。减少休息时间，可以增加锻炼效果。具体动作如图 8.38 所示。

技术要领：在进行这个动作时，请确保除骨盆以下部分外，身体的其他部位保持稳定。核心肌群需要发力来维持身体的稳定，身体不要让抬起的腿产生旋转动作。要感受到臀部肌肉被压力挤压的感觉，这样才能更有效地锻炼到臀部和大腿后侧肌群。

注意事项：完成动作过程中应保持躯干的稳定，避免下背部过度代偿。动作应缓慢进行，仔细感受臀部肌肉的收缩。同时保持膝盖屈曲的角度不变。

图 8.38　跪姿后踢

12. 仰卧顶臀

主要作用：仰卧顶臀动作训练臀部肌群、大腿腘绳肌(即股后肌群)、腹肌，锻炼的核心部位是臀大肌。

起始动作和动作过程：仰卧在垫子上，将膝盖屈曲 90°，脚掌平放在地上，可以使用哑铃增加腹部负重；呼气时，收缩腹肌并收紧臀大肌，将臀部向上抬起，尽量抬至最高，并保持 2～4 s；吸气时，缓慢回到原始位置，然后重复这个动作。具体动作如图 8.39 所示。

技术要领和注意事项：初学者尽量不要负重，最好以克服自身体重来为目的来锻炼。锻炼时应注意仰卧顶臀动作与桥式挺臀动作的区别。仰卧顶臀是入门动作，由于躯干角度的限制，所以该动作不能像桥式挺臀动作一样可以进行大负荷锻炼。在进行臀部锻炼时，初学者不仅可以多采用仰卧顶臀动作进行锻炼，还可以利用仰卧顶臀动作先激活臀部肌群，为后续大负荷锻炼奠定基础。

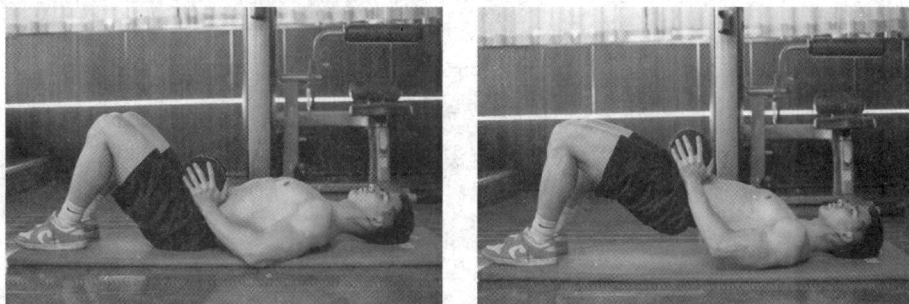

图 8.39　仰卧顶臀

13. 负重后蹲

主要作用：负重后蹲动作主要锻炼臀部及腿部肌群，同时还能提高机体的代谢率，增加下肢稳定性和下肢爆发力。

起始动作和动作过程：动作开始时，身体保持直立并将杠铃放在颈后，双手握杠，下蹲至大腿平行于地面或臀部低于膝关节，随后双脚蹬地，腿部及腿部肌群发力，使身体还原直立状态，重复练习该动作。具体动作如图 8.40 所示。

技术要领：将杠铃放置在稍低于肩峰的位置，目视前方，保持腰部收紧，保持脊柱中立位的正确姿势，两脚开立与肩同宽或稍宽，脚尖稍微向外展。在下蹲的过程中，要保持腰部直立，脊柱始终在中立位，动作幅度的下蹲深度需达到大腿与地面平行或臀部低于膝关节，膝关节须与脚尖保持方向一致。

注意事项：为防止杠铃压迫颈椎产生疼痛感，放置杠铃时肩部肌群要微耸起，将杠铃放置在斜方肌隆起最高点的稍下部。下蹲时如果出现脚后跟抬起的情况，可以在脚后跟下放两片杠铃片或其他可以垫高的物品，后期加强踝关节柔韧性练习，该现象则会缓解。

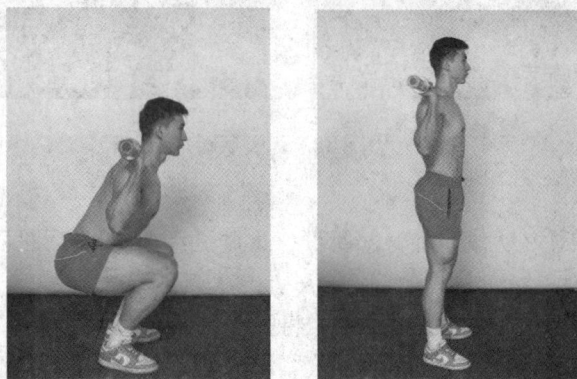

图 8.40   负重后蹲

14．负重前蹲

主要作用：负重前蹲动作不仅可以提高挺举能力、伸膝力量，还可以发达股四头肌。和后蹲动作一样，前蹲动作是锻炼下肢的重要动作之一，该动作也是举重运动员最重要的辅助训练动作。

起始动作：拿起杠铃将其放置在三角肌前束与双手上，然后双脚分开与肩同宽，脚尖可稍外展。

动作过程：动作开始时，目视前方，不要低头，屈膝、屈髋下蹲，注意膝盖与脚尖方向保持一致，不能内扣，下蹲时背部挺直，保持脊柱中立位。下蹲到大腿与地面平行或臀部低于膝盖即可。还原时，双脚蹬地，股四头肌发力，臀部前推辅助蹲起至身体直立。具体动作如图 8.41 所示。

图 8.41   负重前蹲

技术要领：把杠铃杆放到三角肌的前束上，同时肘部抬高，挺胸，让大臂水平于地面；

双手握距略宽于肩，背角接近垂直，以保持杠铃杆在足弓的正上方，双手需抓紧杠铃以预防杠铃杆从肩膀上滑落。

注意事项：杠铃杆的位置不要太靠后，会压迫到颈动脉，严重时会导致训练者因暂时失去意识而发生危险。

15. 杠铃箭步蹲

主要作用：杠铃箭步蹲动作主要锻炼股四头肌和臀大肌，该动作可以提升臀部的灵活性，核心的稳定性以及下肢肌群整体的平衡性。

起始动作和动作过程：将杠铃放在肩膀的斜方肌上部(同杠铃深蹲)，双脚自然开立，身体挺直，目视前方，背部保持挺直，挺胸抬头。动作开始时，一侧腿向前迈步呈弓箭步下蹲，下蹲至前侧大腿与地面平行，后面腿的膝盖接近地面。还原时，臀部和大腿肌群发力，起身回到初始姿势，然后换另一侧腿反复进行练习。具体动作如图 8.42 所示。

技术要领：向前迈出的一侧腿膝盖不要超过脚尖，前腿膝关节大小腿应该呈 90°，小腿和地面垂直，确保向下蹲时臀部参与主要发力，控制好动作过程，不要使膝盖过度往前伸。

注意事项：下蹲过程中，膝盖原则上不应超过脚尖。下蹲时，负荷应先落在脚后跟，再落在全脚掌上。

图 8.42　杠铃箭步蹲

16. 杠铃站姿提踵

主要作用：杠铃站姿提踵动作的主要目的是发达小腿肌群，使小腿线条更加美观。

起始动作：双手张开，掌心朝前抓住杠铃，手的宽度要比肩膀宽一点。将杠铃放在肩膀后面，保持腹部紧缩，腰部保持紧绷，胸部挺起来，身体保持笔直，膝盖伸直。

动作过程：动作开始时吸气，脚跟上提至最高点时停顿 2～4 s，促进小腿肌群进行高强度收缩。呼气，缓慢还原，重复练习该动作。具体动作如图 8.43 所示。

技术要领：在完成动作时不要屈膝或屈体；同时要控制重心不要过度前移，以免影响效果。提起脚跟的动作主要是依靠腓肠肌的收缩来完成的，当提起脚跟时，应该感到小腿肌群充分地收缩，在稍微停顿后再缓慢地下降至最低高度，这样可以使小腿肌肉得到充分的伸展。

注意事项：锻炼负荷不宜过大，锻炼小腿的重点要根据实际需要，侧重点应放在重复次数的控制上。

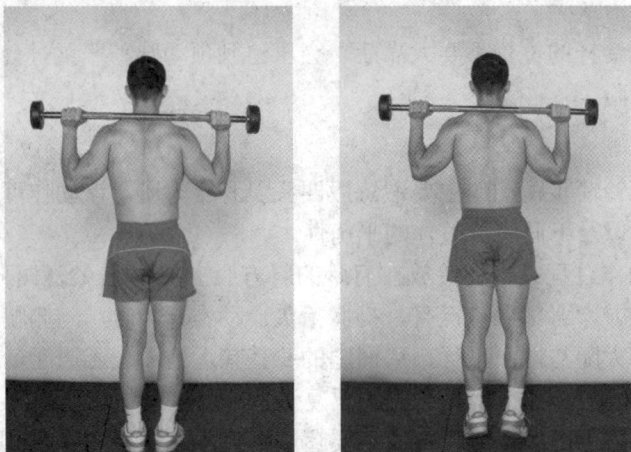

图 8.43　杠铃站姿提踵

第五节　手臂肌群锻炼的动作与方法

一、手臂主要肌群

1. 肱三头肌

位置：肱三头肌位于大臂的背侧，由长头、外侧头和内侧头组成。长头起始于肩胛骨下缘的骨隆起，外侧头起始于肱骨后侧的桡神经沟上方，内侧头起始于桡神经沟的下方。它们的末端都连接在尺骨的鹰嘴部分。

功能：伸直肘关节是肱三头肌最主要的功能，其通过牵拉下方的尺骨鹰嘴，使肘关节逐步伸直，内收肩关节。肱三头肌除了附着在肱骨的上端，还有一个头，也就是肱三头肌的长头，附着于肩胛盂的外下缘。所以在肱三头肌收缩的时候，还可以辅助肩关节的内收，起到保护作用。肱三头肌是肱骨后侧的一块非常丰厚的肌肉，它对于肱骨有着非常重要的保护作用。桡神经自从臂丛穿出之后，在肱三头肌的深侧面，沿着肱骨的外下 1/3 会逐渐向外侧穿出，在这段过程当中，都受到肱三头肌的保护。起到稳定关节的作用。虽然关节盂和关节周围的韧带对保护关节有一定的稳定性，但是在运动的过程中，还需要相关的肌肉、肌腱为关节提供相应的保护，肱三头肌可以增强肘关节、肩关节的稳定性。

2. 肱二头肌

位置：上臂前侧的肱二头肌具有梭形的整体形态。其中，长头起源于肩胛骨盂上的突起，短头则起源于肩胛骨的喙突。这两个头部在肱骨中部汇合，形成肌腹，然后向下延伸至肱骨的末端，并最终融入到桡骨粗隆和前臂的筋腱膜中。

功能：肱二头肌的功能有收缩位，能使肩关节屈、肘关节屈和外旋。伸直位使上臂向前靠拢、前臂下垂。

二、手臂肌群的锻炼方法和技术要领

1. 俯立哑铃臂屈伸

主要作用：俯立哑铃臂屈伸又叫哑铃肱三头肌后方伸展。这个动作主要训练肱三头肌，当然也会使三角肌后束和背阔肌得到锻炼。这一练习有助于锻炼肱三头肌，在锻炼过程中要重复此动作，直至肌肉有酸胀感，这样锻炼效果会更明显。

起始动作：站立时双膝微曲，身体自然俯身，腰部向前弯曲，背部挺直保持脊柱中立位。手采用捶握形式握住哑铃(如进行单臂训练，另一只手可以放在椅子或膝盖上以支撑身体)。上臂紧贴身体，肘部弯曲至小于90°。

动作过程：动作开始时，肱三头肌收缩，吸气，伸直手臂后稍作停留约1～2 s，进行顶峰收缩。动作还原过程中呼气。还原至初始动作的姿势，重复练习该动作。具体动作如图8.44所示。

技术要领：上臂紧靠体侧，使负荷完全作用于肱三头肌上；动作过程中，保持身体平稳，可以进行单手俯立臂屈伸动作，单手练习能够适应更大的负荷；躯干应该略高于水平面，可保持在15°～30°，过于挺直则训练效果不佳；为了较好地分离肱三头肌，提高训练效率训练中应该始终围绕肘关节做肘关节的屈伸锻炼。

注意事项：请勿采用惯性的方式甩哑铃；不要弓腰、弓背上下摆动大臂。俯身幅度小一些，保持整个背部平直；同时全程夹紧大臂，保持大臂紧贴于身体两侧。

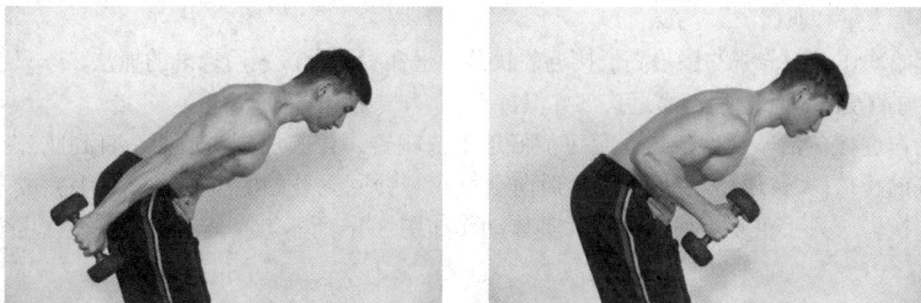

图8.44　俯立哑铃臂屈伸

2. 站姿杠铃颈后臂屈伸

主要作用：站姿杠铃颈后臂屈伸动作能够较好地针肱三头肌进行孤立锻炼，发展肱三头肌。

起始动作：身体直立站立，双手正握杠铃，肘关节做最大幅度屈曲并将杠铃固定在头部后侧。

动作过程：动作开始时呼气，以肘关节为旋转中心，用力将前臂伸直向上举起，并保持片刻(约2～4 s)。接着进行吸气，缓慢屈臂将杠铃恢复到颈部后方的位置，然后重复进行这个动作练习。具体动作如图8.45所示。

技术要领：上臂需要紧贴耳侧，两个肘部必须保持靠近，上臂要和地面保持垂直，两个肘部要保持直立向上，避免向前或向后倾斜。动作过程避免身体前后摆动避免获得外力代偿。

注意事项：以站立位来做训练时，腰部也参与协同。这时要对腰部进行保护，不要扭伤。

图 8.45　站姿杠铃颈后臂屈伸

3. 哑铃单臂颈后臂屈伸

主要作用：哑铃单臂颈后臂屈伸动作主要是锻炼肱三头肌，单臂动作能促使肱三头肌做最大的伸展屈曲到位，以增加三头肌的围度，提高三头肌运动的灵活性、力度，同时也可锻炼小臂力量和肌肉。

起始动作：找一张与膝盖高低接近的长凳，坐在凳子上，采用标准的抓法，一只手抓住哑铃，屈臂虎口朝下，肘部靠近头部并保持不动。

动作过程：沿一弧线轨迹，尽可能低地下放哑铃，让其放到头后面，直到肱三头肌感到彻底的拉伸(大臂还是不动的)，之后向上举起哑铃回到开始的位置，一只手完成一组动作后，换另一只手重复上面的过程。具体动作如图 8.46 所示。

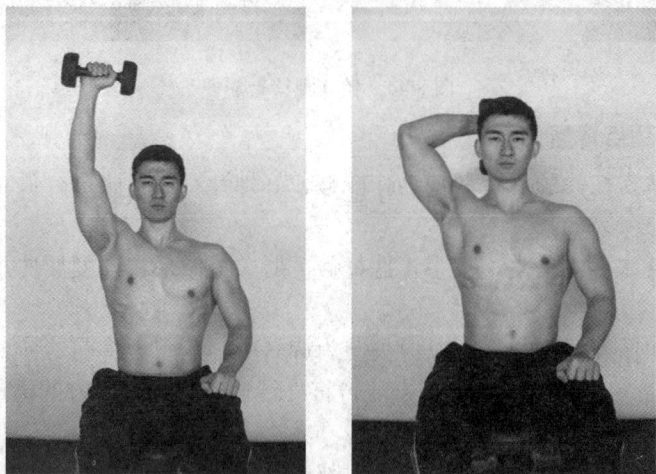

图 8.46　哑铃单臂颈后臂屈伸

技术要领：这个动作是有一定危险性的，做的时候要小心，确保重量在可控的范围内，不要做到力竭。当哑铃下放到头后方的时候，确保大臂不能跟着移动。整个动作过程中，肩膀要固定住并保持稳定。

注意事项：这个动作会给肘关节造成比较大的压力，如果肘关节已经受伤，就不要做这个动作。如果仅靠自己支撑平衡的话，那一定要收紧核心，不做的那只手可以叉腰或者找个支撑点扶住。首次进行动作练习时，在选择重量时一定要选择自己能适应的重量，在动作稳定后再逐渐增加负荷。

4. 窄握屈臂下压

主要作用：窄握屈臂下压动作是经典的肱三头肌线条锻炼动作。它不仅可以提高肱三头肌的耐力，还能明显刺激肌肉纤维，从而有效刻画肱三头肌的线条。

起始动作：双脚分开站立在器械前方，双手紧握滑轮拉绳横杆两端的把手，握持距离略小于肩宽，双臂弯曲，肘关节及大臂贴身，膝关节和髋关节弯曲，使上身略微向前倾。

动作过程：进行动作时，保持肘关节位置固定，以肘关节为中心轴，肱三头肌发力，用力伸直前臂，并向下压至两臂完全伸直。然后缓慢地还原至胸前，反复进行练习。具体动作如图 8.47 所示。

技术要领和注意事项：练习开始前，前臂与地面处于平行状态。前臂下压时不要塌腰，收缩好腹部肌肉，调整身体呈正确姿势。练习时肘部不要外翻，不要出现前推手柄的动作，练习时两肘要夹紧，使肘关节的位置固定。

图 8.47　窄握屈臂下压

5. 龙门架绳索高位下拉

主要作用：站姿龙门架绳索高位下拉动作主要锻炼的是肱三头肌，这是一个很好的孤立动作，可以发展肱三头肌的体积，增加肱三头肌的维度。

起始动作和动作过程：将滑轮放到龙门架的最高处，双手各握住绳索的一头，掌心相对，虎口朝下肘部放在身体两侧夹紧。在保持肘部以及大臂不动的前提下，双臂向下拉到最底部肘关节接近于伸直。手掌应朝下而不是掌心相对。有控制地把绳索往回放，直到前臂差不多和大臂碰到为止。等手回到起始姿势后，重复上述动作。具体如图 8.48 所示。

技术要领和注意事项：在绳索回放且快放到顶的时候，如果肘部有轻微的移动是正常的。人站得离绳索近一些可以确保在回放到顶部时仍然能够感受到阻力。如果想让肱三头肌持续受力，那么在下拉到最底部时就不要把肘部锁死，也别耸肩。在伸展手臂时，确保人是向后打开的，肩膀不要往前缩。

图 8.48 龙门架绳索高位下拉

6. 龙门架反握下拉

主要作用：龙门架反握拉力器下拉动作是专门锻炼整个肱三头肌的动作。

起始动作和动作过程：反手握住把手，即掌心朝上，人面对绳索。将练的一侧手的肘部固定在身体侧边，在保持肘部固定的情况下，向下伸展手臂，直到手臂完全伸直，这个时候紧缩肱三头肌。在保持肘部不动的情况下，慢慢地把前臂往回移，一直移动前臂差不多贴到肱二头肌了一个手完全后，换另一只手重复以上的动作。具体动作如图 8.49 所示。

技术要领和注意事项：这个动作可以任意改变握法，比如从反握变成正握。在传统的标准姿势中人是完全站直的，与绳索的距离很近；此外，也可以尝试往后拉开距离，甚至不完全站直，稍微有点倾斜也行。

图 8.49 龙门架反握下拉

7. 过顶绳索臂屈伸

主要作用：相较于使用杠铃，过顶绳索臂屈伸动作可以更充分地激活肱三头肌。

起始动作和动作过程：将绳索系于低位拉力器上，双手抓住绳索，坐于长凳上，身体紧贴长凳，双手采用正握握姿，位于把手之下，提升上臂至两耳附近，双手拉紧绳索位于脑后。将两上臂贴近两耳，保持竖直，不摇动。动作开始时，收紧肱三头肌，逐渐伸展肘关节，将前臂向上挺伸，直至臂部完全伸直，使三头肌完全收紧。保持静止 1 s，然后屈肘，缓慢让前臂下垂到起始的位置，使三头肌尽可能地伸展。具体动作如图 8.50 所示。

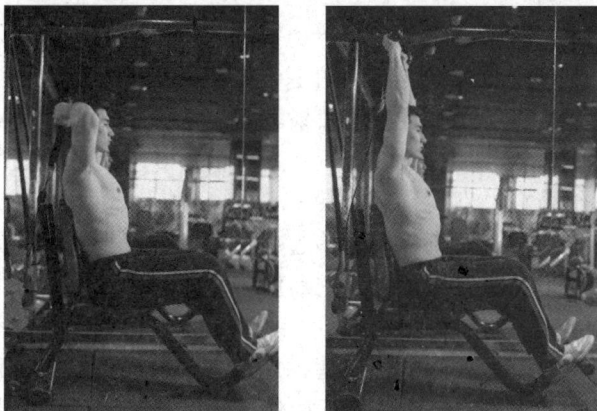

图 8.50　过顶绳索臂屈伸

技术要领和注意事项：挺伸前臂时吸气，屈降时呼气。确保腹部紧绷，膝关节微弯，躯干处于稳定的状态，脊椎保持中立。保持上臂的稳定，固定大臂不要晃动。

8. 俯坐单臂哑铃弯举

主要作用：俯坐单臂哑铃弯举动作可以有效刺激肱二头肌、肱肌和肱桡肌，使其得到更大的发展。然而，虽然这个动作主要锻炼肱二头肌，但它过于孤立，无法承受大重量进行训练，因此很难有效地增肌。不过，它可以作为热身运动使用。

起始动作：俯坐于凳子上，手持哑铃下放于两腿之间，上臂的肘关节后侧靠在大腿前部膝关节内侧，这样可以使肱二头肌孤立并集中收缩。

动作过程：将上臂保持静止，肱二头肌收缩，弯曲肘关节并抬起哑铃至胸前，随后缓慢放下，并回到起始动作的姿势后，再重复进行练习该动作。具体动作如图 8.51 所示。

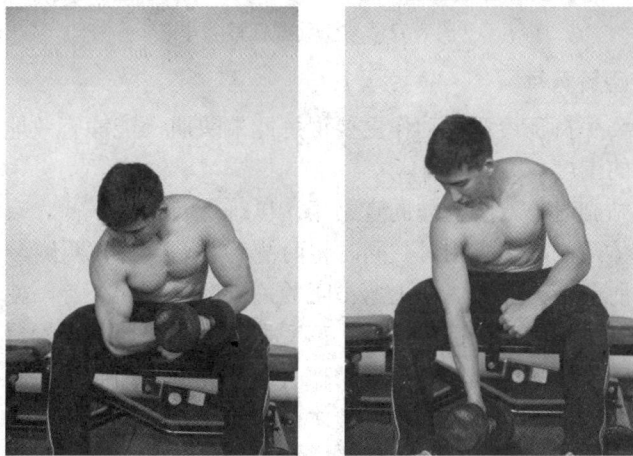

图 8.51　俯坐单臂哑铃弯举

技术要领：锻炼时，集中注意力于肱二头肌，这个动作能够有效地锻炼该肌肉并使其肌纤维显著增加。因此，在进行练习时，要确保肌肉得到充分收缩。

注意事项：弯举时手腕要保持伸直状态，肘部位置要固定住，将肘关节固定在膝关节的附近位置。

9. 站姿反握杠铃弯举

主要作用：站姿反握杠铃弯举动作是一个锻炼肱二头肌的典型动作，对于其他部位却没有太大效果。因为站姿反握杠铃弯举的锻炼效果非常集中，所以才会让肱二头肌感到非常充分的刺激，坚持进行训练会有更好的效果。

起始动作：双手反握着杠铃，让它放置在身体前方。手的位置稍微超过肩膀的宽度，双脚与肩同宽，膝盖微弯曲，双臂自然垂下。

动作过程：固定肘关节，逐渐将前臂抬起并靠近上臂，直到肌肉无法再收缩为止。接着缓慢放下，恢复原位，并进行重复练习。具体动作如图 8.52 所示。

技术要领：腰背部保持直立姿势。

注意事项：弯举时上体不要后仰，保持稳定直立，肘部不要向后方移动，要始终保持固定姿势。在肱二头肌收缩的过程中，躯干应保持稳定不能前后摆动借力。

图 8.52　站姿反握杠铃弯举

10. 站姿手持哑铃弯举

主要作用：站姿手持哑铃弯举动作主要锻炼肱二头肌，能够有效地塑造肱二头肌的线条，增加肱二头肌的围度，突出肌峰。

起始动作：在站立时，双脚与髋同宽站稳，以确保身体的平衡。双手握住哑铃，并让它们自然垂放于身体两侧，掌心相对，同时将两侧手肘贴紧身体两侧。

动作过程：以肘关节为支点，向上弯举哑铃，同时将前臂外旋，使掌心朝上，直至弯举至最高点，紧张肱二头肌并保持 2~4 s，感受肌肉的用力，然后慢慢还原。接着，用另一只手臂做相同的动作。前臂和腕的外旋动作有助于充分收缩肱二头肌，并锻炼肱二头肌的内侧头，从而更好地使肱二头肌分离，具体动作如图 8.53 所示。

技术要领：身体不要晃动，离心时最好控制一下，可偶尔换一些变式训练动作。

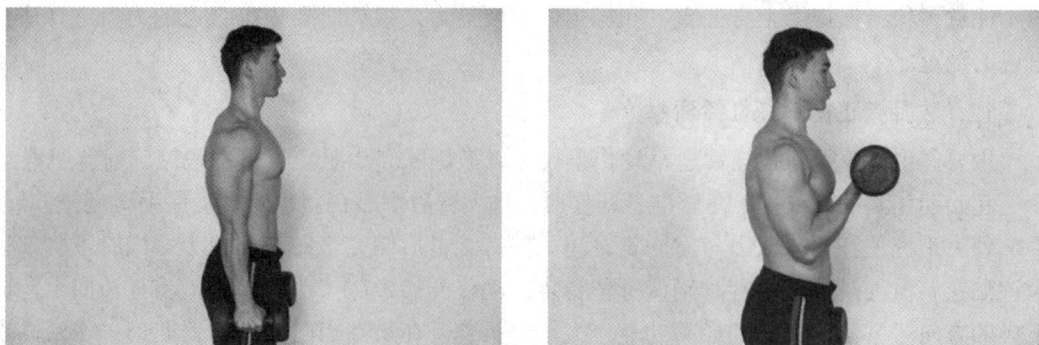

图 8.53　站姿手持哑铃弯举

注意事项：保持身体的稳定性，不要晃动借力。下放哑铃时上臂不能完全放松，整个过程保持发力状态，收缩的时候呼气，动作还原时要吸气。一定要夹紧上臂，充分感受肱二头肌的收缩。手腕保持和前臂一条直线，不要过分弯曲手腕。

11. 坐姿哑铃弯举

主要作用：坐姿哑铃弯举动作除了锻炼手臂的肱二头肌，还可以轻微锻炼到肱桡肌和旋前圆肌这几个部位。通常在进行坐姿哑铃弯举锻炼的时候，应该把注意力集中在肱二头肌上，并且不要借力，一定要让二头肌发力才能达到更好的锻炼效果。

起始动作：坐在凳子上，两只手各拿着一只哑铃，手臂放在身体两侧，并自然地下垂，大臂始终与身体紧贴，并让掌心相对，虎口朝前。

动作过程：保持上半部分手臂贴紧着身体，不乱动。两只手臂举着哑铃向上弯曲，与此同时，等到肱二头肌完全收缩之后进行呼气。哑铃可以在顶端停留一会儿，感受肱二头肌的收缩，再放回到原来的位置。还原后重复动作，具体动作如图 8.54 所示。

技术要领：坐在凳子上让背部靠在斜凳上(将斜角调整至垂直位置以提供支撑)。双手各锤式握住一个哑铃，手臂自然下垂与身体成一条垂直线，两个手掌相对。保持肘部稳定，使其像固定的支点一样，向前、向上抬起哑铃，同时转动手腕，直到手掌朝上为止。

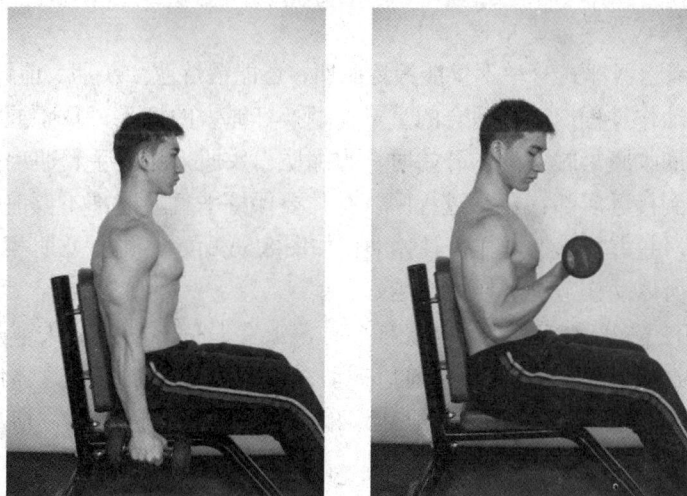

图 8.54　坐姿哑铃弯举

注意事项：保持上半身的直立和稳定，不要借力，锻炼时要根据自己的力量选择适合自己的配重。

12. 牧师椅正握斜托杠铃弯举

主要作用：正握斜托杠铃弯举动作不仅可以锻炼肱二头肌，也可以锻炼到前臂肌群。

起始动作和动作过程：在做准备动作时，将大臂后侧靠在斜板上。确保手臂充分伸展，手掌朝上正握住杠铃，双手与肩同宽。注意保持上臂后侧完全贴在斜板上，同时下胸部也应该贴在斜板的最顶部内侧。确保身体稳定。动作开始，肱二头肌收缩，将杠铃向上，向下颚的方向弯举。一直举到最高的点，大小臂折叠，在最高点时紧缩前臂肌肉，在最高点时前臂应与椅面接近垂直，差不多和水平面呈 45° 角，随后有控制地将杠铃缓慢下放，让其回到起始位置，如此反复。具体动作如图 8.55 所示。

技术要领和注意事项：整个动作要慢，要控制杠铃的全部轨迹过程，且脚要平放在地面上，不要踩在斜板的支架上。因为斜板架的缘故，做这个动作时很容易导致臀部离开坐凳，所以要控制臀部坐姿，避免肩部下沉，避免影响动作对于前臂以及肱二头肌的刺激。伸展手臂时，肘部不要完全伸直。

图 8.55　牧师椅正握斜托杠铃弯举

13. 绳索器锤式弯举

主要作用：绳索器锤式弯举不仅能锻炼肱肌，还能锻炼肱二头肌、前臂肌群的肱桡肌。

起始动作和动作过程：选择适合的重量，调换好绳索的把手，反手握住把手，两脚站立与肩同宽，挺胸收腹紧腰。动作开始时，收缩肱二头肌，运用手臂肌肉，屈肘慢慢地将把柄向上拉，直到接近肩部。弯举过程中，身体要保持平直，肘部不要前后摇动，到顶峰以后，缓慢还原，并重复以上动作，具体动作如图 8.56 所示。由于肱肌相对肱二头肌来说属于慢肌纤维，所以动作节奏越慢效果越好。

技术要领和注意事项：在进行绳索弯举时，上臂保持不动，肘关节是手臂唯一运动的关节，身体要保持平直，肘部不要前后摇动；为避免动作过程中身体借力，躯干可稍向前倾；反握弯举锻炼肱二头肌，一般建议采用中小重量、慢节奏，增加重复动作效果会更好。

图 8.56　绳索器锤式弯举

14. 牧师椅单臂哑铃弯举

主要作用：单臂哑铃斜托弯举动作主要锻炼肱二头肌和二头肌肌峰，刻画肌肉线条。

起始动作和动作过程：坐在斜板座凳上，将胸部紧贴上斜板的表面，确保背部挺直。膝关节微屈，将腋窝放在斜板的顶部。将肱三头肌贴在斜板的上方，另一只手则扶在斜板的顶部。一只手握住哑铃的中间部分。开始动作时，肱二头肌开始收缩，以均匀的速度弯曲哑铃，不要用力过猛，速度过快，也不要刻意放慢节奏。仅凭借肱二头肌的力量进行收缩发力，不要依靠身体的惯性。当收缩到顶点时，顶峰收缩肱二头肌，并保持 2～4 s，然后缓慢恢复到初始位置。动作具体如图 8.57 所示。

技术要领和注意事项：不论是坐姿还是站姿，都要把斜板调节到合适的位置，保持背部挺直，而且哑铃在顶点时应当略高于斜板的顶端。一定要克服身体向后仰和耸肩的冲动，否则会影响训练效果。如果不能按照要求完成动作，那就说明负荷过大，需要减轻配重。牧师椅单臂哑铃斜托弯举不具备双臂的稳定性，对关节和肌腱的要求也较高，因此持铃手臂的伸展不要太充分，以免造成关节损伤。

图 8.57　牧师椅单臂哑铃弯举

15. 坐姿肱二头肌弯举

主要作用：坐姿肱二头肌弯举动作主要锻炼肱二头肌。

起始动作和动作过程：坐在器械坐垫上，双脚打开与肩同宽，双脚踩稳，集中注意力，将肘部和大臂紧贴靠垫上，手掌向上握住把手或者横杆。动作开始时，收缩肱二头肌，手臂从伸直状态弯举到最高处，在最高处时做顶峰收缩。随即还原至起始位置，下放过程中要记得控制下降速度，全程对抗阻力，缓慢放回。具体动作如图8.58所示。

技术要领和注意事项：为了实现最佳的训练效果，应该在整个动作过程中施加力量，并且牢牢控制器械。在弯举动作中，应将注意力集中在肱二头肌上，并在达到最高点时用力收缩肌肉。在下降过程中，要控制速度，缓慢还原动作。同时，不要过度伸展前臂。在选择重量方面，不要过分增加负荷。如果身体状态良好或者力量增长期，可以适当增加重量。然而，如果状态不好，应减轻负荷。在锻炼时，完成动作的质量和负荷的选择同样重要。

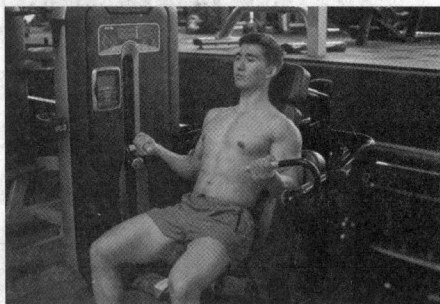

图8.58　坐姿肱二头肌弯举

16. 正握杠铃腕屈伸

主要作用：正握杠铃腕屈伸动作主要锻炼前臂背侧面伸指肌群。

起始动作：双手紧握杠铃横杆，掌心向下，握持距离与肩膀宽度一致，前臂保持固定。

动作过程：动作开始时，手腕放松下垂，前臂肌群用力向上翻腕，将杠铃横杆向上提起，使腕关节充分伸展，重复动作练习。具体动作如图8.59所示。

技术要领：做这个动作时要慢，要控制动作的幅度，在下放到底部的时候，可松开手指，尽可能让杠铃往下，增加肌肉收缩的幅度。

注意事项：在整个动作过程中，身体保持固定的姿势，除了手腕以外，其他身体部位保持静止。握法注意正握，且手心向下，该动作主要锻炼前臂外侧肌肉。

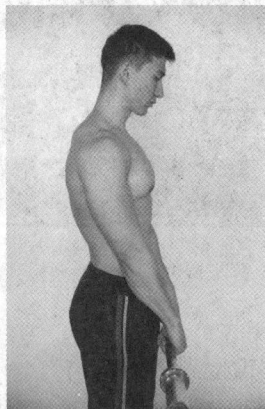

图8.59　正握杠铃腕屈伸

17. 反握杠铃腕屈伸

主要作用： 反握杠铃腕屈伸动作主要锻炼前臂背侧伸指肌群。

起始动作： 双手反握着杠铃横杆，掌心朝上，握距与肩同宽，保持前臂稳定。

动作过程： 在动作开始时，手腕应放松下垂。然后，用力向上翻腕，将杠铃横杆向上屈曲，随即还原，使腕关节完全伸展开。接着，重复以上步骤。具体动作如图 8.60 所示。

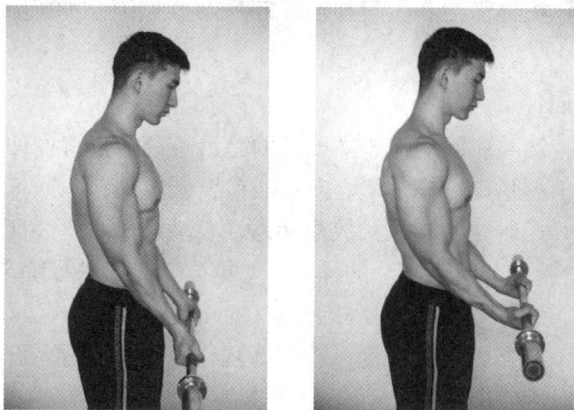

图 8.60　反握杠铃腕屈伸

技术要领： 做这个动作时，速度要慢，并将动作幅度加大，在下放到底部的时候手指松开得越多越好，尽可能让杠铃往下，以此来增加前臂肌群的收缩力。

注意事项： 在进行这个动作时，身体须保持不动，除了手腕之外，其他部位保持同一姿势。手应该反握住杠铃杆，手心朝上，这样可以有效地锻炼前臂内侧肌肉。

18. 反握哑铃腕屈伸

主要作用： 反握哑铃腕屈伸动作主要锻炼前臂屈肌和旋前伸指肌群。

起始动作： 将手掌朝上，用两手反握住杠铃横杆，使前臂保持稳定。

动作过程： 开始动作时，手腕保持松弛，并自然下垂。接着，用力将双手向上扭转，将哑铃向上弯举，以使腕关节得到充分伸展。之后重复上述动作。具体动作如图 8.61 所示。

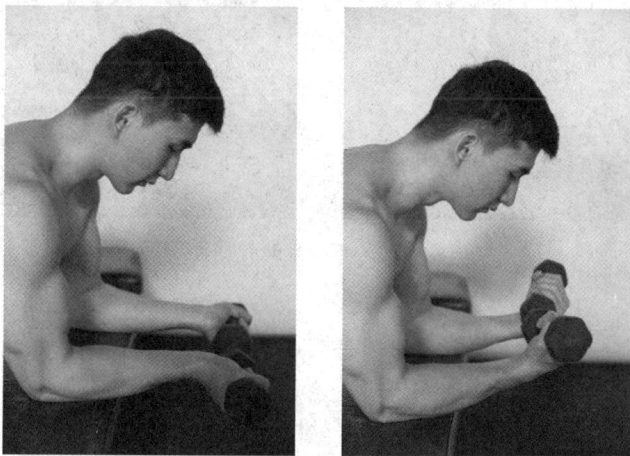

图 8.61　反握哑铃腕屈伸

技术要领：做这个动作时，动作要慢，并将动作幅度加大，在下放到底部的时候手指可适当松开，尽可能让杠铃向下，以此来锻炼前臂肌群的收缩力。

注意事项：在整个动作过程中，身体始终要保持稳定的姿势，除了腕关节之外，其他部位应保持静止。由于前臂肌群不同于其他部位的大肌群，相对较为薄弱，因此在锻炼前应注意进行专门性热身活动，避免拉伤；在锻炼过程中应循序渐进，选择适宜的配重，避免无法完成大负荷时，机体借力和引起损伤。在练习过程中不能憋气，动作的发力过程呼气，还原时吸气。

19. 正握哑铃腕屈伸

主要作用：正握哑铃腕屈伸动作的主要目的是锻炼前臂后群的伸肌和旋外肌群。

起始动作：双手正握哑铃横杆，掌心向下，前臂固定。

动作过程：动作开始时，手腕保持放松状态，自然下垂。握住哑铃后，用力向上翻转手腕，将哑铃抬起，使腕关节得到充分的伸展。重复这个动作进行练习。具体动作如图8.62所示。

技术要领：做这个动作时速度要慢，控制好动作的离心收缩，在下放到底部的时候，手指可放松，以增加肌肉收缩幅度。

注意事项：在整个动作过程中，身体应保持不变的姿势，除了手腕以外，其他部位都保持静止。注意握法，正握手心向下，该动作主要锻炼前臂后群的伸肌和旋外肌群。由于前臂肌群不同于其他部位大肌群，相对较为薄弱，因此在锻炼前应注意专门性热身避免拉伤；在锻炼过程中应循序渐进，选择适宜配重，避免大负荷无法完成时机体借力和引起损伤。在练习过程中不能憋气，动作的发力过程呼气，还原时吸气，做到张弛有度。

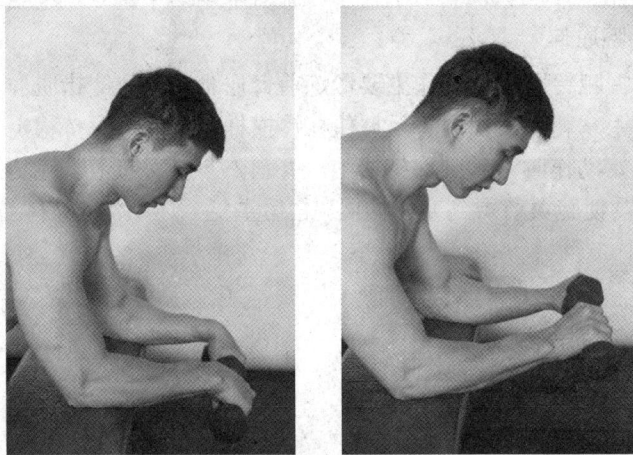

图 8.62　正握哑铃腕屈伸

20. 哑铃旋转

主要作用：哑铃旋转运动的主要作用是锻炼前臂背侧面伸指肌群的肌肉。

起始动作和动作过程：两臂放在垫子上，屈肘，双手握哑铃，屈肘将小臂内外旋转。动作开始时，将小臂向外旋转至最大角度，随即还原，反复进行锻炼。具体动作如图8.63所示。

技术要领和注意事项：在进行动作时，不要依赖肱二头肌的力量。同时，确保前臂紧贴着凳子，不要离开；在整个动作过程中，保持身体姿势的稳定一致。除了手腕，其他身体部位应保持静止，将注意力集中在前臂肌群上。

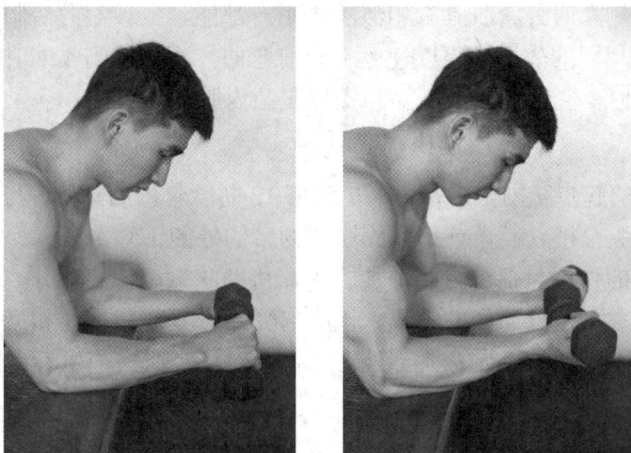

图 8.63　哑铃旋转

第六节　腹部肌群锻炼的动作与方法

一、腹部主要肌群

1．腹直肌

位置：腹直肌位于腹前壁中央线的两侧，被覆盖在腹直肌鞘内。它是一种宽度逐渐变窄的带状肌肉，左右腹直肌之间由腹白线分隔。起始于耻骨上缘(位于耻骨结节与耻骨联合之间)，止于第 5～7 肋软骨前面以及胸骨剑突。

功能：当腹直肌收缩时，它可以使躯干发生弯曲和旋转的动作，并且可以预防骨盆前倾。此外，它对于腰椎的活动和稳定性也至关重要，能够控制骨盆和脊柱的运动，保持它们的稳定性，减轻脊柱中间和椎间盘的压力。

2．腹外斜肌

位置：浅层位于腹前外侧部，起始部具有锯齿状，起自下位第 8 肋骨的外侧，肌束的走向是从外上斜向前下方，后部肌束则在髂嵴前部向下结束，而上中部肌束则向内进入腱膜，贯穿腹直肌的前方，并与其他肌束一同形成腹直肌鞘的前层，最终在腹正中线，汇合形成白线。

功能：上部的固定动作是双侧收缩，这会导致骨盆向后倾斜。下部的固定动作是双侧收缩，使躯干向前弯曲；而单侧收缩则会使躯干向同侧倾斜并向对侧扭转。这些动作对于压缩和支撑腹腔内的脏器非常重要。

3．腹内斜肌

位置：腹内斜肌起源于胸腰筋膜、髂嵴前部中间线和腹股沟韧带外侧三分之二位置，其肌纤维方向与腹外斜肌纤维方向相交。该肌肉后部的肌纤维自斜向前上方延伸，终止于第 12、11 及第 10 肋软骨和肋骨的下缘，而中部靠上方的肌纤维(即髂前上棘部)则水平向内延伸，在半月线附近与腱膜相连。

功能：收缩双侧和腹外斜肌具有相似的作用，都能导致骨盆向后倾斜。下固定：双侧收缩和腹外斜肌有相同的效果，可以使躯干向前弯曲，而在单侧收缩时，会导致躯干向同侧侧屈和旋转。同时，它们还起到压缩和支撑腹腔内脏的作用。

4．腹横肌

位置：腹横肌的起点范围很广，从第 7 到第 12 肋软骨内面开始，与膈肌的肌齿相互交错，延伸至胸腰筋膜前层、髂嵴前部和腹股沟韧带的外侧 1/3。

功能：腹横肌的作用包括维持和增加腹压，协助咳嗽、排便和分娩等生理功能。在体育运动中，腹肌还参与憋气动作的完成。该肌肉受到下 6 对胸神经和第 1 腰神经前支、髂腹股沟神经和髂腹下神经的控制。腹部外伤通常会对这个肌肉产生不良影响。

二、腹部肌群的锻炼方法和技术要领

1．屈腿两头起

主要作用：屈腿两头起动作不仅可以锻炼腹肌，还可以很好地训练躯干肌肉的力量。

起始动作和动作过程：仰卧在垫子上，后背和双脚离开地面，双腿膝关节弯曲成直角。上半身微微后仰，双腿伸直但尽量不触碰地面，腰部始终离开地面。腹部发力，做卷体动作，双膝向胸前靠拢，做到肘关节触碰大腿截面或最大限度时，双膝再还原至起始动作，之后反复练习。具体动作如图 8.64 所示。

技术要领：注意配合呼吸，保持腰腹部的持续发力状态，尽量避免借力，动作保持匀速。

注意事项：动作尽量保持平稳。如果是以腹部肌肉的耐力为训练目标，就要缓慢地进行多次训练，这样才可达到训练腹肌实际耐力的目的。

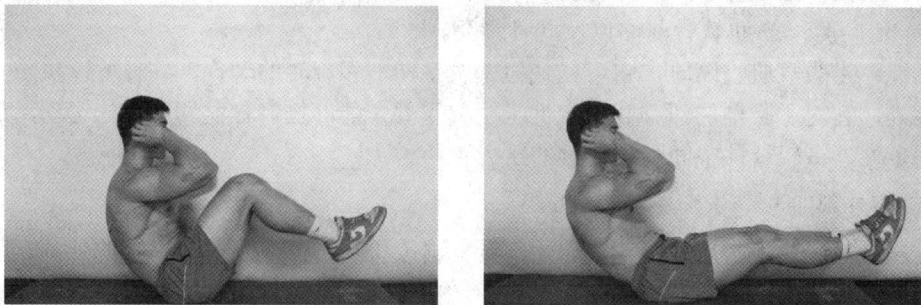

图 8.64　屈腿两头起

2．器械卷腹

主要作用：器械卷腹动作主要锻炼整体腹直肌。

起始动作和动作过程：胸部靠在软垫的后侧，坐在坐凳上，双手反向握拳紧贴软垫的另一侧。动作开始缓慢地呼气，用力将重量推向下方，使腹部卷曲。当腹部紧缩到极限时，慢慢吸气，缓慢恢复到起始位置。具体动作如图 8.65 所示。

技术要领和注意事项：动作幅度不需太大，腹部感到收紧即可。手臂尽量避免用力，需以腹肌力量完成该动作。

图 8.65 器械卷腹

3. 长凳屈膝仰卧起坐

主要作用：长凳屈膝仰卧起坐动作主要锻炼腹直肌，对髂腰肌、股四头肌也会产生一定的刺激。

起始动作和动作过程：身体仰卧在器械上，固定好双脚后屈膝，双手抱于耳侧或头后交叉。动作开始时呼气，腹部肌群发力，卷腹、屈髋使腹部肌肉达到顶峰收缩，然后还原至初始动作，重复数次该动作。具体动作如图 8.66 所示。

技术要领和注意事项：动作开始时要含胸弓背，两个手避免放到头后或颈后用力，尽量保持放松状态。

图 8.66 长凳屈膝仰卧起坐

4. 悬垂举腿

主要作用：悬垂举腿动作主要锻炼的是髋屈肌，也可以锻炼到整个腹直肌，尤其是下腹部。此外，手臂、肩膀等部位也可以得到适当的锻炼。

起始动作和动作过程：双手握住单杠(手的握距可以是宽握也可以是与肩同宽的中等握距)，双腿伸直处于悬垂状态，骨盆稍稍向后倾。动作开始时，腹部肌群收缩，屈膝向上抬腿，直至大腿和躯干呈 90°左右，小于 90°则更好。在达到顶峰收缩时停住，保持 1 s 左右。最后，有控制地缓慢下放，回到起始姿势，如此反复。具体动作如图 8.67 所示。

技术要领和注意事项：整个动作尽量严格执行，不要急于追求次数而忽略目标肌群收缩，一开始尽量保持身体平衡，保证自己的腿不要晃，尽量避免借助惯性完成动作。避免耸肩，确保双手处于悬垂状态。此外，肩膀应该下沉同时向后打开。

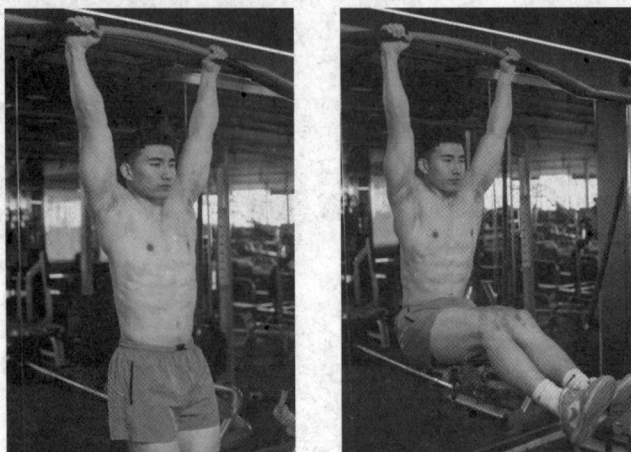

图 8.67　悬垂举腿

5．站姿龙门架绳索卷腹

主要作用：站姿龙门架绳索卷腹动作不仅可以锻炼腹部肌群，还可以锻炼到前锯肌，同时拉伸到背部肌肉。

起始动作和动作过程：将绳索固定在龙门架最顶端的滑轮上，双手各握住绳索的一个头，起始时的姿势为双手屈肘于胸前，将绳索拉至后颈部。动作开始缓慢呼气，腹肌收缩，身体向前下方卷缩，收腹至最大幅度可保持 1～2 s，完成顶峰收缩。然后吸气，放松手臂，再舒展身体，让身体慢慢地回到初始位置。重复练习该动作数次。具体动作如图 8.68 所示。

技术要领和注意事项：这个动作的标准度要求比较高，注意力也要求非常集中，在每个阶段都要去感受该阶段应该发力的肌肉部位，所以该动不宜做太大的重量，以避免借力和出现身体损伤。

图 8.68　站姿龙门架绳索卷腹

6．杠铃转体

主要作用：杠铃转体动作主要作用是锻炼腹内斜肌、腹外斜肌以及腰腹部肌群，对于腰腹部也有一定的减脂塑形的作用。

起始动作：双脚自然张开，将杠铃置于肩膀斜方肌正部，双手紧握杠铃以保持身体平衡。

动作过程：使用侧腰肌肉力量来实现身体的左右旋转，旋转幅度大约为 45°，并在最后阶段进行制动以停止动作。具体动作如图 8.69 所示。

技术要领：将杠铃杆放在肩上斜方肌中部，双手宽握(1.5～2 倍肩宽)。腰部带动上半身左右旋转，旋转时尽量保持臀部及下半身的稳定。结束后重复练习数次。

注意事项：因为强度较低，因此每组次数尽量完成 50～100 次，每天应完成 3～4 组才会有一定的效果。全程有控制地匀速旋转，注意尽量避免过度旋转，以防扭伤腰腹及出现其他部位损伤。

图 8.69　杠铃转体

第七节　大学生居家常用锻炼方法指南

一、居家锻炼的发展背景

在出现台风、沙尘暴等极端自然灾害时，为了防止人体暴露在外界引发病患、伤亡，人们会停止外出，学校的课堂教学也被迫停止。为了保持身体健康，积极参与身体锻炼，提高免疫力，人们会进行运动健身，许多手机应用软件和多媒体资源也对居家锻炼起到了推动作用。

随着互联网时代的到来，即时通信技术与移动智能终端设备不断普及，远程教育和学习已经成为全球教育发展的主流趋势，线上资源为居家锻炼提供了较好的保障。我国早在 2010 年就发布了《国家中长期教育改革和发展规划纲要(2010—2020 年)》，该纲要指出将教育信息化纳入国家信息化发展总体战略，提前推进教育信息化网络建设。在规划纲要的指导下教育在高速发展的信息时代迎来了新的变革，新媒体与传统锻炼形式的融合引起专家学者的高度重视，其中基于在线锻炼课程、应用 APP 和传统的线下锻炼的混合锻炼模式的探索已成为大学生体育锻炼改革研究的热点问题。一方面，多项研究表明网络线上锻炼资源与传统线下锻炼结合的混合教学法能够正向影响学生的锻炼效果。但也有研究人员认为，学生在课后进行自主锻炼、巩固的过程中，对网络资源的收集与检索过程存在很大的盲目性，而体育锻炼又需要长期的坚持，形成经常性的参与才能起到事半功倍的作用。因此大学生应该掌握最基本的锻炼原理和方法，以此作为锻炼的理论指导和现实锻炼资源的筛选依据，为在独自、特殊状态下开展居家锻炼奠定基础。

二、居家锻炼开展的注意事项

1. 保证安全

家庭体育锻炼应当以保证安全为第一原则。家庭体育锻炼的主要目的在于增强人们的体质，提高人们的免疫力。在这个目标下，家庭体育锻炼应当具有适当、适量、适时的特征。在进一步广泛宣传家庭体育锻炼的重要意义的同时，还要强调家庭锻炼的安全性，引导人们合理地选择家庭体育锻炼的场地。在运动时应当注重辅助保护，防止一些高难度动作对人体造成伤害等。注重以多种方式宣传家庭体育锻炼的注意事项，提高人们运动前热身和做好充足运动准备的意识等。

2. 树立正确锻炼意识

居家体育锻炼应当以娱乐、放松的运动为主。根据天气冷热变化，居家体育锻炼应当有一个由慢到快、由量到质的积累过程。首先，可以尝试推广一些简易热身的运动项目，着力调整家庭成员的身体状态，力求通过有效的运动项目克服人们的生理惰性及减少运动损伤。例如，可以引导人们在家中沿室内边线做椭圆热身慢跑，或者在阳台等场所进行扩胸运动、转体运动或膝关节运动等。其次，运动可从低强度向中高强度发展。在居家锻炼时，可根据自身情况选择运动的组数，在锻炼过程中注重呼吸的节奏，适当地监测心率。在运动过程中穿插采用蹲起、跳绳、仰卧起坐等项目。运动时还要尽力保证运动姿势的正确。总之，居家体育锻炼应当采用循序渐进的方法，合理地控制运动量，在运动中找到乐趣，形成运动习惯并不断尝试突破。

3. 培养体育锻炼习惯

居家锻炼应注重选择强度适中、用时较少、有助于调节身心状态的体育活动项目，以实现促进居家锻炼活动的蓬勃开展为目标。首先，应当倡导以多频率、短时间的锻炼方式来养成居家锻炼的习惯，形成居家锻炼的自觉性，切实摒弃人们闲下来偶尔做一做运动，忙起来就不运动的弊端。其次，通过软件打卡、晒朋友圈、同伴监督的方式促进居家体育运动的常态化，保证居家锻炼的长久有序进行。例如，可以在 Keep 等运动软件中找到适合自己的运动项目，通过打卡晒朋友圈等方式督促自身运动，这样更有助于促进人们运动的主动性，从而保障居家体育运动的持续进行。

4. 采用多样化锻炼形式激发锻炼动力

大学生居家生活时，应当合理利用各网络媒体平台，丰富居家体育锻炼的手段。例如，通过各类运动 APP 和网络电视等媒介，发掘创新的居家锻炼方法，使身体得到有效锻炼之余，也学会如何教别人锻炼，并不断丰富自身的体育锻炼方法体系，完善自身的体育锻炼理论知识。进行居家锻炼时可选择相对便捷的运动项目，如跳绳、爬楼梯、核心力量训练等，通过线上与线下相结合的方式锻炼可使居家体育锻炼更加具有系统性和科学性。室外的运动项目，如三大球等，学生也可以通过线上学习并结合自身已有的运动技能进行锻炼，使技术水平得到有效的提高。

居家锻炼应当借助合理有效的生活空间、新颖的锻炼手法，科学有效地进行体育锻炼。

有研究指出，居家体育锻炼是选择适宜的视频资源、适用的锻炼方案、适当的锻炼方法、适量的运动强度，使学生和家长在居家生活的过程中通过体育锻炼达到强身健体的目的。也有人指出，居家体育锻炼是学生运用已有的技能、体能基础，保持练习的新颖性、积极性、可行性，使其能够自主地锻炼，从而促进学生自主锻炼能力的发展。

5. 树立正确的体育锻炼价值观

作为大学生的监护人，家长是大学生在生活中接触最多的人，家长的一言一行会对学生产生巨大的影响，因此家庭教育在居家锻炼中起到重要的作用。家长在学生居家时应当起到带头作用，积极参与居家体育锻炼，给学生树立正确的榜样，使家庭所有成员形成正确的体育锻炼价值观。居家锻炼不仅能释放学生的学业、生活压力，而且使家长也得到了有效的体育锻炼，进一步促进家庭成员之间的交流，增强家庭成员的体质，提高生活幸福感。

三、居家锻炼的方法

(一) 促进心肺机能的锻炼方法

1. 跳绳

1) 跳绳

跳绳锻炼是一种简单方便、易于操作的运动方式，不仅可以全面发展身体，而且对身心健康有益，非常值得推广。这项运动起源于中国，已有 1000 多年的历史。早在唐代，人们就已经有了这种娱乐活动，当时称之为"透索"，每年八月十五这一日期也被称为"透索戏"。宋代称之为"跳索"，宋代的学者高承在《事物纪原》中提到，跳百索这一活动起源于汉代，当时人们用朱索来装饰门户以驱邪："因此，汉代每年五月五日，用朱色的绳子装饰门户，以避免邪气。跳绳既有趣味性，又能与他人一同享受乐趣，因此这项游戏一直延续至今，孩子们不仅在节日才玩这个游戏。"最后，在民国初年，这项运动改名为"跳绳"。

2015 年，国家体育总局发布了《全民跳绳强心计划倡议书》，旨在提升我国国民的体质健康水平。通过借鉴北美、欧洲等地"跳绳强心""心跳运动"等活动的推广经验，发起主题为"为中国梦而跳"的全民健身跳绳强心计划，倡议广大群众积极进行跳绳锻炼，实现"跳绳强心"。研究证实，跳绳可以增强人体心血管、呼吸系统和神经系统功能，预防诸多疾病，缓解心脏健康压力，同时，跳绳还兼具放松情绪，舒缓精神压力的作用，长期坚持跳绳可以使人保持心理健康，以更好的状态投入学习和工作。

相比其他竞技类运动项目，跳绳运动受器材、场地以及参与者年龄的限制小，且难度较低，健身效果显著，是一种方便、有效的有氧健身运动。开展科学跳绳，保证"跳绳强心"计划的科学实施，对跳绳爱好者进行动作要领、器材装备等方面的培训，帮助人们在安全、健康、有趣的条件下科学地进行跳绳运动。此外，还可将跳绳运动与"互联网+"项目相结合，例如，开发智能跳绳设备，或建立爱好者沟通交流平台等科技手段发展跳绳运动。

2) 居家跳绳锻炼的注意事项

(1) 选择跳绳的时间。

跳绳运动和其他健身运动相似，其运动时间可根据自身锻炼习惯安排。需要注意的是，根据运动锻炼常识，跳绳应在饭前或饭后半小时后进行。另外，居家跳绳锻炼不同于室外运动场地，在跳绳过程中会产生一定的震动，因此跳绳锻炼的时间应该避开过早、过晚以及午休时间，以免影响邻里休息。

(2) 选择合适的绳子。

对于新手而言，可以选择硬度适中、粗细适度的跳绳，等到熟练后再改用软绳。由于初学者在跳绳技术动作上还不够熟练，因此刚开始跳绳时可以适当延长绳子的长度，等到基础打好之后再逐渐缩短绳索的长度。

(3) 选择适宜的场地。

由于受到场地的局限性，居家跳绳可根据家庭实际情况选择相对高一些的地方，避开有坚硬物体、尖锐棱角的地方以及容易倒伏的柜体等。同时在跳绳场地可放置地垫、瑜伽垫等垫层，以达到缓冲、减震、降噪的效果。

(4) 充分的准备活动。

在开始跳绳锻炼前，应该先活动足部、腿部、腕部、踝关节等关节部位，以免受伤。在跳绳锻炼结束后，可以做一些拉伸放松活动，促进肌肉放松，加速代谢产物排出体外。

(5) 合理安排锻炼负荷。

跳绳锻炼刚开始时，速度要由慢到快，经过一段时间的基础训练后再缓慢提高速度和幅度。

(6) 注意动作规范。

在家跳绳时要注意跳绳的发力部位、落地的缓冲以及呼吸的配合。

(7) 选择适宜的运动服装。

跳绳锻炼时应穿运动服或质地柔软、款式宽松的服装。为避免膝关节和脚踝受伤，在慢跑时尽量穿运动鞋，避免光脚或者穿拖鞋进行跑步锻炼。

(8) 慢跑锻炼的负荷。

跳绳属于有氧锻炼，一些身体素质较好的锻炼者在跑步的过程中结合高抬腿等锻炼形式不断变换动作频率，以此来调整锻炼的强度循序渐进进行。

(9) 采用持续锻炼法。

为了能够有效提高心肺功能，可采用持续锻炼法，即连续跳绳将单次跳绳时间持续时间在 5 min 以上，间歇时间可充分休息，使心率下降到 90 次/分以内再进行下一组锻炼，总的锻炼时间可因人而异，通常可以锻炼 4～8 组。

(10) 间歇锻炼法。

间歇锻炼法是提高人体心肺素质的重要锻炼手段之一，运用间歇训练法可将每组锻炼强度提高，心率可控制在最大心率的 70%～85%，跳绳单组持续时间可适当缩短至 2～3 min，但是频率要比持续锻炼法要高，在一组结束后可进行短暂休息，休息时间不宜过久，通常心率低于 120 次/分时可开始下一组锻炼。

在锻炼的负荷强度的把控上，不同的人要根据自身实际，循序渐进地安排训练的数量和强度，切勿求大、求快。身体锻炼要持之以恒，养成良好的锻炼习惯。

2. 慢跑

慢跑是一种被大家所熟知的锻炼方式，具有便捷、易控制的特征。科学地进行跑步锻炼能有效锻炼人体的心肺机能，加速新陈代谢，改善心理状态的功能。

1) 原地慢跑

原地慢跑是一项结合身体和心理训练的运动方式，其优点在于不受时间、地点和气候的限制，对于在家进行锻炼来说，原地慢跑更加方便、安全和适宜。在开始原地慢跑之前，确保做好精神放松的准备工作。原地慢跑是一种变化形式的原地高抬腿运动，其动作与原地高抬腿相似，但提膝的高度较低。在原地慢跑过程中，脚跟不会着地，只需离地时两只前脚掌同时离开地面，同时双臂自然前后摆动，动作应协调有节奏地进行。

2) 原地慢跑锻炼的注意事项

(1) 慢跑锻炼时间的选择。

慢跑和其他健身运动相似，运动时间段安排可根据自身锻炼习惯。需要注意的是，根据运动锻炼常识，在饭前或饭后休息半小时以后再进行锻炼。另外居家锻炼时会产生一定的震动，因此在慢跑锻炼时间的选择上应该避开过早、过晚以及午休时间，以免影响邻里休息，引发矛盾。

(2) 选择适宜的场地。

由于受到场地的局限性，居家锻炼可根据家庭实际情况选择空旷一些的地方，避开坚硬物体、尖锐棱角的地方以及容易倒伏的柜体等。同时在场地上可放置地垫、瑜伽垫等缓冲减震降噪的垫层。

(3) 充分的准备活动。

在开始慢跑锻炼前，应该先活动足部、腿部、腕部、踝关节等关节部位，以免受伤，在慢跑锻炼结束后可以做一些拉伸放松活动，促进肌肉放松，加速代谢产物排出体外。

(4) 锻炼负荷的合理安排。

锻炼刚开始时，速度要慢，经过一段时间的基础训练后再缓慢提高跑步的速度和幅度。

(5) 注意动作规范预防损伤。

在家慢跑时，首先要注意动作幅度不宜过大，以免发生碰撞。其次，在跑的时候可以做后踢腿跑，也可以做高抬腿跑，也可以做四向摸脚跑，无论哪种跑步姿势，需注意身体不能过度后仰，脚尖超前不能外八，全脚掌或前脚掌着地，腹部收紧，大腿肌肉发力带动膝盖提起，可利用提高动作频率来增加锻炼的强度。

(6) 选择适宜的运动服装。

慢锻炼时应穿运动服或宽松的、质地柔软的服装。为避免膝关节和脚踝受伤，在慢跑时尽量穿运动鞋，不能光脚或者穿拖鞋进行跑步锻炼。

(7) 原地慢跑锻炼的负荷。

慢跑锻炼属于有氧锻炼，一些身体素质较好的锻炼者在跑步的过程中结合高抬腿等锻炼形式不断变换动作频率，以此来调整锻炼的强度，循序渐进地进行。

(8) 持续锻炼法。

为了能够有效提高心肺功能，可采用持续锻炼法，即将一次的慢跑时间持续在 5 分钟以上，间歇时间可充分休息，将心率下降到 90 次/分以内再进行下一组锻炼，总的锻炼时间可因人而异，通常可以锻炼 4～8 组。

(9) 间歇锻炼法。

间歇锻炼法是提高人体心肺素质的重要锻炼手段之一，运用间歇训练法可将每组锻炼强度提高，心率可控制在最大心率的 70%～85%，单组持续时间可适当缩短至 2～3 min，但是间歇锻炼法的跑步频率要比持续锻炼法要高，在一组运动结束后可进行短暂休息，休息时间不宜过久，通常心率低于 120 次/分时可开始下一组锻炼。

在锻炼的负荷强度的把控上，不同的人要根据自身实际，循序渐进地安排训练的量和强度。切勿求大、求快，身体锻炼要持之以恒，养成良好的锻炼习惯。

3) 绕着室内空间慢跑

为了增加锻炼的多样性，提高锻炼兴趣，如果条件允许可尽可能地利用锻炼场地(如绕着房间跑，爬楼梯间等)，达到健身锻炼的目的。

3. 原地高抬腿

原地高抬腿是一种简单易行且对场地要求较低的锻炼方式，其动作可以有效地燃烧脂肪，锻炼人体的下肢力量，也可以通过改变运动的强度和间歇时间来发展心肺功能。此外，原地高抬腿需要腿和手臂相互协调，因此通过该动作可提升手脚的协调性，以及膝盖关节的灵活性、韧带的润滑度，达到避免关节硬化，促进骨骼生长，提升骨质密度，保持双腿矫健状态的效果。另外高抬腿动作不仅可以有效激活臀部肌群，改善臀形下垂的问题，提升臀腿比例，塑造好看的身材线条，还可以增加肠道的蠕动效果，促进粪便的排出，提升胃动力，改善便秘问题。练习原地高抬腿动作时要收紧腰腹肌群，放松踝关节，目视前方，尽可能提膝，抬高双腿进行原地高抬腿跑。在锻炼开始前要进行充分的准备活动，预防受伤。

高抬腿锻炼的动作要领为：在动作开始时，身体自然站立，双眼目视前方将腹部收紧，两腿交替上提至大腿与地面平行，锻炼过程中避免重心起伏过大，防止身体前后、左右摆动，手臂与双腿协调发力。刚开始练习时需原地慢速进行，在适应动作后再逐渐加快速度，也可根据自身负荷承受能力变换高抬腿动作的频率，运动的时间没有明显的限定，可控制在 20 s 至 90 s 一组，组间休息为 30 s 至 2 min 即可。每次锻炼可进行 4～6 组，每组练习可坚持至力竭，注意锻炼结束后进行积极的拉伸放松。

4. 开合跳

开合跳是一种普遍的锻炼动作，其动作是双脚由立正姿势往外打开约 1～1.5 倍的肩宽位置，双手外展至头顶方向击掌或双手外展至侧平举状态。该锻炼动作强度略低于高抬腿练习，动作负荷简单，容易控制。在锻炼时可采用持续锻炼法、间歇锻炼法。由于开合跳动作肩关节运动幅度较大，因此在锻炼前一定要进行积极的热身准备，以防止肩关节、膝关节、踝关节以及肌肉拉伤。锻炼的负荷可参照表 8-1 进行。

表 8-1　居家锻炼负荷参照表

锻炼方法	持续时间	间歇时间	动作频率	完成组数	周锻炼次数
持续锻炼	3～5 min	30～90 s	可根据自身承受力，逼近极限	4～6 组	3～5 次
间歇锻炼	15～30 s	30 s 以内	接近最大频率	8～10 组	2～3 次
	30～60 s	60 s 以内	中高频率	6～8 组	3～5 次
	90～120 s	90 s 以内	中等频率	4～6 组	3～5 次
综合锻炼	15～300 s	根据持续时间的长短适当控制间歇时间，通常心率每分钟低于 120 次可开始下组锻炼	低频或高频均可	4～6 组	3～5 次

5. 操舞类运动

居家锻炼可选择健身操以及舞蹈类锻炼，例如有氧健身操、广场舞、交谊舞等，这类锻炼形式相对强度较低，更适合体重较大、不适宜进行高强度和冲击性锻炼项目的人群。操舞类运动是在音乐的伴奏下进行的，音乐能够激发锻炼者更大的锻炼热情。虽然操舞类锻炼项目锻炼强度相对较低，但是在锻炼前也要进行专门的热身。由于锻炼动作相对于慢跑和高抬腿锻炼幅度较大，因此需注意周围物品的影响，以免产生碰撞发生安全事故。操舞类锻炼的时间可延长，其强度与频率以不影响第二天工作生活为宜。

(二) 增肌与力量锻炼方法

1. 徒手锻炼动作

1) 俯卧撑

俯卧撑是一项方便易行的普及运动，其优势在于无需大空间和任何器械，因此是一种简单有效的锻炼方式。俯卧撑是一个比较全面的锻炼方式，能够锻炼到人体的臂部、腹肌、胸部、背部肌群等。俯卧撑是所有健身爱好者或专业运动员的必备训练项目，也是最常见的比赛形式。俯卧撑运动可以进行速度比拼，也可以进行数量比拼，甚至比拼保持撑起状态的持续时间。而俯卧撑的动作是灵活可变的，通过调整手臂的相对位置关(宽度)调整其侧重的锻炼部位。通常将俯卧撑分为窄距离、宽距离、中距离、大距离四种模式。

(1) 窄距俯卧撑。在进行窄距俯卧撑时，双手的支撑距离小于肩宽，双手的位置应放在胸大肌正下方，手指向前。窄距俯卧撑的主要效果是对肱三头肌、胸大肌内侧和三角肌前束进行锻炼。

(2) 中距离俯卧撑。中距离俯卧撑是一种锻炼胸大肌和三角肌前束、肱三头肌的有效方式。在进行中距离俯卧撑时，双手的支撑宽度略大于肩宽，这有助于增加胸大肌的厚度以及加强胸大肌中部的训练效果。此外，中距离俯卧撑还可以有效地锻炼到三角肌前束和肱三头肌。

(3) 宽距俯卧撑。采用宽距俯卧撑时，双手的支撑宽度大约是肩宽的 1.5 倍。这种训练方式主要强化胸大肌的外侧，同时也能够有效锻炼三角肌前束和肱三头肌。

(4) 超长距离俯卧撑。超长距离俯卧撑的手掌支撑宽度较为宽阔，通常大小臂形成的夹角超过 120°。这种姿势的俯卧撑主要训练胸大肌的外侧以及肱二头肌。

2) 仰卧起坐

仰卧起坐是一种常见的锻炼动作，它的动作简单易学，所需场地要求也相对较低，因此受到越来越多人的喜爱。仰卧起坐主要是为了锻炼腰部和腹部肌肉。

(1) 动作要领。身体仰卧在地垫或平整地面上，屈膝使两腿呈 90° 并拢伸直，背部肌肉放松，脚平放在地面上。双手可以放在头部的两侧或者交叉放在颈部后方。开始动作时，腹部发力使上半身抬起，臀部必须保持接触地面，脚部要保持静止，不能移动或抬起超过大腿的位置。然后不断重复这个练习动作。

(2) 注意事项。首先，在平地上锻炼时，尽可能不固定脚部，以防止大腿和髋部的屈肌参与发力，从而降低腹肌的贡献率。在有同伴用手按着脚踝时，仰卧起坐练习过程通常要比自由状态下容易得多。另外，在进行腹肌训练时，可以选择缓慢的速度进行锻炼，并在身体向上抬起时呼气，以确保深层腹肌参与运动。第三，在考试中，或者体质测试时，通常要求测试学生双手抱头，平躺双侧肩胛骨触地，起身后肘部接触膝盖为完整动作。有学者提出，类似动作用力时容易拉伤颈部肌肉，也会降低腹部肌肉发力，可将双手贴于体侧、耳侧，或者交叉贴于胸大肌上部和锁骨位置。第四，俯卧起坐锻炼需屈膝进行，如直腿仰卧起坐会加重背部的负担，容易对背部造成损害。第五，当腹部肌力较好，如条件允许可采用斜板或负重进行仰卧起坐锻炼。

3) 平板支撑

平板支撑是人体俯身静态的肌肉锻炼方法，它类似于俯卧撑动作，但在运动时没有身体的上下撑起动作。进行平板支撑时，身体始终应处于静止姿态，头部、肩部、髋部和脚踝呈一条直线，平板支撑动作能够有效地锻炼人体的核心肌群及大臂、大腿的肌耐力，近些年也受到越来越多锻炼者的青睐。

(1) 动作要领。在进行平板支撑锻炼时，人体的大臂与身体要保持垂直，小臂与身体保持平行。俯卧在平整的地面或运动垫上时，主要以小臂和脚趾支撑自身的体重。肘关节弯曲时，大小臂呈 90° 夹角。在锻炼过程中始终保持身体收紧、挺直状态，臀部不高于肩部，两脚与肩同宽或并拢，并持续最长时间。如要增加锻炼的强度，可将腿部适当抬高。肘关节位于肩的正下方的同时要保持腹部肌群的持续收缩，以此发力来保持身体状态。

(2) 锻炼强度。平板支撑的锻炼强度因人而异，通常锻炼时间在 20 s 以上。在进行平板支撑时，可尽自己最大努力尽可能地坚持最长时间，每次锻炼可练习 3～5 组。

(3) 注意事项。平板支撑动作虽然简单易操作，但是患有严重脊柱侧弯、急性腰椎间盘突出以及心血管疾病人群不建议进行。老年人也不提倡进行平板支撑锻炼。另外，由于平板支撑动作会造成腰腹部和手臂肌肉紧张，所以在锻炼结束后应积极地进行拉伸放松，以促进机体恢复。

4) 自重深蹲练习(单双脚)

自重深蹲是一种常用的腿部肌群锻炼方法，简单易操作，对场地要求较低。它不仅能锻炼大腿肌群，对提高心肺功能也有明显作用。

(1) 动作要领。保持自然站立的姿势，保持挺胸抬头的姿势，将双脚分开与肩同宽，脚尖朝前。如果踝关节不够柔韧，可以将双脚分开成一定的角度，一般小于 45°。在下蹲时，膝盖的方向应与脚尖的方向保持一致。开始动作，身体缓慢下蹲，直到大腿和小腿之间的夹角小于 90°，或者达到个人的极限。然后用大腿的力量站起来，回到起始位置。

(2) 锻炼强度。自重深蹲锻炼强度可根据运动的间歇时间和单次数量改变，不同群体可根据自身情况进行 3～5 组锻炼，每组锻炼 10～20 次。如不影响第二天正常生活工作，每周可进行 3～4 次锻炼。体能较好，有锻炼习惯的同学可进行单脚蹲起练习。

(3) 注意事项。在锻炼过程中，应确保腰部保持收紧且挺直，身体可以略微向前倾，而不能弯腰或驼背。下蹲时，膝盖不应超过脚尖，并且要保持膝关节始终朝前方和脚尖方向一致。站立时双脚要主动地蹬地，让臀部先用力，整个过程保持匀速。自重深蹲锻炼对心脏的刺激较大，有慢性病、心脏功能不全、血压高的人尽量不进行该动作锻炼以免发生意外。

5) 双人力量对抗练习

双人力量对抗练习能够有效地锻炼到全身的各个肌群，它可以在缺乏器械的情况下进行形体锻炼。其锻炼原理是在日常健身动作的基础上将原阻力源由杠铃、哑铃等运动器材替换为同伴的动力、静力性对抗，给锻炼者提供锻炼的阻力，以达到训练效果。进行双人对抗性锻炼可以增强人体的力量、耐力和协调性水平。

(1) 肱二头肌的双人抗阻锻炼。一人在做站姿弯举锻炼，同伴站在锻炼者对面，双手抓着锻炼者的双手或者前臂给予一个向下的力，给锻炼者提供阻力源，形成弯举动作的对抗，起到锻炼肱二头肌的锻炼效果。

(2) 三角肌的双人抗阻锻炼。锻炼者做侧平举锻炼，同伴站在锻炼者对面或者后面，双手抓着锻炼者的双手或者前臂给予一个向下的力，给锻炼者提供阻力源，形成侧平举动作的对抗，达到锻炼三角肌的目的。

其他锻炼部位可参照本章节身体相关肌群的锻炼方法，在此基础上以同伴或弹性物质等其他可利用资源提供阻力源进行身体锻炼。

注意事项：首先，在进行抗阻锻炼时切记在锻炼前进行热身，以防止拉伤。其次，在进行双人抗阻时注意发力不要太猛烈，应缓慢对抗形成动力性阻力源。第三，锻炼时注意身体一对拮抗肌锻炼的平衡。

思 考 题

(1) 胸大肌的常用锻炼动作有哪些？
(2) 背部肌群的常用锻炼动作有哪些？
(3) 腿部肌群的常用锻炼动作有哪些？

锻炼经验分享

锻炼达人——李桐羽

运动一直是我生活的一部分。尽管经常运动，但我一直因为自己的大臀围和粗腿而自卑，日常生活中只敢穿一些宽松的衣服来隐藏这个缺点。在接触健身健美之后，我发现，我一直以为的缺点，在健美领域居然是个优势！

膨肩、挺胸、宽背、细腰、翘臀、直而壮的腿，随着时代的进步，思想的开放，一部分人的审美已渐渐改变。慢慢地，我完全接受了自己的大骨架、粗腿，并致力于发挥自己的先天优势，努力打造更强壮的身材(见图8.70)。

安全感是自己给的，每个人都可以在不同领域，通过不同的途径获得安全感。每次的力量训练使我的情绪变得稳定。我的每一次力竭不仅是在突破自己身体的极限，也是在突破精神的极限。强壮的身体给我安全感。

图 8.70　健身可强壮身体

　　健身健美教会我按照自己的节奏生活，学会渴望力量，敬畏力量，努力地找寻自我，突破自我。

第三部分　竞赛篇

第九章　大学生健身健美竞赛的准备与管理

第一节　大学生健身健美比赛的基本锻炼阶段

健身健美的锻炼有一定的规律，在锻炼过程中必须按照其发展规律认清健身健美锻炼的阶段性，在掌握人体机能增长规律的基础上逐步实现锻炼目标。

一、第一阶段：打好基础

出色的健身健美运动员都非常重视第一阶段的锻炼。从 20 世纪 50 年代的"环球先生"约翰·格林密克到 20 世纪 80 年代的"奥林匹亚先生"李·哈尼，他们都拥有非常强壮的肌肉，这是因为他们第一阶段的训练打下了坚实的基础。在基础锻炼阶段，他们注重进行基本动作(如涉及多个肌群和关节的复合锻炼动作)练习。而后，他们逐步增加器械负荷，通过进行"深蹲""卧推""硬拉""颈后推举""双杠臂屈伸"和"弯举"等基本动作练习来刺激目标肌群，以促进肌肉尺寸的增长。七次"奥林匹亚先生"冠军得主阿诺德·施瓦辛格在刚开始训练时就加强了基本动作的负荷，即使成为冠军之后，他仍定期使用重量较大的基本动作来维持和增加肌肉的强健程度。

根据健身健美锻炼的规律，初级锻炼阶段通常需要 1~2 年的时间。锻炼的进展速度取决于锻炼者的遗传因素、锻炼的热情、锻炼的方法以及营养和休息等条件。第一阶段的主要目标是培养基础力量能力。核心训练包括提高身体的体能水平，增加各部位的肌肉发展，并熟悉掌握各部位肌肉的功能和相应的锻炼方法。在进入更高的训练阶段之前，必须确保神经肌肉系统能够有效支配和控制身体各部位的结构和功能，并协调多个肌群的共同参与。这种神经肌肉一体化的支配和控制能力能够提升整体的竞技表现能力。

二、第二阶段：美化体型

在完成第一阶段后，表现出色的健身健美运动员需要开始准备进行更具挑战性的训练。第二阶段通常需要投入更多时间和精力以保持原有肌肉体积，并塑造更加明显的肌肉线条。

当你开始展现出健身健美运动员的基本特征时，如体态丰满的肌肉、厚实的胸部、线条鲜明的四肢以及运动员的气魄，这意味着你已经进入了这个阶段。

在这个训练阶段，你应该对训练计划进行改进。在基础力量能力牢固建立和肌肉维度明显增大的前提下，可以增加一些孤立动作来进一步发展体型，使其更加成熟。在这个阶段，优秀的健身健美运动员必须将每块肌肉视为一个独立的个体，每个肌肉都有其独特的训练需求。

　　美化体型训练阶段通常需要 12～18 个月的时间。早期一些世界闻名的健身健美运动员如罗伊·卡兰德、李·哈尼等人完全依靠基本动作进行训练。随后，出现了滑轮、凸轮、液压等动力装置和角度可调的斜板以及长短可变的支柱等多功能联合训练器和单功能训练器，这使得越来越多的运动员们开始采用孤立训练的器械和方式，以加深肌肉刻度，使肌肉线条更加明显。这就诞生了像史蒂夫·里夫斯这样体格强壮、肌肉线条优美的世界冠军。

　　新手在这一训练阶段中，可采用四分化训练模式，负荷参照表如表 9-1 所示。

表 9-1　居家锻炼负荷参照表

阶段	第一训练日	第二训练日	第三训练日	第四训练日
项目	胸部肌群+肱三头肌	背部肌群+肱二头肌	臀部肌群+腿部肌群	肩部肌群+腹部肌群

　　四分化训练模式能在原有的基本动作训练模式下加入一些孤立训练，达到针对局部肌肉的训练效果。每个肌肉群每周进行两次的训练频率是最佳的。此外，还要注意休息和饮食，以避免肌肉被当作"燃料"来消耗。在该阶段中，增大肌肉维度不再是第一目标。

三、第三阶段：精雕细琢

　　第三阶段的训练实际上就是准备参加比赛的阶段，该阶段的目的不再是增大肌肉维度，而是必须在有限的时间内，使运动员的体格发展到预期的标准和形态。当然，制定预期的标准和形态必须以运动员的先天遗传条件和后天的训练条件为依据，该目标应在身体条件允许的范围内，且是经过努力有可能达到的。

　　该阶段一般按每周 4～6 个锻炼日的分化训练模式来进行，所用动作绝大多数属于孤立动作。例如，单臂哑铃臂屈伸动作可孤立训练肱三头肌。孤立动作不仅能让局部肌肉受到最大的刺激，还能增强神经对肌肉控制的能力，从而使运动员在比赛中呈现出更完美的肌肉形态。

　　在训练中的组间休息之余，可采用"静力紧张训练法则"来收缩局部肌肉。"静力紧张训练法则"与肌肉控制有关，当运动员做一个动作时，不论是否使用重量，最后若能静止不动，身体的最大紧张度需保持 3～6 s。这样训练能消耗不少能量，有利于削减脂肪。脂肪的含量和代谢的快慢决定运动员在该阶段中的锻炼效果。

　　在第三阶段中，运动员应在比赛前三个月控制饮食，以使自身状态在比赛时达到最佳。但食量应逐步消减，一天的食物摄入量不得低于 1500 kJ 以下。体脂率不能只看体重磅上的数字，而需用手指夹测。运动员应记录训练前后体脂率的变化，并从减脂的状况来决定是否需调节食量。如果短期内消耗了大量的脂肪，那么肌肉必然也会被消耗。

　　在比赛前的最后两个星期运动员需逐步减少训练量，以免自身糖原消耗过多，影响日常生活。只要合理地安排饮食与训练，就能减少肌肉的流失，肌肉线条也会更为明显。

　　比赛结束后，需要逐步调整饮食和训练计划，禁止贪食和过度饮酒，因为这可能引发不必要的肠胃问题。如果需要，可以选择停止训练一到两周，以确保身心能充分恢复。然后，根据身体恢复速度，可以重新按照第一阶段的训练方法进行肌肉增长。对于一个健身健美运动员来说，实现完美体格是一个漫长的过程，他的训练目标和重点会逐渐变化。通常在进入第三阶段之前，重复第一和第二阶段的锻炼目标和重点是必要的。

第二节　大学生健身健美比赛的赛前准备阶段

一、安排充足的备赛时间

在进入备赛阶段之前，首先应该确保已经打下了良好的基础，即拥有足够的肌肉量，稍作调整就能上台比赛的程度。

如果想在一场比赛中取得名次，至少要安排 12～16 周的时间来备战比赛。如果前期准备时间过于仓促，则不会呈现出想要的效果。

二、力量训练

在备赛期间，力量训练的计划应始终保持一致，如每周练 5～6 天，且不能改变大重量训练的内容，直至比赛日临近。有些人喜欢在赛前最后一周的训练中降低负重量，这其实错误的。因为赛前降低训练时的负重量会导致肌肉体积缩小，使比赛时肌肉维度变小，尤其是在赛前最后两周，由于碳水化合物的摄入量很低，肌肉体积缩小的现象更加明显。而很多人直到赛前两天还在坚持力量训练，但应注意训练强度需根据自己的感觉来合理安排。如果感觉良好，体能充沛，肌肉充分充血，希望继续进行力量训练的话，那么继续进行力量训练就不会伤害你。但是，比赛当天不要进行力量训练，并且上场前的热身训练也应该仅限于使肌肉充血。

三、有氧训练

随着比赛日的临近，有氧训练也会变得尤为重要，具体如何安排有氧训练则因人而异。

一般来说，有氧训练应从赛前 12 周开始，每周 2 次，每次 30 min；到赛前八周时增加到每天两次，每次 30～45 min；到赛前四周时，增加到每天两次，每次 1 h；赛前最后一周时，需把有氧训练量减半，也就是每天 2 次，每次 0.5 h(仅供参考，具体安排应根据自身体脂率变化以及精神状态而定)。

赛前最后 2～3 天时，应根据自身情况选择是否做有氧训练适当，不宜过多。为了保持精神状态饱满，休息时长也很重要。

四、控制饮食

从赛前十二周开始循序渐进地控制饮食，应根据体脂、体重以及精神状态的变化做调整。例如，同样的饮食计划只要持续有效，就可以持续 6 周，目标是每周减少体重 800 g～1500 g。

对于一个体重为 90 kg 的健身健美运动员来说，在赛前十二周时，碳水化合物的摄入量可以达到每天 250～300 g。

到赛前八周时，碳水化合物的摄入量可减少到每天 150～200 g。赛前四周时，碳水化合物的摄入量可减少到每天 50～100 g。若精神状态有所下降，可适当调整，提高碳水化合物的摄入量。

赛前最后一周时，先采用"零碳水化合物饮食"法，持续 3 天左右，紧接着用 2～3 天"充碳"，即每天每磅体重摄入 2～3 g 碳水化合物。蛋白质的摄入量应比平时稍低些，大约每天每磅体重摄入 0.5 g。而脂肪的摄入量则保持在每天每磅体重摄入 1～1.5 g。

不过，具体安排仍然取决于运动员临近比赛日时的状态。如果体脂不够低，就需要降低碳水化合物的摄入量，并适当增加脂肪的摄入量。

相反，如果体脂已经很低，就保持较高水平的碳水化合物摄入量，这样会有助于增加肌肉的饱满度。比如，可在上台比赛前吃一个汉堡包和一袋炸薯条，这会让肌肉变得更饱满。

不过，如果赛前你体脂还不够低，就不必摄入过多的碳水化合物了，应摄入蛋白质和脂肪，而避免摄入碳水化合物。

五、水分控制

在赛前几天，大量饮水会使身体处于水分过度饱和的状态，从而迫使身体持续排出更多水分。

六、肤色调整

很多初级健身健美运动员常犯的错误就是直到赛前才考虑肤色问题，以为只需在赛前涂上油彩就够了。实际上，在备赛期间提前花数周时间调整肤色就可以达到更好的视觉效果。备赛期间进行适当的日光浴将使肌肉在舞台灯光下看起来更美观。这可以追溯到一个非常简单的原则：白色反射光线，黑色吸收光线。当你站在比赛舞台上时，灯光非常明亮。所以为了达到评委可以看到的清晰度，必须想办法让光线吸收到皮肤上，这样更有利于凸显你的肌肉清晰度。

日光浴的第一步是去除体毛。建议从赛前 3 周开始去除体毛，这样在比赛时就不会留茬，皮肤看起来也会更光滑自然。

第二步是去除角质。去除角质能使油彩涂抹得更均匀，皮肤看起来更光滑。

不管你天生是什么肤色，都应适当地进行日光浴，确保日光浴的效果至少能保持到比赛日。赛前 3 天无需再晒日光浴，因为紫外线和高温会使身体机能储水。

七、造型训练

在备赛阶段之初，需每周进行 1～2 次造型训练。造型训练可在力量训练结束之后进行，练习内容为比赛规定的造型动作。

在备赛初期，体力更充沛，造型训练更有效果。在赛前最后阶段，体能等各方面均有所下降，造型训练也会增加难度。

若之前从未进行过造型训练，建议请教专业老师进行指导，或在网上查找健美比赛造型的指导视频来进行学习。

每次做造型都需做记录，并反复检查，对自身动作进行微调。在距离比赛大约 6 周时，每天都需进行造型训练。临近比赛时，将造型训练增加到一日两次，每次 20～30 min。

八、选择比赛服装

选择比赛短裤时，需严格按照比赛规则进行选择。通常，在业余健美比赛中，比赛短裤的大小、合身程度等都需要提前做好准备。

第三节　大学生健身健美比赛的赛后调整

休息和恢复环节是任何锻炼计划中的重要组成部分。比赛后的恢复可以使你的训练更加有效。但大多数人并没有赛后的恢复计划。

赛后的恢复对于肌肉组织的修复以及力量的建立至关重要，特别是在高强度训练和比赛之后。

因为肌肉需要 24～48 h 的时间来修复和重建，过早地锻炼只会导致肌肉组织衰竭而不是构建。对于例行的力量训练，最好不要连续两天同时锻炼同一块肌肉群。

以下介绍了几种快速恢复的小技巧，可以使赛后恢复变得更加科学、高效。

1．及时补水

运动过程中，人体会流失大量水分，理想情况下应在运动过程中补充水分，而运动后补水是促进恢复简便可行的方法。

水维持着体内的所有代谢功能和营养转移，充足的水分可以改善身体的各项功能。对于从事耐力型运动项目的人来说，适当的补液更为重要，因为他们会在出汗数小时后流失大量水分。

"你不能在缺水的环境中锻炼肌肉，就像你不能在干枯的盆栽植物中很好地培育花朵一样。"科学表明，良好的补水会让你表现得更好。事实上，一天的中度脱水会极大地影响你的力量、注意力和能量水平，反过来，你的肌肉也会增加。所以，如果你发现自己经常感到疲劳和注意力不集中的话，在睡眠充足的情况下，你应该要看看你的水摄入量了。

2．多吃健康的食物

在完成比赛后，如果希望身体可以快速恢复，并为下一次挑战做好准备，则需要补充营养。补充营养的重要性甚至要超过日复一日地进行训练或试图建立肌肉。

一般来说，理想情况下应在比赛结束后的 60 min 内尝试进食，并确保食物中包含一些优质的蛋白质和碳水化合物。

摄入高质量的碳水化合物可帮助身体从"分解状态"过渡到"合成状态"，如果想增肌还可以把握肌肉的快速合成期，配合摄入好吸收的乳清蛋白，这样不仅可以加快基础代谢，还能改善体脂率。

3．学会休息

休息对运动是至关重要的，一部分是生理因素，一部分是心理因素。身体上必须休息，以便肌肉可以修复、重建和加强。休息还可以让人们在家庭、工作和健身之间保持平衡。

休息还可以使身体补充能量，修复受损的组织，运动或任何其他体力劳动都会导致身体发生变化，例如，肌肉组织衰竭，能量存储(肌肉糖原)枯竭以及体液流失等。

休息时可以补充一些能量物质，以促进机体修复受损组织。正是这种运动和恢复的交替可以使健身者们达到更高的健身水平，而训练强度越大，对恢复的需求也就越大。

4．注重拉伸

比赛后，拉伸是帮助肌肉恢复的一个简单快速的方法。

拉伸就是将紧张的肌肉伸展开来，把关节的活动度变大，持续拉伸下去，将身体变得舒展、延长、柔韧。

适当的拉伸不但可以让身体更好地恢复，还可以提高关节的灵活度和身体的柔韧性，加快乳酸的排出，预防肌肉的劳损及粘连，降低受伤的可能性。运动前最好以动态拉伸为主，运动后以静态拉伸为主。

5. 选择冷水浴

冰浴或许比冷热水交替淋浴恢复得更快，并且能减轻肌肉酸痛并防止受伤。这种方法的原理是，通过反复收缩和扩张血管来帮助消除身体组织中的代谢废物。研究发现，冰浴在减少延迟性肌肉酸痛(DOMS)方面有一些好处，是因为剧烈运动会导致肌肉纤维的轻微损伤，这种微观的肌肉损伤实际上是运动的目的，因为它能刺激肌肉细胞活动，有助于修复损伤并增强肌肉，但这也会在运动后的 24～72 h 内引起延迟性肌肉酸痛。

冰浴可以收缩血管，冲洗代谢废物(如乳酸)；减少代谢活动并减慢生理过程；减少肿胀和组织破裂。然后，重新上升的体温和增加的血流可加速血液循环，进而改善愈合过程。

6. 充足的睡眠

当进入睡眠状态时，身体内部将发生许多神奇的变化。睡眠是一个拥有生物节律的过程，国际睡眠医学学会将睡眠划分为五个不同的阶段，包括入睡期、浅睡期、深睡期和快速动眼期。这每个周期会持续 90～100 min。

当人体入睡时，身体会制造生长激素(HGH)，它能加速受损组织的修复，增加肌肉量。这种激素分泌最旺盛的时段会发生在睡眠的熟睡期与深睡期。所以睡眠必须进入至少 6～6.5 h 之后，身体才会完整地经过这两个周期。如果睡眠时间太短暂，身体无法在熟睡期与深睡期停留足够时间，就无法达到最佳的恢复效果。

7. 增加心理锻炼

在日常锻炼中增加心理锻炼对任何运动者来说都是大有裨益的。

花时间进行心理排练或遵循冥想计划可以保持镇定，减少焦虑。熟悉大脑是如何工作的，思想是如何跳跃的，这对运动员来说是有助于精神和身体恢复的好方法。

研究发现，心理锻炼可以改善某些情况下的身体和心理反应，这种重复的锻炼可以增强运动员在压力下或在突发情况下的执行能力和信心。

8. 避免过度训练

导致过度运动的因素有很多，例如，两次运动之间的恢复不足，高强度运动过多且持续时间过长，突然提高日常运动的时间或强度，大量的耐力训练，营养不足，睡眠不足，心情焦虑等。

9. 服用复合维生素

维生素 C、维生素 D、维生素 E 和 a-亚麻酸对赛后恢复过程至关重要。这些维生素和营养物质有助于防止自由基所造成的损害，并增强免疫系统的功能。

比赛结束后，肌肉中自由基的含量达到最高。这些维生素和营养物质能分解自由基。服用维生素相当于给身体上了份健康险，而且能预防营养不良。

10. 减轻负重

在赛后的一周内，运动员可以只用往常负重量的 60%～70% 来进行训练。较轻的负重量能促进机体恢复，并且保证机体在进入下一阶段的训练时有更充沛的体力。同时，还应该补充碳水化合物和蛋白质，促进肌肉中能量的补充，加速受损肌肉组织的修复，促进肌纤维的增长。

关于如何预防过度运动，一般来说很难预测，因为每个人对某些运动项目的反应是不同的。如果你的身体已经发出了过度运动的警惕信号，那么你应该在生病或受伤之前，客观地衡量你的运动计划并及时做出调整。如果要从过度运动中完全恢复，则可能需要数周时间，其中还应包括适当的营养补充和减轻压力。

最后，还有一点需要切记：想要身体迅速恢复，最重要的事就是倾听自己的身体。如果你感到疲倦、疼痛或运动积极性下降，则可能意味着你需要更多的恢复时间或暂时完全停止训练。如果经过艰苦的锻炼后第二天感觉很强壮，则不必强迫自己慢下来。要知道，在大多数情况下，身体会在需要时告知你需要的东西，但对于我们许多人来说，我们不听这些警告，或者我们以自我安慰的方式来消除这些警告，都是错误的做法，多休息两天并不会对你的训练造成什么影响。

思 考 题

(1) 大学生健身健美竞赛的第一阶段有哪些注意事项？

(2) 赛前训练的主要内容有哪些？

(3) 赛后训练的核心是什么？

第十章 健身健美竞赛规则与裁判法

第一节 健身健美比赛的通则

一、比赛场地赛台

健美比赛、健体比赛、形体比赛、健身比赛、健身比基尼比赛以及健身模特等时尚健身项目比赛都应该在赛台上进行。

(1) 赛台的设计根据比赛规模来确定，一般长度要达到 16 m 以上，宽度至少为 10 m，而台面距离地面的高度则为 0.8~1.0 m。赛台可以安置在剧院的舞台上，或者搭建在体育场馆以及其他适合的场所。

(2) 赛台上可以设置一个特殊的造型表演台，其长度不少于 9.0 m，宽度不少于 1.2 m，而高度则不超过 0.3 m。

(3) 赛台和表演台上必须要稳固而平坦地铺设灰色地毯。

(4) 台面上必须要有相应竞赛项目的规定行走路线和定点造型位置的提示标志。

二、背景

(1) 赛道的背景应该体现赛事的主题。背景的颜色应该选择自然而不太过鲜艳的色彩，例如深蓝色或黑色。赛台的图案和舞美设计不能干扰运动员的展示。

(2) 赛台背景的高度必须不低于 6 m，宽度不得少于 16 m。

(3) 赛台背景必须展示主办机构的会徽和赛事的名称。

(4) 赛台背景可以展示赛会的会徽，但是会徽与背景板之间必须保留 2 m 的距离。

三、音响

(1) 音响系统应设置在运动员入场处同侧，并保证能够高质量地播放音乐；

(2) 赛事至少提供 3 个无线话筒、1 个无线耳麦和 8 部对讲机。

四、灯光

(1) 赛台光照应保持均匀分布。

(2) 赛台和背幕之间不能出现明显的重影。

(3) 使用暖色灯光，确保光照度不低于 4500 lux。

① 前上光和底光应以 45° 的角度照射比赛台面。

② 侧上光应以 45° 的角度照射比赛中心。

③ 背景底光应向上照射背景帷幕。

④ 顶光应以 90°的角度照射比赛台面。

⑤ 背景光应照射在背景徽标上。

如果允许的话，灯光光源布置应满足以下条件：前上光应有 20 盏灯，底光应有 6 盏灯，侧上光左右各应有 15 盏灯，背景底光应有 6 盏灯，顶光应有 21 盏灯，背景光应有 6 盏灯。前上光和顶光的灯光不得使用有色片。为了增加舞台效果，可以适当增加橘黄色、蓝色和红色光片在其他灯光中的使用。在表演比赛中，可以根据需要设计赛台的灯光。

国际健美联合会(IFBB)的照明规范要求如下：

(1) 能保证表演台的正面或前排展示处每英尺的照明达到 1000 W 的灯光设备。以约 45°的角度悬挂在舞台前上方。

(2) 能保证表演台的正面或前排展示处每英尺的照明达到 500 W 的灯光设备。以约 65°的角度悬挂在舞台后方。

(3) 能保证表演台的正面或前排展示处每 0.6 m 的照明达到 500 W，高度与地面齐平的背景灯光设备。若这一照明要求无法达成，可以将灯光设备放置在表演台的两边前侧。

五、裁判员工作席位

(1) 裁判员工作席位前方没有任何障碍物。

(2) 裁判员和记录组的工作席位必须与观众席分隔开。

(3) 裁判工作桌位于赛台正中央的正前方，距离赛台前沿至少 6 m，工作桌上应依次放置双面显示的裁判员席位号码。

(4) 替补裁判员的席位应安排在现场裁判员的后面或一侧。

(5) 记录组的席位应位于评分裁判员席位的一侧，并且靠近比赛主持人的位置。

(6) 裁判长及助理的席位位于裁判员席位中间位置。

六、媒体工作区

媒体工作区域应设置在不影响裁判员与观众视线的地方。

七、运动员热身、检录区

(1) 为了方便运动员比赛，运动员检录区应该设在热身区附近。在这个区域内，应该提供更衣室、油彩喷涂隔离专用设备(帐篷)和带有淋浴设施的卫生间供运动员使用。

(2) 为了让运动员进行赛前热身活动，热身和检录区域必须配备相应的器材和化妆镜。

(3) 检录和热身活动区域以及后场至前场通道应铺设地毯，墙壁上应布置塑料薄膜以防止油彩污染。

八、量具

(1) 在体重称量室和运动员的住所必须配备同款电子人体秤。

(2) 在身高测量室和运动员的住所必须配备相同类型的标准身高测量器具。

第二节　健美项目比赛内容与办法

一、比赛程序及内容

1．预赛

(1) 运动员将按照签号的顺序入场，并在裁判员的指引下站好位置。

(2) 根据签号顺序，运动员将依次以不超过 8 人为 1 组进行 4 个预定的动作比赛，包括前展双肱二头肌、侧展胸部、后展双肱二头肌以及前展腹部和腿部。

2．半决赛

(1) 运动员将按照他们的签号顺序依次进入场地，并在裁判员的带领下站到指定的位置，同时进行运动员介绍。

(2) 运动员将按照签号顺序，每组不超过 8 名运动员站在赛台中央，集体进行 4 个规定动作：前展示双肱二头肌、侧展胸部、后展示双肱二头肌、前展示腹部和腿部。

(3) 比较评分。根据裁判员的提名，参与排名前 5 名、第 6 至第 10 名以及第 11 至第 15 名的运动员将进行规定动作的展示和评比。每组评比的运动员数量必须在 3 人至 8 人之间。

男子规定执行动作，包括前展双臂二头肌、前展双背阔肌、侧展胸部、后展双臂二头肌、后展双背阔肌、侧展肱三头肌以及前展腹部和腿部。

男女混合双人比赛的规定动作包括前展双肱二头肌、侧展胸部、后展双肱二头肌、侧展肱三头肌以及前展腹部和腿部。

(4) 全体选手按号序站成一行，退场。

3．决赛

(1) 运动员将按照签号顺序入场参加决赛，每位运动员都会被介绍，并进行七个指定的动作，接着进行集体不定位自由造型表演，最后退场。集体不定位自由造型的时间为30～60 s。

(2) 运动员将按照签号顺序逐个入场参加决赛，在自选音乐的伴奏下，展示自己的自选动作。

二、参赛服装要求

(1) 男子运动员应该穿着颜色单一、无光泽、不透明、干净整洁、得体的健美三角形赛裤。运动员可以自行选择裤子的颜色、材质、质地和款式。裤子必须覆盖臀部的四分之三以及整个下腹部。三角形长裤的侧面宽度不得小于 1 cm。裤子上禁止使用任何衬垫和附加饰物。

(2) 女子运动员应该穿着颜色单一、无光泽、不透明、干净整洁、得体的分体后交叉式比基尼比赛服。运动员可以自行选择比赛服的颜色、面料、质地和款式。比赛服必须展现腹部和背部肌肉，并覆盖住臀部的一半以及所有正面部位。比赛服任何部分禁止使用衬垫和附加饰物。

(3) 比赛时不允许穿鞋和袜子。

(4) 比赛时不允许佩戴眼镜、手表、手镯、项链、耳环、假发以及人造指甲等装饰物。

(5) 比赛中禁止使用道具。

(6) 比赛中，运动员的头发可以造型或垂至肩部，但不得遮住肩部和上背部的肌肉。

(7) 严禁使用任何固态或液态义体植入物改变身体和肌肉形态。

(8) 男女运动员比赛服装的规定也适用于混合双打比赛。混合双打比赛的队伍必须穿着相同颜色和材质的服装。

三、男子规定动作技术标准及评判标准

1. 前展双肱二头肌

(1) 技术标准：面向裁判员，双腿分开站立，将身体的重心移到支撑腿上。收紧腹部，使其平坦，同时抬起双臂，弯曲肘部使其略高于肩膀，握拳，屈腕，用力收缩双侧肱二头肌以及全身的肌肉。

(2) 评判标准：① 肌肉的质量、整体发达程度和顶峰高度；② 肌肉的清晰度及明显的分离度；③ 肱二头肌与身体其他肌群发展均衡、协调；④ 整体造型规范、美观。

2. 前展双背阔肌

(1) 技术标准：面向裁判员站立，双脚保持平行。吸气时，将腹部收紧，双手握拳并将拇指分开按在腰部，用力展开背部肌肉，并收紧全身肌肉。

(2) 评判标准：① 肌肉坚实且宽大，充满力量感，造型美观；② 肌肉整体呈现明显的"V"字形，清晰度高；③ 与身体其他部位的肌群发展平衡，协调一致；④ 整体造型规范，美观动人。

3. 侧展胸部

(1) 技术标准：将右侧朝向裁判员站立，身体向侧方倾斜，右腿屈曲并放在前面，脚掌着地。右手紧握成拳，左手握住右手腕，然后弯曲肘部。同时，吸气并用力收缩胸部、小腿以及全身肌肉，以保持身体姿势挺拔。

(2) 评判标准：① 胸肌发达，宽厚有力，展现出强大的力量感和美观的形状；② 肌肉分离度明显，清晰可见；③ 与肩部、二头肌、大腿和小腿肌群的发达程度相一致，比例协调；④ 整体造型规范，美观动人。

4. 后展双肱二头肌

(1) 技术标准：背对裁判员站立，双腿分开站立，一条腿屈膝向后移动，将前脚掌放在地上。同时，抬起双臂，弯曲肘部使其略高于肩膀，双手握拳并屈腕，用力收缩双侧肱二头肌以及全身肌肉。

(2) 评判标准：① 肱二头肌的高峰凸显，轮廓明确，呈现出美观的形态；② 与肱肌、肱三头肌和三角肌之间的分离程度明显可见；③ 背部相关肌群发达且均衡；④ 整体造型符合规范，呈现出美观的外观。

5. 后展双背阔肌

(1) 技术标准：面向裁判员，双脚并拢站立。收紧腹部，挺起胸腔，双手握拳后分开，指尖触按腰部，用力展开背部肌肉并同时收缩全身肌肉。

(2) 评判标准：① 背阔肌具备宽阔、厚实的特点，质量优秀，下沿轮廓清晰；② 背阔肌呈现出优美的"V"字形状，肌肉均衡且协调，外观美观；③ 相关肌肉群发达且均衡，线条清晰，形态完美；④ 整体肌肉分布均衡，造型规范且美观。

6. 侧展肱三头肌

(1) 技术标准：侧向(以右侧为例)裁判员站立，将左腿微屈膝盖，用它来支撑身体的重量。同时，将右腿屈膝向后移动，使前脚掌着地。左臂垂直于身体的侧面，右手经过身体后抓住左手的腕部。用力收缩肱三头肌和全身肌肉。

(2) 评判标准：① 肱三头肌整体发达，使其与三角肌分离度清晰，呈现出优美的形状；② 相关肌群发达且均衡，线条清晰，塑造出完美的身体形态；③ 整体协调，塑造出规范而美观的身材造型。

7. 前展腹部和腿部

(1) 技术标准：面向裁判员站立，在一条腿向前伸展的同时，将重心放在另一条腿上，弯曲膝盖，双手放在头后方，用力呼气，收紧腹部，使腿部和全身肌肉得到紧缩。

(2) 评判标准：① 腹直肌和股外斜肌强壮，肌肉线条鲜明，凸显出来；② 大腿肌肉发达、饱满，肌肉之间的分离度非常明显；③ 身体各个部位的肌群发展非常均衡；④ 整体造型符合规范，非常美观。

四、自选动作比赛规定及评判标准

1. 比赛技术规定

比赛技术规定自选动作由各种造型动作组成的配乐动作组合，动作数量没有限制，但必须包含所有规定的动作，造型动作需要有适当的停顿，并且动作之间的衔接要自然而流畅。

2. 比赛时间

男子个人的比赛时间为 60 s；混合双人的比赛时间为 90 s。

3. 音乐

运动员在抽签时需要提交光盘或信息完整的通用格式音频文件，光盘或文件中只能包含一首音乐。如果运动员没有自备音乐，大会将提供备用音乐。集体不定位自由造型音乐也由大会提供。在音乐中，禁止使用任何亵渎、低俗或辱骂性语言。

4. 评判标准

动作的编排突显主题，配乐充满感染力，动作流畅、规范且完整，形体展示艺术性突出，同时兼具节奏感和美感。

5. 全场冠军

全场冠军比赛只有规定动作比赛和集体不定位自由造型的展示，其遵循与决赛相同的程序、内容、技术标准和评判标准。

第三节　健体项目比赛内容与办法(男女)

一、女子健体比赛程序及内容

1．预赛

(1) 运动员按签号的顺序入场，并在裁判员的引领下站位。

(2) 按签号的顺序分组每组运动员(不超过 10 名)依次进行 4 个规定动作的比赛，4 个规定动作为前展双肱二头肌、侧展胸部、后展双肱二头肌、侧展肱三头肌。

2．半决赛

(1) 运动员按照签号的顺序依次入场参加半决赛，并进行个人介绍。

(2) 运动员自然站立，并按照签号的顺序单行排列，一起进行 4 个向右转体的动作。根据人数的相等或接近，运动员分为两组分别站在赛台两侧，中间留出空位。

(3) 根据签号的顺序，每组不超过 8 名运动员被要求站在赛台中央，一起进行前展双肱二头肌、侧展胸部、后展双肱二头肌、侧展肱三头肌的动作。

(4) 比较评分。根据裁判提名，选出排名前五名、第六至十名以及第十一至十五名的运动员进行规定动作的示范和评比。每组参与比较评分的运动员不得少于三人，但不得超过八人。比较评分的内容包括 4 次向右转身和 4 个规定动作(前展双肱二头肌、侧展胸部、后展双肱二头肌、侧展肱三头肌)。

(5) 全体运动员按号序站成一排，退场。

3．决赛

(1) 选手按照签号的顺序有序入场，进行选手介绍。

(2) 选手依次进行 4 个动作，包括向右转体、前展双肱二头肌、侧展胸部和后展双肱二头肌。然后换位，再次进行 4 个动作。

(3) 在完成规定动作后，进行30～60 s 的无定位自由造型表演。

(4) 选手按照签号的顺序逐个入场，在自选音乐的伴奏下进行自选动作比赛。

二、女子健体项目比赛着装

(1) 运动员应该穿上不透明的分体后交叉式比基尼赛服，可以自由选择赛服的颜色、面料、材质、款式和风格。赛服必须能够展现腹部和背部的肌肉，同时覆盖住臀部的一半以及整个前部。赛服的任何部分都不允许使用衬垫、字符串和附加饰物。

(2) 比赛时不允许穿鞋和袜子。

(3) 比赛时禁止佩戴框架式眼镜、手表、镯子、项链、耳环、假发、人造指甲，以及任何会干扰注意力的装饰物和饰品。

(4) 比赛过程中禁止使用任何道具。

(5) 运动员的头发可以做造型或者垂至肩部，但不能遮住肩部和上背部的肌肉。

(6) 严禁进行任何改变身体或肌肉形态的固体或液体植入。

三、女子规定动作技术标准及评判标准

1. 四个向右转体

(1) 技术标准。

运动员应将双脚并拢，双膝并拢，保持自然站立姿势。吸腹挺胸，头部保持正直，眼睛平视前方。双臂自然下垂于身体两侧，不过度收缩各部位肌肉。从前、左、后、右四个方向展示身体的形态。

(2) 评判标准。

① 具有良好的先天骨骼结构，肩部宽度适中，腰部细瘦，腿部笔直，身体的中心线保持正直，头部、四肢和躯干的比例和谐协调。

② 肌肉发达均匀，线条清晰明晰。

③ 皮肤光滑细腻，色泽适中，没有任何外科手术、疤痕、斑点或文身等瑕疵。

④ 站立在赛台上时仪态端庄，行走时姿态儒雅优美，自信从容。

2. 规定动作及评判标准

1) 前展双肱二头肌

(1) 技术标准。

面对裁判员站立，双腿分开，一只脚掌触地。吸气，收紧腹部，举起双臂，使肘部微微高于肩膀，手指分开，使双臂二头肌和全身肌肉紧绷。

(2) 评判标准。

① 肌肉的质量、饱满度和峰值高度。

② 肌肉线条清晰可见。

③ 肱二头肌与其他肌群发展均匀协调。

④ 整体形象规范美观。

2) 侧展胸部

(1) 技术标准。

侧向裁判员站立，屈曲左腿，向前伸展右腿，将前脚掌落地。同时，吸气并收紧腹部，挺起胸腔，双手掌心向下，手指伸直。用左手压住右手腕，使双臂伸直，并用力收缩胸部和全身肌肉。

(2) 评判标准。

① 胸大肌肌肉饱满，外观美观。

② 胸部和肩膀之间的过渡明显，形状圆润。

③ 肩部、三头肌、臀部、大腿和小腿肌肉线条清晰，与胸部比例协调。

④ 整体塑造规范，曲线有致，性别特征明显，身体美观，姿态优雅。

3) 后展双肱二头肌

(1) 技术标准。

背向裁判员站立，双腿分开站立，将一只脚的脚掌放在地上。进入深吸腹式的状态，同时将双臂抬起，弯曲肘部，使其略高于肩膀，手指分开且手掌呈特定的形状。用力收缩双臂肱二头肌和全身肌肉。

(2) 评判标准。

① 肱二头肌线条清晰，形状美观。

② 与肱肌、肱三头肌、三角肌之间的分离效果显著。

③ 背部相关肌群发达适度，均衡协调。

④ 整体造型符合规范，具有美感。

4) 侧展肱三头肌

(1) 技术标准。

侧向裁判员站立，左腿弯曲，右腿向前伸展，脚掌触地，右臂垂放于身侧，左手经过身体后方握住右手腕，努力收缩肱三头肌和全身肌肉。

(2) 评判标准。

① 肱三头肌适度发达，展现出美观的形状。

② 相关肌群的轮廓清晰可见。

③ 整体协调，造型规范而美观。

四、女子自选动作比赛规定及评判标准

1. 比赛技术标准

自选动作是由各种造型动作组成的配乐动作组合，动作的数量没有限制，但必须包含所有规定的动作。造型动作需要有合适的停顿，动作之间的衔接要自然而流畅。

2. 比赛时间

女子个人展示时间为 60 s。

3. 音乐

运动员在抽签时需要提交光盘或信息完整的通用格式音频文件，光盘或文件中只能包含一首音乐。如果运动员没有自备音乐，大会将提供备用音乐。集体不定位自由造型音乐也由大会提供。在音乐中，禁止使用任何亵渎、低俗或辱骂性语言。

4. 评判标准

动作的编排应主题突出，配乐感染力强，动作完整、规范、流畅，形体展示艺术性强，富有节奏感和美感。

5. 全场冠军

全场冠军比赛只进行规定动作比赛和集体不定位自由造型的展示，程序、内容及技术标准、评判标准与决赛相同。

五、男子健体比赛程序及内容

1. 预赛

(1) 运动员按照签号的顺序入场，并在裁判员的带领下站立在指定位置。

(2) 按照签号的顺序，每组运动员(不超过 10 名)依次进行 4 次向右转体动作，动作分别为正向站立、左侧向站立、背向站立和右侧向站立。

2．半决赛

(1) 运动员按照签号的顺序进入半决赛场地，并在进场时进行介绍。

(2) 运动员以单行形式站立，并根据签号的顺序排列。然后，依次向右转体 4 次。之后根据人数相等或接近的原则，将运动员平均分成两组分别站在赛台的两侧，使赛台中间形成空位。

(3) 根据裁判员的提名，排名前五名、第六至第十名以及第十一至第十五名的选手将进行形体展示与评比。每个组别参与比较评分的选手数量必须在 3 人至 8 人之间。比较评分的项目为 4 次向右转体。

(4) 全体运动员按签号的顺序站成一排，退场。

3．决赛

(1) 运动员参加决赛时将按照签号的顺序入场。入场时，主持人会介绍运动员的个人信息。运动员将按指定的路线行走，并在赛台一侧站立展示自己。

(2) 在赛台中央，所有运动员排成一行，并根据要求进行 4 次向右转体动作。然后，互相交换位置，再次进行 4 次向右转体动作。

(3) 所有运动员将按照签号的顺序排成一行，然后退场。

六、男子健体项目比赛着装

1．预赛

运动员应赤膊，着不透明、非紧身的黑色齐膝短裤。除制造商品牌标志外， 赛裤上任何部分禁止使用衬垫以及附加饰物(含具有商业色彩的 LOGO)。

2．半决赛、决赛

运动员应该穿着不透明的、非紧身的齐膝短裤，并且赤膊上场。关于赛裤的颜色、面料、材质、款式和风格可以根据个人喜好自由选择，但是除了制造商品牌标志外，赛裤上的任何部分都不允许使用衬垫或者附加饰物,包括那些具有商业色彩的 LOGO 也是禁止的。

(1) 比赛期间不得穿鞋或袜子。

(2) 比赛期间不允许佩戴框架式眼镜、手表、手镯、项链、耳环、假发或任何可能干扰注意力的装饰品。

(3) 比赛中禁止使用任何道具。

(4) 严禁进行任何改变身体或肌肉形态的固体或液态植入物。

七、男子健体规定动作技术标准及评判标准

1．技术标准

1) 正向站立

运动员面向裁判，保持自然站立姿势，收紧腹部，挺起胸腔，保持头部正直，让双眼与头部和身体保持同一方向，直视前方。身体的重心集中在支撑腿上，同侧的手臂弯曲，放置在腰臀旁边，另一侧的腿向侧面伸展，前脚掌着地，同侧的手臂微微弯曲，自然垂放

于身体旁边，同时适度扩展背阔肌，如图 10.1 所示。

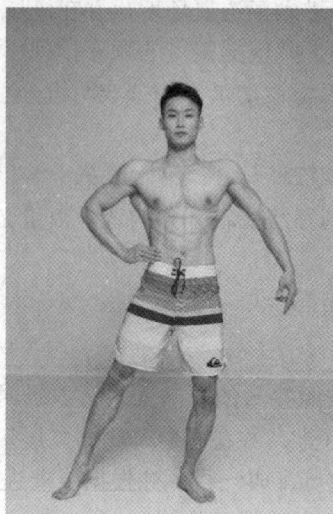

图 10.1

2）左侧向站立

运动员向右转体 90° 呈左侧站立。上半身稍微左转面向裁判，左腿微屈支撑身体重心，左手放置于左髋臀部，右膝屈曲向后伸展，前脚掌着地，右臂微屈肘，右手的手指分开垂直于身体，相关肌肉适度紧绷，如图 10.2 所示。

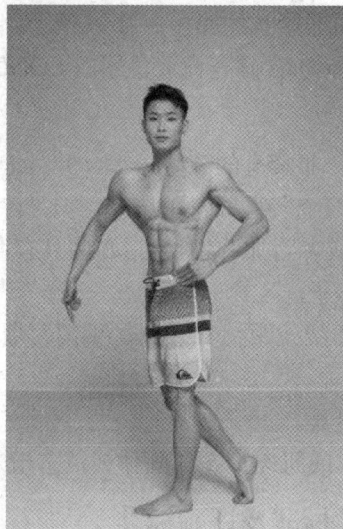

图 10.2

3）背向站立

从左侧向站立的姿势开始，向右转体 90°，背对裁判站立。保持头部正直，目光平视前方，与头部和身体保持同一方向。将身体重心放在支撑腿上，屈曲同侧手臂的肘部，将手放在腰部或臀部旁边。另一侧的腿向侧面伸展，前脚掌着地，同侧手臂微屈肘自然下垂于身体侧面，背阔肌适度扩展，如图 10.3 所示。

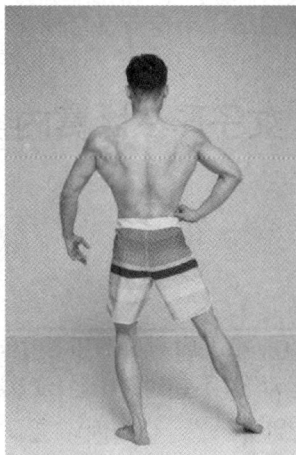

图 10.3

4) 右侧向站立

由背面站立向右转体 90° 成右侧向站立。上身略右转面向裁判，右腿轻微弯曲，支撑身体重心。右手交叉放置于右髋臀部。左膝弯曲后伸，前脚掌触地，臀部略微弯曲，左手的手指分开，垂直放在身体前方，同时适度收紧相关肌肉，如图 10.4 所示。

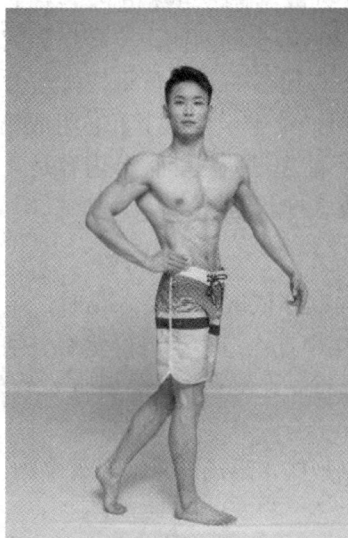

图 10.4

2. 评判标准

(1) 具备良好的骨骼发育，肩部宽度适中，胸部高挺，腰部瘦窄，腿部笔直，身体中央线条匀称，头部、四肢和躯干的比例协调。

(2) 全身肌肉发展均衡，左右对称，前后相互呼应，各个部位的肌肉紧致有型，轮廓清晰，令人赏心悦目。

(3) 皮肤光滑细腻，色调和谐健康，没有任何外科手术、伤痕、斑点、痤疮或文身等瑕疵。

(4) 站立姿势规范，行走自然自信，动作节奏合理。

第四节　女子形体比赛内容与办法

一、比赛程序及内容

1. 预赛

(1) 运动员按签号的顺序入场，并在裁判员的带领下站好位置。

(2) 按照签号的顺序，每组运动员(不超过 10 名)依次进行 4 次向右转身动作。转身的姿势为正向站立、左侧向站立、背向站立、右侧向站立。

2. 半决赛

(1) 参加半决赛的运动员按签号的顺序入场。入场时，主持人会进行运动员信息介绍。

(2) 运动员将按签号的顺序在指定的路线上行走，并在规定的位置上依次进行形体动作。每个位置上的动作造型不得超过 2 个。每个位置的形体动作必须包含前后左右四个方向的造型动作。

(3) 运动员按签号的顺序排列成单行，自然站立。经过 4 次向右转体后，运动员分成人数相近或相等的两组，分别站在赛台的两侧，将赛台中间空出来。

(4) 根据裁判员的提名，参与比赛的运动员将按排名分为三组。前五名运动员组成第一组，第六至第十名组成第二组，第十一至第十五名组成第三组。每组参与比较评分的运动员数量应不少于三人，但也不能超过八人。评分内容是 4 次向右转体的形体展示。

(5) 全体运动员按号序站成一排，退场。

3. 决赛

(1) 决赛时，运动按签号的顺序依次入场。入场时，主持人会进行运动员信息介绍。运动员按照规定的路线行走，摆出定点造型姿势，然后分别站在赛台的一侧。

(2) 运动员根据要求排成一行站在舞台中央，并向右转体 4 次。动作完成后，运动员互相交换位置，再次向右转体 4 次。

(3) 全体运动员按序号站成一排，退场。

二、比赛着装

1. 预赛

运动员着分体后交叉式比基尼赛服。赛服须由纯黑色、不透明、无花纹、无光泽的材料制成。

2. 半决赛、决赛

(1) 运动员需穿着分体式比基尼赛服，可以自选款式、颜色和材料，但不得使用悬垂性装饰物进行点缀。

(2) 比基尼赛服必须覆盖住臀部的一半以及整个下腹部。

(3) 比赛时必须穿高跟鞋，鞋前掌厚度不得超过 1.0 cm，鞋跟高度不得超过 12.0 cm。

(4) 禁止穿坡跟式高跟鞋。

(5) 不允许穿袜子。

(6) 在除第一轮外的其他轮次中，运动员可自由选择高跟鞋的颜色和款式，唯独第一轮的高跟鞋必须是黑色并包住脚趾和脚跟。

(7) 运动员可以佩戴结婚戒指或小耳钉，同时可以搭配头发饰品，但不能佩戴眼镜、手表、手镯、耳环、假发或其他人工饰品。

(8) 严禁进行任何能改变身体和肌肉形态的固体和液体义体植入手术。

三、规定动作技术标准及评判标准

1. 四个向右转体

运动员应双脚双膝并拢，站立姿势自然且笔直，腹部吸气并挺胸，头部保持正直，双眼注视前方。双臂自然下垂于身体两侧，不过度收缩肌肉，从前、左、后、右四个方向展示身体的形态。

2. 定位造型

运动员将按照签号的顺序在指定的路径上行走，并在指定的位置上依次完成形体造型动作。每个位置上的动作造型不得超过 2 个。每个造型动作必须包括前、后、左、右四个方向的形体动作。

3. 评判标准:

(1) 骨骼发育优良，肩宽腰细，腿部笔直，身体中心线垂直，头部、四肢和躯干的比例和谐协调。

(2) 外形：正面和背面呈现出"V"字形，侧面展现出适度的"S"曲线，性别特征明显，各部分比例均衡，具有美感。

(3) 肌肉：适度发达，线条清晰可见。

(4) 皮肤：紧致健康，肤色均匀。皮肤光滑无瑕疵，没有脂肪团、橘皮组织、外科手术痕迹、斑点、痤疮或文身等。妆容得体、大方。

(5) 步态：自然而优雅，节奏准确。性别特征突出，动作造型优美。整个过程展现出自信和镇定。

第五节 健身比赛内容与办法(男女)

一、比赛程序及内容

1. 预赛

(1) 运动员按签号的顺序有序入场，并在裁判员的引导下站在指定位置上。

(2) 根据签号的顺序，每组运动员(不超过 8 人)依次进行 4 次向右转体动作，规定动作分别为正向站立、左侧站立、从左侧站立转向背向站立、从背向站立转向右侧站立。

2．半决赛

1) 运动特长轮

运动员按签号的顺序依次上场进行运动特长表演。

2) 形体轮

(1) 运动员按签号的顺序入场，入场时，主持人会介绍运动员的个人信息。

(2) 运动员根据签号的顺序排成单行，自然站立。随后，向右转体 4 次，然后运动员根据人数相等或接近的原则，分成两组分别站在赛台的两侧，同时保留赛台中间的空位。

(3) 比较评分。根据裁判员提名，前五名、第六至第十名以及第十一至第十五名的选手将依次进行形体展示与评比。每组评分的参与者数量应不少于 3 人，但不得超过 8 人。评比内容为 4 次向右转体。

(4) 全体运动员按号序站成一排，退场。

3．决赛

1) 运动特长轮

运动员按签号的顺序依次上场进行运动特长表演。

2) 形体轮

(1) 运动员按签号的顺序入场。入场时，主持人会介绍运动员的个人信息。运动员按照指定路线行走，完成个人展示后分别站在赛台的一侧。

(2) 在赛台中央，运动员站成一排，并按照要求进行 4 次向右转体动作。然后交换位置，再次进行 4 次向右转体动作。

(3) 全体运动员按签号的顺序站成一排，退场。

3) 晚(正)装展示轮

运动员按签号顺序在规定的位置站立，并按指定路线行走进行晚(正)装展示。

二、比赛着装

1．健身先生形体轮着装规定

(1) 运动员应穿不透明、无花纹或光泽的全黑色贴身平角短裤。

(2) 赛裤的侧面宽度应不少于 15 cm，并且必须完全覆盖臀部。

(3) 赛裤上不允许有内垫、装饰品或任何图案。

(4) 不得穿着鞋子或袜子。

(5) 比赛期间禁止佩戴框架式眼镜、手表、手镯、项链、耳环、假发或任何会分散注意力的装饰品。

(6) 严禁进行任何改变身体或肌肉形态的实体物或液体物植入。

2．健身小姐形体轮着装规定

(1) 运动员应穿着不透明的分体式后交叉比基尼赛服，赛服必须遮住臀部的一半并完全覆盖前部。赛服必须得体，严禁穿丁字裤。

(2) 赛服的颜色、面料、质地、装饰和款式没有限制，可以适度使用衬垫和装饰物。

(3) 穿着颜色不限的高跟皮鞋或凉鞋。鞋前掌的厚度不能超过 1 cm，后跟的高度不能超过 12 cm，并且要细跟。禁止穿坡跟式高跟鞋。

(4) 禁止穿袜子。

(5) 运动员可以为头发做造型，允许佩戴发饰，但大小必须适中。

(6) 运动员可以戴结婚戒指或小耳钉，除此之外，不得佩戴眼镜、手表、手镯等饰品，也不能佩戴假发或其他人工饰品。

3．运动特长轮着装规定

健身先生、健身小姐运动特长表演轮的服装要得体，式样、颜色和是否穿鞋不做限制。

4．礼服展示轮服饰规定

健身先生西装、健身小姐晚装及混合双人礼服展示轮的服装必须符合正(晚)装礼服款样规定，服装的颜色和鞋的式样、颜色不限。

三、规定动作技术标准及评判标准

健身先生、健身小姐形体轮比赛的规定动作技术标准及评判标准内容相同。

1．技术标准

1) 4次向右转体

运动员应将双脚、双膝并拢，保持自然站立的姿势；同时，应收紧腹部，挺胸，让头部保持正直，并且双眼平视前方；双臂自然下垂于体侧，身体各个部位的肌肉不要过度收缩。运动员应从前、左、后、右4个方向展示体型，如图10.5所示。

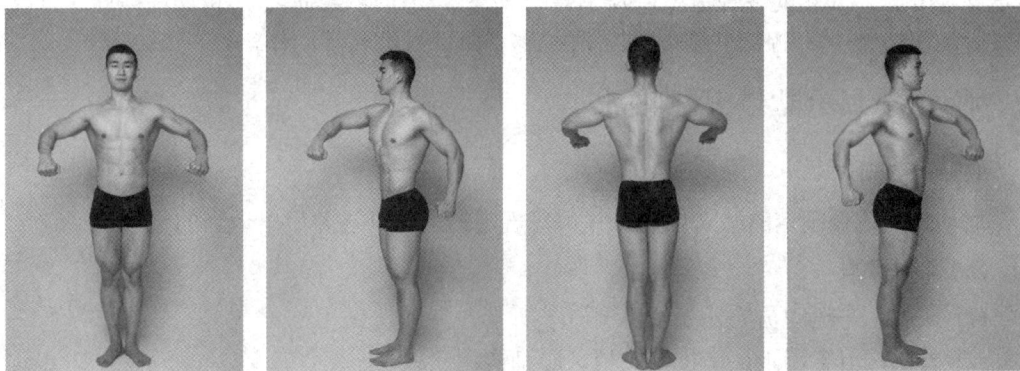

图 10.5

2) 定位造型

运动员按签号的顺序在预定的路线上行走，并依次在指定的位置上展示各种身体形态的动作。每个位置上的动作形态不能超过2种。定位动作需要包括前、后、左、右4个方向的身体形态动作。

2．评判标准

(1) 具备良好的先天骨架发育，肩宽、腰细、腿直，身体中心线垂直对齐，头部、四肢和躯干的比例协调一致。

(2) 外貌特征：正面和背面呈现出"V"字形状，从侧面观察有适度的"S"形曲线，明显展现出性别特征，各部分比例匀称，具备美感。

(3) 肌肉线条清晰，具有弹性。

(4) 皮肤紧致，肤色健康。皮肤光滑均匀，没有脂肪团、橘皮组织、外科手术或其他疤痕、斑点、痤疮或文身等。妆容得体，端庄大方。

(5) 步态自然优雅，步伐节奏准确。性别特征鲜明，姿态优美。整个过程流露出自信和镇定。

四、运动特长比赛技术标准及评判标准

1. 技术标准

(1) 运动员在赛台上的不同区域通过展示各种身体运动形式来展现运动技能和综合运动能力。运动员可以借助辅助表演道具，但是必须遵守以下规定：禁止使用存在安全隐患的道具，以及有可能将物品材料遗落于赛台的道具。在使用道具前后，赛台必须保持干净。

(2) 表演时间限定为不超过 90 s。

2. 评判标准

(1) 动作编排的整体结构完整，内容健康，动作的选择与运动员的特点相匹配，并且富有创新性、艺术性和独特性。

(2) 配乐与动作风格相得益彰，音乐主题积极、健康，制作完整、声音清晰。

(3) 动作完成。整个动作与音乐的风格和节奏相协调，主题突出，充满激情，并展现出强烈的表现力。为体现运动员全面的运动能力，动作套路包括但不限于：力量性动作(如展示支撑分腿、并腿的各种造型以及单臂俯卧撑等动作)、柔韧性动作(如高踢腿、横叉、竖叉等动作)、协调和控制性动作(如各种位移、跳跃、翻转等动作)。

五、晚(正)装展示规定与评判标准

1. 技术标准

运动员需遵循规定的站立位置，并顺着规定的道路行进并做出适当的定位造型。

2. 评判标准

(1) 服装：与运动员的外貌相协调。

(2) 外貌：五官端正，化妆、发型、服饰协调一致。

(3) 气质：高贵(阳刚)、大方。

(4) 姿态：仪容庄重、健康，走路和站姿自然、优雅、独特。

第六节　女子健身比基尼比赛内容与办法

一、比赛程序及内容

1. 预赛

(1) 运动员按签号的顺序入场，并在裁判员的引导下站定。

(2) 根据签号的顺序，每组运动员(不超过 10 人)依次进行 4 次向右转体动作，规定动作分别为正向站立、左侧向站立、背向站立和右侧向站立。

2. 半决赛

(1) 运动员按签号的顺序入场。运动员沿着指定的路线行走，进行个人展示后分别站在赛台的两侧。同时，主持人将为每位运动员进行简短的介绍。

(2) 赛台的两侧，运动员根据签号的顺序排成单行。每组运动员(不少于 3 人不超过 8 人)在 4 次向右转体后将回到赛台的两侧站立，中间留出空位。

(3) 比较评分。根据裁判员提名，前五名、第六至第十名以及第十一至第十五名的选手将向裁判员展示和评比他们的体型。每组参与比较评分的选手人数必须在 3 人至 8 人之间。评比内容为 4 次向右转体。

(4) 全体运动员按号序站成一排，退场。

3. 决赛

(1) 运动员按签号的顺序依次入场。入场时，裁判将介绍运动员的个人信息。运动员按照指定路线行走，展示个人风采后分别站在赛台一侧。

(2) 运动员在赛台中央排成一行，按照要求进行 4 次向右转体动作。之后，运动员互换位置，再次进行 4 次向右转体动作。

(3) 全体运动员按号序站成一排，退场。

二、比赛着装

(1) 运动员必须穿着不透明的两件式比基尼赛服，颜色、面料和装饰没有限制。

(2) 比基尼赛服必须能够遮盖住臀部的二分之一和整个下腹部，同时要保持美观，严禁穿着细线状比基尼和丁字裤。

(3) 比赛时运动员需要穿着高跟鞋，鞋前掌的厚度不能超过 1 cm，跟的高度不能超过 12 cm。

(4) 严禁穿着坡跟式高跟鞋。

(5) 禁止穿着袜子。

(6) 运动员可以对头发进行造型处理。

(7) 运动员可以佩戴结婚戒指、小耳钉和头发饰品，但不能佩戴眼镜、手表、手镯、耳环、假发或其他任何人工饰品。严禁植入任何固体或液态物质来改变身体形态。

三、规定动作技术标准及评判标准

1. 技术标准

1) 正面站立

运动员应该保持腹部吸紧，胸部挺起，臀部提高，头部保持正直，肩膀向后拉伸，眼睛与头部、身体保持平视前方的方向。髋部要稍微向一侧移动，同时将同侧手放在髂嵴上。另一侧的腿要稍微向前侧方移动，前脚掌要着地，手指和手掌要保持同侧的形状，手臂要自然微屈下垂。身体的重心、髋部和手臂应该适时地进行交替移动。

2) 左侧向站立

运动员向右转体 90°，身体左侧转向裁判席，身体上身稍微向左转，保持头部直立，目光注视着裁判。右腿的膝盖伸直，整个脚掌着地站立，右手放在右髂嵴上，收紧腹部，挺胸，提起左髋，左腿的膝盖微微弯曲，左脚稍向前伸，前脚掌着地。左手的指尖和掌心呈现出自然的弯曲，左臂轻微弯曲，自然地下垂在身体中心线的左后方。

3) 背向站立

运动员向右转体 90°，将背部正对裁判员，站立时，双脚稍微窄于肩宽，保持双膝伸直，双臂自然下垂于身体两侧，掌心向下，或与地面平行。双肩向后展开，腰椎保持自然弯曲或轻微前凸，上背部挺直，抬头。保持上身和头部始终面向背幕方向，不允许扭转去看裁判员。

4) 右侧向站立

运动员向右转体 90°，身体右侧转向裁判席，身体稍微向右转，头部保持正直，目光注视着裁判。左腿伸直，双脚平稳着地，左手放在髂嵴上，腹部收紧，胸部挺起，右髋部抬起，右腿膝关节微微弯曲，右脚稍微向前伸展，前脚掌着地。右手手指和手掌呈现一定形状，右臂微微弯曲，自然放在身体中心线的右后方。

5) 行走与定位造型

(1) 行走步态。当运动员行走在指定的路线上时，必须保持自然的步态。

(2) 定位展示。运动员顺着签号指示的顺序，沿着指定的路线行进，在规定的位置上按顺序完成各种形体造型动作。

(3) 行走与定位展示路线规定。决赛的行走路线与展示定位点呈现出一个"T"字形。具体规定如下：运动员按照顺序上台，先行进至 1 号位置停下来短暂停顿，然后再行进至 2 号位置做正面的造型动作；接着右转，走三步到达赛台右侧的 3 号位置，做正面和背面的造型动作；再右转，走六步到达赛台左侧的 4 号位置，同样做正面和背面的造型动作；最后，运动员们行进到赛台的一侧，按照号序站成一排。在指示下，所有的运动员按照要求行进到适当的赛台位置，做正面的造型动作。

2．评判标准

(1) 骨架发育良好，身形匀称，头、躯干和四肢的比例协调。

(2) 肌肉线条紧致，外观美观。

(3) 皮肤健康，光滑且富有弹性，没有橘皮纹、手术疤痕、斑点、痤疮或文身等问题。

(4) 优雅的步态和站姿，节奏自然，表演技巧娴熟。仪容庄重，形象健康自信，充满个性魅力。

3．全场冠军

全场冠军比赛的展示，程序、内容及技术标准、评判标准与决赛相同。

第七节　体育健身模特(男女)比赛内容与办法

一、比赛程序及内容

1．预赛

(1) 运动员将依照签号的顺序入场，由裁判员引领并站立在指定位置。

(2) 运动员将按照签号的顺序，每组运动员(不超过 8 名)进行 4 次向右转体动作，规定动作分别是正向站立、左侧向站立、背向站立、右侧向站立。

2．半决赛

1) 形体轮

(1) 运动员将按照签号的顺序有序入场。入场时，主持人将对每位运动员进行简单的介绍。

(2) 所有运动员按照签号的顺序排成单行，并自然站立。之后，运动员将进行四次向右转体的动作，然后根据人数相等或接近的原则，分成两组分别站在赛台的两侧，留出赛台中间的空间。

(3) 比较评分。根据裁判员的提名，运动员将根据他们的排名分为三组进行形体的展示与评比。前五名的运动员将组成第一组，第六至第十名的运动员将组成第二组，而第十一至第十五名的运动员将组成第三组。每组参与比较评分的运动员数量应不少于三人，但也不得超过八人。评比的内容是通过 4 次向右转体来进行。

2) 运动服装展示轮

运动员按签号的顺序上场进行运动服装和小型运动器材的展示。

全体运动员按签号的顺序站成一排，退场。

3．决赛

1) 形体轮

(1) 运动员们在决赛中按签号的顺序入场。入场时，主持人会对运动员信息进行简单的介绍。然后运动员按指定路线行走，展示个人风采。结束后，运动员分别站在赛台的一侧。

(2) 在赛台中央，运动员们排成一排，并根据要求进行 4 次向右转体动作。然后他们交换站位，再次进行 4 次向右转体动作。

(3) 全体运动员按签号的顺序站成一排，退场。

2) 运动服装展示轮

运动员按签号的顺序逐一上场进行运动服装和小型运动器材展示。

3) 华服展示轮

运动员按签号的顺序在规定的位置站立，并按指定路线行走进行华服展示。

二、比赛着装

1．男子健身模特

1) 形体轮

(1) 穿着黑色的贴身短裤，短裤的侧面宽度应不小于 15 cm。

(2) 不允许穿鞋或袜子。

2) 运动服装展示轮

运动员需要穿着适合运动的服装，可以选择不同款式、颜色和材料的运动装。他们还可以携带符合表演主题和风格的小型运动器材。

3) 西装展示轮

运动员须穿着西装。西装的材质、颜色和鞋的款式、颜色不限。

2．女子健身模特

1) 形体轮

(1) 可以选择非比基尼式的连体泳装，无论是款式、颜色还是材料都没有限制，但是要确保能够完全覆盖住臀部的一半以及整个下腹部。

(2) 应该选择高跟皮鞋，确保鞋前掌的厚度不超过 1 cm，鞋跟要细而且高度不能超过 12 cm。

(3) 不允许穿袜子。

2) 运动服装展示

运动员需要穿着适合的运动服装，款式、颜色和材料可以根据表演主题和风格自由选择。可以携带一些小型运动器材，以配合表演的需求。

3) 华服展示

运动员须穿着晚礼服，晚礼服的材质、颜色不限，旗袍的剪裁须合体，长度适度。晚礼服下摆一侧开衩至大腿中部。长度过膝不得拖地。

三、规定动作技术标准及评判标准

1. 技术标准

1) 4 个向右转体，技术动作同女子健身比赛

(1) 正、背面站立。运动员以并脚站立，吸气使腹部凸起，胸部挺起，头部保持正直，双眼平视前方。双臂自然下垂于身体两侧，各个肌肉部位保持适度收缩，展示出整体身体的正面和背面。

(2) 左、右侧面站立。运动员侧身站立，收紧腹部、挺胸抬头，保持头部姿势端正，双眼注视前方，肌肉不得过度紧绷，展示身体的左右侧面。

2) 行走与定位造型

(1) 行走步态。运动员在规定的路线上行走时，必须采用自然步态。

(2) 定位造型。运动员需按照指定的签号顺序沿着规定的路线行走，并在规定的位置上依次展示形体造型动作。每个位置上的动作造型不得超过 2 个。在动作造型中，必须包含身体正面、背面、左侧和右侧 4 个面的形体展示。

(3) 行走与定位造型路线规定：行走路线与造型定位点规定和健身比赛形体轮相同。

2. 评判标准

(1) 身材：身体各部分比例协调，呈现出明显的运动体格特征。

(2) 肌肉：各个身体部位的肌肉均匀发达，轮廓清晰可见。

(3) 肤色：皮肤光滑细腻，色泽健康，没有脂肪团、橘皮纹、手术疤痕、斑点、痤疮或文身等瑕疵。

(4) 仪态：健康、阳光、时尚，自信且大方地在舞台上行走，姿态优美且富有表现力。

四、运动服装展示规定与评判标准

1. 运动服装展示规定

1) 运动服装

运动员应该以各种不同的身体运动形式，在赛台的不同区域展示运动服装，以展示其多样性。在展示过程中，必须完成至少 5 个不同的造型动作。

2) 运动器材

(1) 运动器材必须符合表演主题的要求，并且具备高度安全性、轻巧，或是赛会指定的特定器材。

(2) 禁止使用有可能将材料遗落在赛台的器材。

3) 表演时限

表演时间限定为个人 30 s，全体表演为 60 s。

4) 规定路线

第一轮：运动员集体出场，按照指定的路线行走。

第二轮：运动员依次进行个人展示。

第三轮：全体运动员一起前行，然后返回原来的位置。

2. 评判标准

(1) 编排。整套动作的编排应新颖独特。

(2) 音乐。音乐的编辑与选配具有完整性、艺术性和融合性。

(3) 表演。① 运动员的着装款式和色彩与其形象相得益彰，表演风格和个性特征也一致。表现举止大方得体，能够展示出对文化、艺术的修养以及独特的魅力。② 表演的主题突出体现健康和时尚，充满活力和动感。运动员需展示出自信、独特的魅力。

(4) 运动员的形象和动作造型具备丰富的内涵和艺术感染力。

五、西装展示规定与评判标准

1. 技术规定

(1) 男运动员着西装、女运动员着晚礼服，按规定位置站立，并按规定路线行走。

(2) 行走与定位造型路线规定：行走路线与造型定位点规定和健身比赛形体轮相同。

2. 评判标准

(1) 服装与运动员的形象和气质相协调，并符合着装规定。

(2) 形象五官端正，化妆、发型和服饰相互融合。

(3) 气质高雅或阳刚，展现大方和时尚。

(4) 仪态婉约(英气)典雅(儒雅)，仪容端庄健康，步态、站姿自然优雅。

第八节　混合双人比赛内容与办法

一、4 个向右转体技术标准

男女运动员并排站立，保持自然姿势，收紧腹部，挺起胸膛，保持头部正直，眼睛注视前方。双臂自然下垂于身体两侧，各个肌肉群不要过度收缩，以展示体形的前、左、后、右 4 个方位。

二、规定动作技术标准及评判标准

混合双人比赛规定动作分别为前展双肱二头肌、侧展胸部、后展双肱二头肌、侧展肱三头肌。

1．技术标准

混合双人规定动作技术标准与同名称规定动作技术标准相同。

2．评判标准

(1) 身体素质和各部位肌肉群的发达程度协调一致。

(2) 动作姿态规范且流畅，并能够默契地配合。

(3) 运动员整体外表和气质给人强烈的整体感。

第九节　大学生健身健美竞赛的组织

健身健美竞赛包括健美比赛、健体比赛、形体比赛、健身比赛、健身比基尼比赛及健身模特比赛等。

时尚健身项目包括但不限于健身瑜伽、肚皮舞、钢管舞等。

一、规则适用的比赛

(1) 全国性比赛

① 锦标赛。

② 公开赛。

③ 邀请赛(包括在中国境内举行的国际邀请赛)。

④ 冠军(精英)赛。

⑤ 综合运动会的健身健美比赛。

⑥ 其他交流性质的比赛。

(2) 省、自治区、直辖市、计划单列市、各行业，新疆生产建设兵团，各军兵种、区域性或地区等比赛。

(3) 其他在中国健美协会备案的比赛。

二、组织比赛授权

(1) 中国健美协会对全国性健身健美竞赛活动负责管理和组织，所有全国性及跨省市举办的健身健美竞赛活动由中国健美协会进行竞赛组织工作的协调和备案，中国健美协会可提供技术支持。

(2) 比赛的名称必须与实际比赛内容及项目相一致，中国健美协会主办或作为主办单位之一的赛事，其名称可以使用"中国""全国""国家""中华"字样或具有类似含义的词汇。

未经相关部门批准，其他赛事名称禁止使用以上字样或具有类似意义的词汇。

未经相应的国际组织确认，赛事名称不得冠以"世界""亚洲"字样或具有类似含义的词汇。

(3) 赛事主办、承办单位应增强权利保护意识，主动办理商标、专利、著作权等知识产权手续，通过合法手段保护赛事名称、赛事品牌，避免同名赛事。

(4) 省、自治区、直辖市、计划单列市、各行业体协，新疆生产建设兵团，各兵种、区域协会有权组织省、自治区、直辖市、计划单列市、各行业体协，新疆生产建设兵团，各兵种、区域、地区锦标赛和其他被认为必要的辖区内比赛。

三、参加比赛要求

在中国健美协会注册的运动员须按竞赛规程的要求参加比赛。

运动员在参加未获得中国健美协会或属地协会认可的比赛的同时即失去参加本规则适用的比赛的资格。

四、运动员注册和交流

(1) 按照中国健美协会运动员注册和交流管理办法进行注册和交流，并签署"运动员代表资格协议书"，签署"运动员代表资格协议书"的运动员有权代表甲方单位参加中国健美协会组织的各类比赛。

(2) 获得代表资格的运动员必须避免与被中国健美协会禁赛的任何运动员、教练员和相关成员一起参加健身健美活动。

五、资格获得

承认中国健美协会章程、在中国健美协会注册的团体会员和运动员，无使用兴奋剂违规记录。

六、参赛限制

(1) 符合竞赛规则规定的参赛运动员，在中国健美协会或地区协会的管理下，有权参加本规则规定竞赛体系内的比赛。

(2) 协会或相应管理组织将确保会员或运动员参赛的资格是有效的。

(3) 所有协会规定中关于运动员资格的规定，必须符合本规则对"参赛运动员"的定义，如有冲突，则以中国健美协会所审定的竞赛规则为准。

七、失去参赛资格

(1) 根据中国健美协会或地区协会规定，被暂停或对外公示为失去参赛资格的运动员。

(2) 与被中国健美协会禁赛的人员一起参加非中国健美协会举办的比赛或健身健美活动，包括但不仅限于表演赛、担任教练、裁判员、训练、讲学、接受私人和公开采访等;或参加处于暂停资格的协会或组织在其辖区内举办的比赛。

(3) 参加未经中国健美协会和相关管理机构批准、承认或认可的任何健身健美比赛。

(4) 违反《反兴奋剂管理办法》的运动员。

八、仲裁委员会

仲裁委员会由3或5名仲裁人员组成。其中，设仲裁主任1人，其余人员为委员。仲裁委员会一般由主办单位选派委员会成员。由来自不同省市地区的人员担任并组成仲裁委员会，且其人员要在本项目领域具有一定的威望和权威。处理竞赛活动中发生的抗议或申诉是仲裁委员会的基本职责。仲裁过程实行回避原则。

九、技术代表

在必要的情况下，各级赛事应该设置技术代表岗位，技术代表由中国健美协会或赛事属地上级协会或组织委派。在赛事组委会提供一切必要帮助的前提下，技术代表应与组委会共同保证赛事全部技术性安排完全符合中国健美协会审定的竞赛规则的规定。在技术会议或在大赛前的指定时间，技术代表应向所有参赛运动员准确地展示或传达本场竞赛的技术规定，并进行必要的竞赛技术培训。

十、竞赛官员

在技术代表的配合下，负责技术问题，规划竞赛的技术组织，保证技术组织计划在相关场合得到贯彻。检查竞赛工作人员岗位履行情况、协调竞赛工作人员之间配合，与组委会保持联系，确保竞赛的规范运行。

十一、裁判委员会

赛事组委会应根据比赛的规模和规格成立裁判委员会或裁判组，任命全部裁判工作人员。

裁判工作人员一般由以下裁判人员组成：

裁判长1人；

副裁判长1～3人；

裁判长助理1～2人；

评分裁判员7～21人，后备裁判若干人；

记录长1人；

记录裁判员2～4人；

检录长1人；

检录裁判员2～4人；

计时裁判员1人；

放音裁判员1～2人；

宣告裁判员1～2人。

裁判委员会或裁判组组成人员应来自全国不同省市地区。

十二、裁判员资格

裁判员必须具有职业等级资格，并遵守中国健美协会《裁判员纪律规定》。运动员的教练与领队等相关人员不得担任该场比赛的裁判工作。

十三、裁判员着装

裁判员必须按规定着装和佩戴相应等级的裁判员标志。违反着装规定者不得执行裁判工作。

十四、裁判员的着装要求

裁判员的着装应该符合以下要求：

(1) 男装：蓝色西装外套(左胸佩戴等级裁判员胸徽)，淡蓝色或白色衬衫，裁判员徽章配套领带，灰色正装长裤，黑色袜子，黑色正装皮鞋。

(2) 女装：蓝色西装外套(左胸佩戴等级裁判员胸徽)，淡蓝色或白色女装衬衫，裁判员徽章配套领带，灰色裙子或灰色正装长裤，黑色正装皮鞋。

(3) 特殊情况下可以穿着统一款式的休闲装，例如，左胸印有专用标志的短袖衬衫或体恤衫。

十五、裁判员行为守则

进入临场席位后，全体裁判员必须遵守以下守则，一旦出现下列情况，相关裁判员将被暂停临场裁判工作：

(1) 与其他裁判员(们)进行谈话。

(2) 试图影响其他裁判员(们)的评分评价决定。

(3) 在执裁进行过程中拍照。

(4) 指导比赛运动员。

(5) 在违禁药品、药品或乙醇的影响下执裁，或在执裁时候饮用含酒精料。

思　考　题

(1) 男子健美比赛项目有几个规定动作，分别是什么？

(2) 男子健体比赛赛服有什么要求，分别是什么？

(3) 女子健身比赛分为几轮，评分要点是什么？

附录 SCL-90 症状自评量表

SCL-90 症状自评量表(见附表 1)列出了一些症状或问题,请仔细阅读每一条信息,然后根据该句话与您自己的实际情况相符合的程度(最近一个星期或现在),选择一个适当的数字(1 代表从无此症状;2 代表有很轻的症状;3 代表有中等症状;4 代表症状偏重;5 代表症状严重)填写在后面的选项框中:

附表 1 SCL-90 症状自评量表

序号	问 题	选 项
1	头痛	
2	神经过敏,心中不踏实	
3	头脑中有不必要的想法或字句盘旋	
4	头晕或晕倒	
5	对异性的兴趣减退	
6	对旁人责备求全	
7	感到别人能控制您的思想	
8	责怪别人制造麻烦	
9	忘性大	
10	担心自己的衣饰整齐及仪态的端正	
11	容易烦恼和激动	
12	胸痛	
13	害怕空旷的场所或街道	
14	感到自己的精力下降,活动减慢	
15	想结束自己的生命	
16	听到旁人听不到的声音	
17	发抖	
18	感到大多数人都不可信任	
19	胃口不好	
20	容易哭泣	
21	与同异性相处时感到害羞不自在	
22	感到受骗,中了圈套或有人想抓住您	
23	无缘无故地突然感到害怕	
24	自己不能控制地大发脾气	

序号	问　　题	选　项
25	害怕单独出门	
26	经常责怪自己	
27	腰痛	
28	感到难以完成任务	
29	感到孤独	
30	感到苦闷	
31	过分担忧	
32	对事物不感兴趣	
33	感到害怕	
34	您的感情容易受到伤害	
35	旁人能知道您内心的想法	
36	感到别人不理解您，不同情您	
37	感到人们对您不友好，不喜欢您	
38	做事必须做得很慢以保证做得正确	
39	心跳得很厉害	
40	恶心或胃部不舒服	
41	感到比不上他人	
42	肌肉酸痛	
43	感到有人在监视您，谈论您	
44	难以入睡	
45	做事必须反复检查	
46	难以做出决定	
47	害怕乘电车、公共汽车、地铁或火车	
48	呼吸困难	
49	一阵阵发冷或发热	
50	因为感到害怕而避开某些东西、场合或活动	
51	脑子变空了	
52	身体发麻或刺痛	
53	喉咙有梗塞感	
54	感到前途没有希望	
55	不能集中注意力	
56	感到身体的某一部分软弱无力	
57	感到紧张或容易紧张	
58	感到手或脚发重	
59	想到死亡的事	

续表二

序号	问　　　题	选　项
60	吃得太多	
61	当别人看着您或谈论您时感到不自在	
62	有一些不属于您自己的想法	
63	有想打人或伤害他人的冲动	
64	醒得太早	
65	必须反复洗手、点数	
66	睡得不稳不深	
67	有想摔坏或破坏东西的想法	
68	有一些别人没有的想法	
69	感到对别人的言行过于敏感	
70	在商店或电影院等人多的地方会感到不自在	
71	感到任何事情都很困难	
72	一阵阵恐惧或惊恐	
73	感到公共场合吃东西很不舒服	
74	经常与人争论	
75	单独一人时神经很紧张	
76	别人对您的成绩没有做出恰当的评价	
77	即使和别人在一起也感到孤单	
78	感到坐立不安，心神不定	
79	感到自己没有什么价值	
80	感到熟悉的东西变成陌生或不像是真的	
81	大叫或摔东西	
82	害怕会在公共场合晕倒	
83	感到别人想占您的便宜	
84	为一些与性相关的想法而很苦恼	
85	您认为应该因为自己的过错而受到惩罚	
86	感到要很快把事情做完	
87	感到自己的身体有严重问题	
88	从未感到和其他人很亲近	
89	感到自己有罪	
90	感到自己的脑子有毛病	

SCL-90 症状自评量表的统计指标主要为两项，即总分和因子分，具体如下。

1. 总分项目

(1) 总分为 90 个项目单项分相加之和，能反映其病情严重程度。

(2) 总均分为总分/90，表示从总体情况看，该受检者的自我感觉位于 1～5 级间的哪一个分值上。

(3) 阳性项目数是指单项分≥2 的项目数，表示受检者在多少项目上呈有"病状"。

(4) 阴性项目数是指单项分等于 1 的项目数，表示受检者"无症状"的项目有多少。

(5) 阳性症状均分等于(总分－阴性项目数)/阳性项目数，表示受检者在"有症状"项目中的平均得分，反映受检者自我感觉不佳的项目，其严重程度究竟介于哪个范围。

2．因子分

因子分共包括 10 个因子，即所有 90 个项目分为 10 大类。每一因子反映受检者某一方面的情况，因而通过因子分可以了解受检者的症状分布特点，并可作廓图分析。

3．总症状指数

总症状指数是指总的来看，受检者的自我症状评价处于哪一个水平。总症状指数的分数在 1～1.5 之间，表明受检者的自我感觉没有量表中所列的症状；在 1.5～2.5 之间，表明受检者的感觉有点症状，但发生得并不频繁；在 2.5～3.5 之间，表明受检者的感觉有症状，其严重程度为轻到中度；在 3.5～4.5 之间，表明受检者的感觉有症状，其程度为中到严重；在 4.5～5 之间表明受检者的感觉有，且症状的频度和强度都十分严重。

参 考 文 献

[1] 程路明. 健康中国建设视域下高校健身健美运动训练与竞赛的研究[J]. 浙江体育科学, 2020, 42(04): 92-95.

[2] 国家体育总局职业技能鉴定指导中心. 健身教练[M]. 北京: 高等教育出版社, 2019.

[3] 姜燕, 吴迪, 武俸羽. 在糖有氧供能条件下不同强度训练后骨骼肌形态及超量恢复规律的变化[J]. 中国组织工程研究, 2018, 22(24): 3811-3817.

[4] 运动解剖学编写组. 运动解剖学[M]. 北京: 北京体育大学出版社, 2017.

[5] 张莹. 我国女子健身运动员赛前训练的研究[D]. 西安: 西安体育学院, 2014.

[6] 刘胜, 王丽君, 张先松. 亚健康健身处方[M]. 武汉: 武汉人民出版社, 2014.

[7] 王瑞元, 苏全生. 运动生理学[M]. 北京: 人民体育出版社, 2013.

[8] 蒋菠. 竞技走向健美: 大学体育人文精神重塑[D]. 重庆: 西南大学, 2012.

[9] 张瑞林, 黄晓明, 等. 健身健美[M]. 北京: 高等教育出版社, 2009.

[10] 杨斌, 于晓红. 形体训练纲论[M]. 北京: 北京体育大学出版社, 2009.

[11] 相建华, 王莹. 中级健美训练教程[M]. 北京: 人民体育出版社, 2004.

[12] 国家体育总局政策法规司. 毛泽东邓小平江泽民论体育[M]. 北京: 人民体育出版社, 2003.

[13] 相建华, 杨瑞琴, 尹俊玉. 初级健美训练教程[M]. 北京: 人民体育出版社, 2003.